1960년대 육진방언 연구(자료편)

This work was supported by the Academy of Korean Studies Grant
funded by the Korean Government(AKS-2009-MB-2002)

1960년대 육진방언 연구
(자료편)

황 대 화

역락

이 자료집은 1960년에 김일성종합대학 어문학부 4학년 학생들이 조사한 '륙진방언 자료'를 황대화 교수가 그 전사 내용을 판독하고 표준어 대역을 붙여 펴내는 것이다. 두만강 가에 자리 잡은 여섯 고을(경흥(慶興), 경원(慶源), 온성(穩城), 종성(鐘城), 회령(會寧), 부령(富寧))을 일컬어 육진(六鎭)('륙진' 또는 '육읍(六邑)')이라 부르고 이 지역 방언을 육진방언(또는 '륙진방언')이라 한다. 다만, 부령(富寧)은 그 음운 특징이 다른 지역과 달라 육진방언권에서 제외한다. 육진은 잔재지역으로서 음운, 어휘 면에서 옛말의 흔적을 가장 많이 지닌 곳이다.

이 자료집의 원본은 거금 50년 전에 간행된 등사본이어서 판독이 무척 힘들었을 것이다. 또 일상적 구어를 문장 단위로 전사한 것이어서 표준어로 풀이하는 일도 만만찮은 작업이었을 것으로 생각된다. 이제 황 교수의 끈질긴 집념과 몇 해에 걸친 각고의 노력으로 자칫 사장되어 버릴 뻔 했던 이 자료집이 다시 햇빛을 보게 되었다. 사료(史料)로서 영구히 보존할 수 있게 되었고 또 연구 자료로 널리 활용할 수 있게 되었으니 학계로서는 여간 반갑고 다행스러운 일이 아닐 수 없다. 동학(同學)의 한 사람으로서 황 교수께 심심한 감사의 말씀을 드린다.

수록된 자료는 반세기 전 육진방언의 음운, 어휘, 문법적 특징을 생생하게 보여 주고 있다. 그리고 형태 차원이 아닌 문장 단위로 전사하였기 때문에 육진방언의 전 국면을 고루 관찰할 수 있다. 다만, 전사가 부분적으로 통일되어 있지 않아 다소 불투명한 곳도 보이나 표준어 대역이 이를 보완해 줄 수 있을 것이다. 어쨌든 이 자료집은 육진방언의 방언사, 국어방언학, 국어사 연구에 이바지할 것으로 믿는다.

이 자료집에서 주목을 끄는 것은 과거 일반 주민과 격리된 채 산간 지대에서 살았던 재가승(在家僧)의 말을 조사하여 수록해 놓았다는 점이다. 재가승의 유래에 대해서는 이설(異說)이 분분한데 흔히 여진족의 후예라 말해진다. 18세기의 육진방언을 기록해 놓은 홍량호의 『북새기략(北塞記略)』에도 재가승의 특이한 풍속에 대해서 언급해 놓은 부분이 있다. 그러나 어떤 자료가 재가승으로부터 조사한 것인지 드러나지 않고 또 그 언어적 특징에 대한 언급도 달리 없어 아쉬움으로 남는다.

황 교수는 오랜 동안 국어 방언을 연구해 온 저명한 교포 학자이다. 특히 1980년대부터 북한의 동해안 지역(함경, 강원 북부), 황해도, 평안도 방언을 조사하고 그 연구 결과를 몇 권의 저서로 출판한 바 있다. 황 교수는 남북을 오가며 국어 방언 연구에 큰 기여를 하고 있는 셈이다. 앞으로도 더 조사 지역과 조사 대상을 확대하여 국어 지리방언학의 든든한 토대를 마련해 주시고 또 남북 학술 교류의 가교 역할도 해 주시길 부탁드린다.

한국방언학회 회장
곽충구

이 책은 육진방언의 언어 구조의 전반 체계, 즉 어음론, 형태론, 문장론, 어휘론 등 연구에 도움을 주기 위한 목적으로 1960년 김일성 종합대학 어문학부 조선어학과에서 수집 정리하여 만든 등사본 책자 "륙진 방언 연구(자료집)"를 가능한 한 그대로 옮겨 적으면서 필자가 표준어 대역을 한 것이다.

비록 "륙진 방언 연구(자료집)"가 지금으로부터 50여 년 전에 벌써 등사본으로 출간되었지만 함북 북부지역 원주민의 전형적 방언자료가 오늘날까지 남반부에 널리 알려지지 못하고 있는 것으로 알고 있다. 하여 필자는 일찍부터 이 "륙진 방언 연구(자료집)"에 관심을 가지고 이에 표준어 대역과 찾아보기를 덧붙여 이 소중한 육진방언 자료를 남반부 학계에 널리 알리고자 몇 번이고 시도한 바 있다.

그러나 이 책자는 여러 사람의 손을 거쳐 만들어진 등사본이어서 맞춤법과 띄어쓰기가 일정치 않고 또한 일부 글자는 똑똑하지 않아 감히 엄두를 내지 못하고 차일피일 미루어 왔던 것이다. 그러던 차 2007년도 한국 국립국어원의 국외 지역 재외 동포의 지역어 조사 사업 내용에도 육진 방언 자료 수집이 아주 중요시되어 있음을 알게 되면서 이에 일조해보려는 생각으로 뒤늦게나마 모험적으로 "륙진 방언 연구(자료집)"의 정리 작업에 착수하게 되었던 것이다.

　사실 필자는 이 방언의 소유자도 아니고 더욱이는 현장 조사자도 아니어서 이번 이 작업은 애로가 많은 힘겨운 일이 아닐 수 없었다. 그러나 몇 년간 애써 정리한 "륙진 방언 연구(자료집)"를 드디어 "1960년대 육진방언 연구(자료편)"라는 이름으로 오늘 이렇게 펴내게 되어 얼마간 홀가분한 기분이다. 미비한 점은 앞으로 계속 보다 완비하게 수정, 보완할 생각이다.

　비록 자신의 한정된 이 지역 방언 지식과 이러저러한 원인으로 원서의 내용대로 옮겨지지 못하거나 이러저러한 오류나 오차도 있을 수 있겠지만 이 책이 함북 육진지역 방언에 대한 남반부 학자들의 궁금증을 다소간 풀어드리고 금후 육진방언 연구, 그리고 우리말 방언학 및 우리말 연구에 약간의 보탬이라도 된다면 더없는 기쁨으로 생각한다.

　마지막으로 1960년대의 육진방언을 문자로 전승하는데 이바지한 모든 참여자들의 노고에 치하의 인사를 드리며 우리의 무형문화자산인 방언을 무엇보다 소중히 여기고 이 책의 출간을 흔쾌히 받아주신 이대현 사장님과 출판을 위해 애써주신 편집부 여러분께 심심한 감사를 드린다.

2011년 8월
황대화 씀

••• **차례**

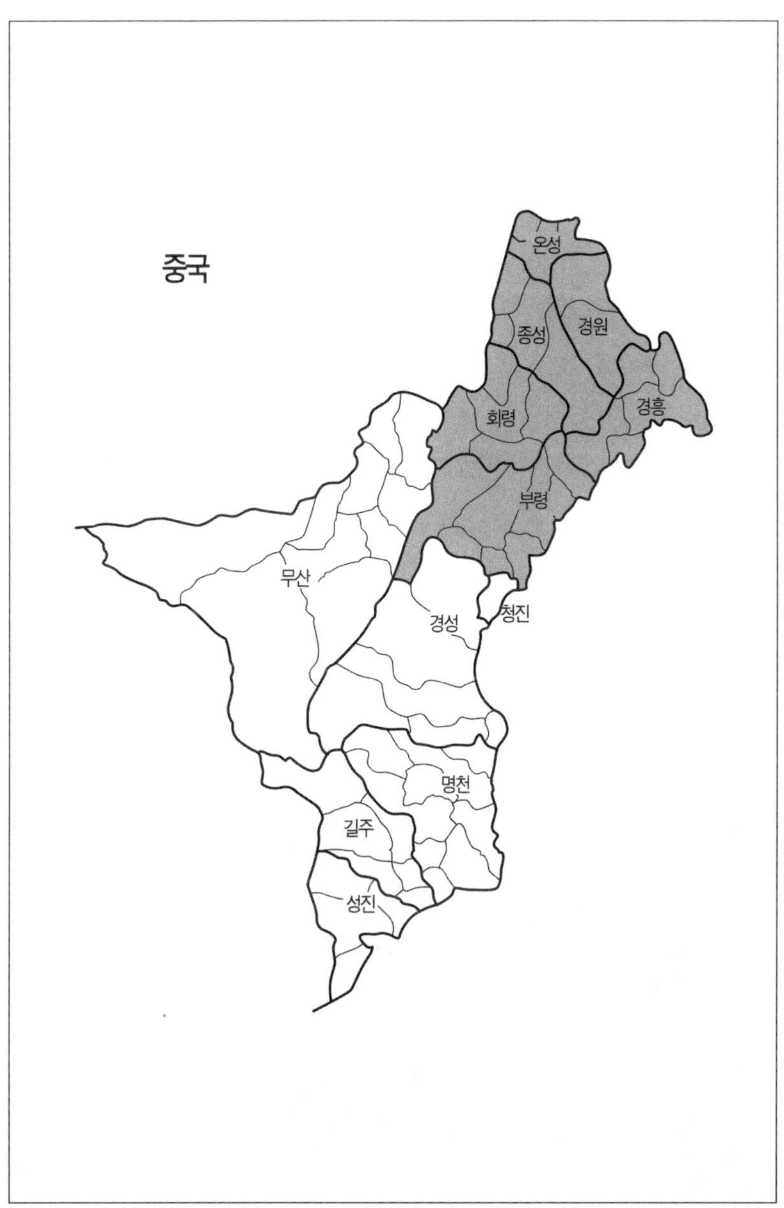

〈개편 전 함경북도 육진지역〉

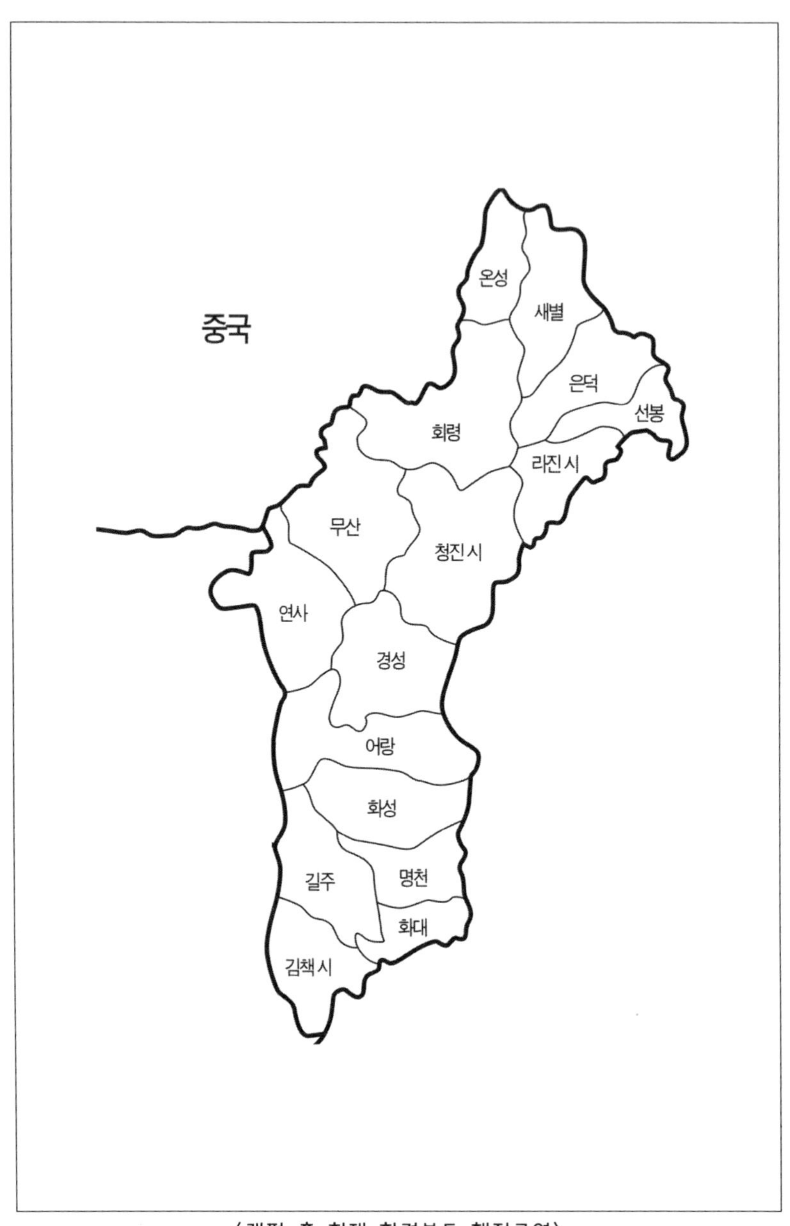

〈개편 후 현재 함경북도 행정구역〉

여기에 실린 함경북도 류진 방언에 대한 자료들은 1960년 2월 하순부터 3월 말까지 약 40일 동안 김일성 종합대학 어문학부 조선 어학과 4학년 학생들이 전공 실습 행정에서 수집한 것이다.

방언 조사 사업은 다음과 같은 목적 밑에서 진행되었다.

즉 류진 방언의 언어 구조의 특성은 무엇이며 그의 지역적 분포 상태는 어떠한가(지역적 언어 경계를 확정하는 문제) 나아가서 조선어 방언 체계내에서 이 지역 방언이 차지하는 위치를 여하히 규정할 것인가 하는 문제들이다.

때문에 이번 답사는 류진 방언의 언어 구조의 전반적 측면—어음론, 형태론, 문장론, 어휘론—을 연구할 수 있도록 하여야 할 뿐만 아니라 지역적인 언어적 분화에도 세심한 주의를 돌려 일일이 지역들을 확정하면서 자료를 수집하여야 하였다.

이러한 목적을 달성하기 위하여 조사 집단은 우선 지점 선택에 세심한 주의를 돌리지 않을 수 없었다.

답사 지점은 륙진 지방의 매군마다 전통적 방언을 가장 많이 보존하고 있다고 생각하는 산간리로서 3개 리 이상을 선택하였다.

—부령군의 형제(일명 허통), 최현, 구읍, 창평리들, 회령군의 전거, 사을리들, 종성군의 세선, 심청, 상화, 미산리들, 경원군의 종산, 장안, 죽기, 박상리 등지를 잡았다.

그러나 동시에 언어학적 분포의 지역적 경계를 확정하기 위하여 동일한 리내에서도 사소한 언어적 분화라도 보이는 지점의 언어 현상에 대해서는 각별한 주의를 돌려 각각 연구하기로 하였다.

—부령군의 창평리, 회령군의 무산리(일명 전거리), 사을리, 경원군의 룡계, 봉산, 룡신리들, 경흥군의 하회리 등을 들 수 있다.

륙진 방언 연구를 위한 대상자의 선택에 있어서는 특수한 점을 가지고 있다. 그것은 륙진 방언의 보유자인 이 지역 인민들의 과거 역사와 연관되어 있다.

현재 이 지역에 거주하고 있는 전통적 방언보유자들은 대체로 이전에(고려와 리조초기) 남부 조선에서 온 이주민들이라는 점과 언어와 풍속에서 일부 특성을 갖고 있는 재가승(또는 여진족)이라고 하는 주민층들이 또 살고 있다는 것들이다.

때문에 이번 답사에서는 대상자를 선택함에 있어서 이를 각각 엄격히 구분하여 자료를 수집하기로 하였다.

그러나 대상자는 어디까지나 주로 전통적 계층에 중심을 두면서도 방언 발달의 분화과정에 대해서도 연구할 수 있도록 각각 그들의 선진 계층에 대해서도 자료를 수집하였음은 물론이다.

자료를 수집하는 행정에서는 대체로 3~4명이 한 그룹이 되어 일일이 매개 현상들을 공동 토의 밑에 확증함으로써 한 개인의 주관이 삽입되는 것을 방지하기 위해 노력하였다.

　　그러나 이번에 진행된 방언조사에는 학생들의 광범한 집단이 참가하는 첫 시도였던 만큼 이 자료집에는 여러 가지로 불충분한 점이 있으리라고 생각된다.

　　[순차]

　　1) 지대명: 부령군 최현리(과거 행정구역명)
　　2) 지대적 특성(주민 구성)
　　3) 대상자 명단—수집자 명
　　4) 자료 ㄱ) 어음론 자료
　　　　　　ㄴ) 어휘론 자료
　　　　　　ㄷ) 형태론, 문장론 자료

 # 함경북도 경흥군

2.1. 장안리

장안리는 강팔령을 경계로 경흥군 금송리와 경계되고 박상, 죽기리와 린접. 박상리 쪽으로는 틔여 있음. 국도가 통과하고 있음.

철로와는 15리 떨어져 있음. 인민학교 밖에 없음. 초등학생들은 박상리에 다님. 유선 방송망이 설치됨. 리내 주민은 보통 토착민, 주민들 중 로인들이 로씨아 연해주 지방에 다님.

주민은 회암(현재 경흥읍) 시장을 리용했고 웅기(50리 떨어짐)에도 많이 다님.

대상자 명단

번호	지대	성명	년령	성별	지식정도	경력
9	장안리	김계엽	72	남	문맹	본토배기
10	장안리	김영묵	87	녀	문맹	본토배기
11	장안리	박상철	63	녀	문맹	본토배기
12	장안리	리우화	73	남	문맹	본토배기, 연해주 려행
13	장안리	안병선	69	남	서당	본토배기
14	장안리	김창진	63	남	문맹	본토배기
15	장안리	김상룡	66	남	문맹	본토배기, 연해주 려행
16	장안리	김동옥	66	남	서당	본토배기
17	장안리	김광섭	77	남	문맹	본토배기

ㄱ 〉 ㅈ

정주 집 가오{경주댁에 가오.}17

머이 짙어 낭기 있을 택 있소.{뭐나 남은 게 없는데 나무라고 있을 턱이 있소?}17

젼딜수 없어서{견딜 수 없어서}13

가: 들에게 걸리면 절단이오.{그 놈들에게 걸리면 결딴나오.)17

져울 달 까지{동월(冬月)까지}17

ㄹ 〉 ㄹ+ㄹ

가샐루{가위로}10

이 길이 나기 전에는 물약을로 나 있다가{이 길이 나기 전에는 물약으로 길이 있었다가}12

ㄹ 〉 ㄹ+ㄱ

놀가지나 즘스이길이 많이나구{노루나 짐승의 길이 많이 생기고}15

덕슬개 부에이두 잡아가구{독수리가 부엉이도 잡아가고}16

놀기{노루}16

난 불근게{나는 부러운 게}10

두집이서 갈가서{두 집에서 갈라서}10

놀가지 다 잡디 못합네{노루를 다 잡지 못해요.}12

ㅁ 〉 ㄱ

이자 냉기 한 술기{이제 나무 한 수레}10

젠엔 냉기 없어서{전에는 나무가 없어서}17

다른 낭긴 잘 안 되두{다른 나무는 잘 안되어도}14

낭그 심는 어간에{나무를 심는 사이에}

ㅸ 〉 ㅂ

고븐아야 약으먹었냐?{고운 애야, 약을 먹었느냐?}9

제누비네는 모두 스집 보내노니{제 누이는 모두 시집을 보내놓으니}10

겨부{겨우}9

칩기르 기차게 치버서{춥기를 기차게 추워서}12

구버서 허디{구워서 하지.}13

더분(더운) 세월{더운 철}13

떡으느 미분 사람 멕였수다{떡은 미운 사람을 먹였소.}15

치비 대단하우{추위가 대단하오.}16

치분 때느{추울 때는}15

달거버 안하오{달가워 안 하오.}15

눈으 못뜹니다 매바서{눈을 못 뜹니다, 매워서.}14

정신 잃고 드러 누브니{정신을 잃고 들어 누우니}16

그전보다 덜 치분거 같으하오{그전보다 덜 추운 것 같소.}16

무거버 한다구{무거워 한다고}14

ㅸ 〉 ㅇ

더운데{더운데}10

ㅂ 〉 제로

질구 자른기 있디{길고 짧은 게 있지.}14

ㅅ 〉 ㄷ

알곡 생산으 덕게 나는 곧에…{알곡 생산이 적은 곳에…}15

우리는 세 굳에 하지 군에서는{우리는 세 곳에 하지, 군에서는.}15

갇으 쓰구 상튀 쓰구{갓을 쓰고 상투를 틀어 올리고}

ㅿ 〉 ㅅ

낭그 베다: 가슬에 집으 지서서{나무를 베어 가을에 집을 지어서}9

감재사 에:날 부터 있지{감자야 옛날부터 있었지.}9

지슴두 매구 퇴비드 내는데{김도 매고 퇴비도 내는데}9

곡식이사 나씁디{곡식이야 났지요.}

아 업구사 지슴 맸소{아이를 업고야 김을 맸소.}10

아니 지슴 매레 간거{아니, 김매러 간 게}11

낮에 지슴 매구{낮에 김을 매고}11

천 닙어샤{천(으로 지은 옷)을 입어야}10

그양 기심 매구{그냥 김을 매고}10

그해 가슬에{그 해 가을에}10

가샐루{가위로}10

디방이 널구사{지방이 넓어야}12

가슬에 네생이들이 그래다나니{가을에 여성들이 그러다보니}12

갔으문사 지금두 소련에 있디{갔다면야 지금도 소련에 있지.}14

기슴 매기 헐하구{김매기 헐하고}14

여수{여우}17

기슴을 매야 되겠는데{김을 매야 되겠는데}14

소구시{소구유}14

가슬인데{가을인데}14

댕기기사 댕겠다{다니기야 다녔다.}13

있기사 뭐{있기야 뭐.}13

아 그게사 가리디{아, 그거야 가리지.}15

있기사 있었지{있기야 있었지.}15

주서 디려가구 주서 개가구{주워서 들여가고 주워서 가져가고}16

잉게는 갈냉기, 참냉기 그버금에사 솔냉기{여기는 가래나무, 참나무 그 버금에야 소나무}12

큰 길이사 일분 놈들이{큰길이야 일본 사람들이}15

무수 같응게{무 같은 게}15

그리구 개다 목이 옐리사 써클 하디{그리고 게다가 목이 열려야 서클을

하지.}14

ㅿ 〉 ㄲ

여끄느 그리 흔하드는 않응기구{여우는 그리 흔하지는 않은 거고}15

그러나 쉬끼나 코이 같응거느{그러나 수수나 콩 같은 것은}15

예끼두 있슴다{여우도 있습니다.}16

옥쉬끼{옥수수}16

쉬끼 썩 잘 됐습니다{수수가 썩 잘됐습니다.}14

옥쉬끼 생거 먹었수다{옥수수를 생것으로 먹었소.}14

수꾸 이삭이 나올라 할 때{수수 이삭이 나올 무렵에}14

사탕무꾸{사탕무}13

짐치하느 무꾸{김장하는 무}13

ㄱ의 첨가

제구{겨우}15

목숨 제구 붙어 있던 거{목숨이 겨우 붙어 있던 거}14

ㅇ 〉 ㄴ

넨날에느{옛날에는}15

닙쌀{입쌀}15

콩으 팔아 닙성으 해 입구{콩을 팔아 입성을 해 입고}17

내 닐굽 살에…{내가 일곱 살에…}14

녀름에{여름에}14

이물은 녯날부터 됴타고 합니다{이 물은 옛날부터 좋다고 합니다.}14

니불으 덥구서{이불을 덮고서}14

한 눅십리 되오{한 육십 리 되오.}13

자꾸 닞어 디우{자꾸 잊어지오.}10

ㅅ의 첨가

그래두 여기보다 낫았디{그래도 여기보다 나았지.}17

ㅎ의 첨가

영기느 따히가 성근 따히 되노니{여기는 땅이 성근 토질이어서}15

ㅇ의 탈락

따이나 업스나 있으나{땅이 있으나 없으나}12

벼원{병원}11

협도이서{협동조합에서}10

호원서 왔디{홍원에서 왔지.}10

피양서{평양에서}13

사냐: (산양) {산양(山羊)}

져우리 잡는단 말 없구{겨울에 잡는다는 말은 없고}13

둥국 따: 까지 가 봤수다{중국 땅까지 가봤소.}16

옥쉬끼느 됴은 따에나 심었디{옥수수는 좋은 땅에나 심었지.}14

동새이 그래 와{동생이 그래 와}17

ㅇ 〉 ~

벼~원에 이변해{병원에 입원해}10

사타~: 많이 맨들었소{사탕을 많이 만들었소.}13

가~이거 바당물에 떨어디디{강, 이 강물이 흘러 바다에 떨어지지.}13

ㅇ의 출현

긍게 더 볼랜 되션 사람이는데{저 거기에 본래는 조선 사람이 있는데}16

비 날마당 오는 거{비가 날마다 오는 거}17

조꼼 긍게 손실이 났수다{거기에 조금 손실이 생겼소.}15

겅게 가서 벨 얘기를 하겠능가{거기 가서 별 이야기를 하겠는가}15

기왕 잉게서 돈이가 귀했습니다{이전에 여기서는 돈이 귀했습니다.}15

잉게 넨날부터 무슨 션새이 있어{여기에 옛날부터 무슨 선생이 있어}16

영게서{여기서}13

영게두 아오디다 베 있다나니{여기도 아오지에 다 논벼가 있다 보니}13

가: 이거 바당물에 떨어디디{강, 이 강물이 흘러 바다에 떨어지지.}13

이자 냉기 한 술기{이제 나무 한 수레}10

ㅈ의 탈락

이거 개구 썼쓰꾸마{이걸 가지고 썼습니다.}14

그래 둘 씩 해 개구 갔단 말이오{그래 둘씩 해가지고 갔단 말이요.}14

ㅈ 〉 ㅅ

샹년에 여기 비가 많이 와서…{작년에 여기 비가 많이 와서…}15

차사본다 더구만 하본다{찾아본다고 하더구면, 혼자서.}10

ㅈ(구개음화된)의 존재

우리 죠션에서{우리 조선에서}10

ㅊ 〉 ㅌ

뎡툭이껀(정축이요){정축(丁丑)입니다.}1

그러티 뭐{그렇지 뭐.}1

여간티 않을게요{여간치 않을 게요.}1

예, 그러티{예, 그렇지.}1

힘든 장군이구 튱신이였다더구먼{힘센 장군이고 충신이었다고 하더구면.}1

고티 잘 되오{고추가 잘되오.}7

툭산{축산(畜産)}11

몸은 펜티 아나서{몸은 편찮아서}9

파티란 잘 됩니다{팥은 잘 됩니다.}9

양털루(양철로){양철(洋鐵)로}

그리 흔티는 아이오{그리 흔치는 않소.}6

그땐 시방터리 냉기 만티아냈수다{그때는 지금처럼 나무가 많지 않았소.}13

침 노티 않아{침을 놓지 않아}6

텐 짜는 기계{천 짜는 기계}15

속이 티밀구{속이 치밀고}14

잘 고티디 못해{잘 고치지 못해}14

다티디 마라{다치지 마라.}15

텽국셔 되션 티라 나올때{청나라에서 조선을 치러 나올 때}17

노티라는 것두 있소{노치라는 것도 있소.}2

나라 위해 튱신으로서{나라 위해 충신으로서}3

시방텨럼{지금처럼}8

머리태텰이{머리채처럼}8

ㅊ 〉 ㅈ

아직에 나가보니까{아침에 나가보니까}14

ㅋ 〉 ㄱ

열세기로 오백으{13킬로 오백을}10

난 일 한번두 아니 싱겠소{나는 일을 한 번도 안 시켰소.}

ㅋ 〉 ㅆ

우리 집에 등이 있다구, 이거 썬다구{우리 집에 전등이 있다고, 이걸 켠다
고.}14

ㅌ 〉 ㄲ

파끼{팥}14

ㅎ의 보존

사형뎬데 농사질하구{사형제인데 농사일을 하고}9

협동쇠{협동조합의 소}9

허물이 있다 보거든{흠이 있다고 보거든.}9

세간이 됴흔사람은 헐하게{살림 형편이 좋은 사람은 헐하게}12

부모께 효성이 높았다{부모님께 효성이 지극했다.}16

아들이 삼형뎬데{아들이 삼형제인데}16

내 백부 아들이 형데 있다는데{우리 백부가 아들 형제가 있다는데}16

흉년{흉년}14

ㅎ 〉 ㅅ

우리 삼개 섭도이가…{우리 3개 협동조합이…}15

섭동조합{협동조합}15

셴멩해서(현명하다)…{현명해서…}

그러다나니 이집 셍편 말이 없소{그러다보니 이 집 형편이 말이 아니오.}16

심으 썼거든 {힘을 썼거든}14

두째 성님{둘째형님}11

맏서~:이 여기 있구{맏형이 여기 있고}11

심두 쑤구{힘도 쓰고}9

셩금(현금) 분배{현금 분배}13

ㄲ 〉 ㄱ

가마귀{까마귀}15

가치{까치}15

ㄲ 〉 ㅉ

비내를 찌구{비녀를 찌르고}16

ㅉ 〉 ㄸ

이런 말으 어띠하겠소{이런 말을 어찌하겠소.}15

닐은사 어띠 못하디{일이야 어쩌지 못하지}17

띠그라구 하더라우{찍으라고 하더라오.}11

어띤 일인둥{어찌된 일인지?}10

피양 구경 어띠 하겠소{평양구경을 어찌하겠소.}12

군대르 어때 양성하며…{군대를 어째 양성하며…}15

색갈이 일떵티 애입대{색깔이 일정치 않데요.}16

ㅉ 〉 ㅈ

질구 자른 거 있디{길고 짧은 것이 있지.}14

ㅆ 〉 ㅅ

갔으문사 지금두 소련에 있다{갔다면야 지금도 소련에 있지.}14

ㅏ:

아: 네기 들으믄{아이 얘기를 들으면}11

아: 업구사 지슴 맸소{아이를 업고야 김을 맸소.}

백여리 따: 두 댕겠소{백 여리 길도 걸어 다녔소.}

· 〉 ㅏ

참 스집가기 바쁘오{참 시집가기 어렵소}14

바름이 너무 불어서{바람이 너무 불어서}14

처암은 삼일 운동에{처음은 3·1운동에}17

ㅏ:(장음)

가:들에게 걸리면 절⋯{그 놈들에게 걸리면 결딴⋯}

· 〉 ㅏ

바람{바람}13

파리{파리}12

ㅏ 〉 ㅑ

샹녀ˆ: 에두{작년에도}10

난 샹쨩 탔소.{나는 상장을 받았소.}10

직댱ˆ두 댕기구{직장도 다니고}12

치ˆ 챠 앉으면 가는 거{□ 차에 앉으면 가는 거}12

댱가르 가서 손네까지 났소{장가를 가서 손녀까지 낳았소.}13

ㅏ 〉 ㅐ

우리 가 있는데느 따이 좋디 앤었스{우리가 가 있었던 데는 땅이 좋지 않았소.}17

내 옷이랑 뎌거 희디 애이요{내 옷이랑 저것이 잘 퇴색하지 않소.}17

이거 개구 썼수꾸마{이걸 가지고 썼습니다}14

너자 하내 문으 걸구{여자 하나가 문을 걸고}14

잽히어서 영창에 들어가서{잡혀 감옥에 들어가서}17

전엔 냉기 없어서{전에는 나무가 없어서}17

비찌깨 맨든다니{성냥을 만든다니}17

농새 디예두…{농사를 지어도…}15

우리 인민이 앉아서 농새 지르 때{우리 인민이 편안히 농사를 지을 때}15

사탕공대: (ㅇ)에 정선해 보내디{사탕공장에 정선(精選)해 보내지.}15

니 위원재이{이(里)위원장이}15

혼새르 하구{혼사를 하고}15

댕기기사 댕겠지{다니기야 다녔지.}13

큰 부재 없거덩{큰 부자가 없거든.}13

감재{감자}13

사타: 많이 맨들었소{사탕을 많이 만들었소.}13

사춘형님 글 한재두 못하구{사촌형님은 공부를 한 자도 못하고}9

감재사 네:날부터 있지{감자야 옛날부터 있었지.}9

궁게 급한때(거기 급한 때)9

뱁이나 먹구{밥이나 먹고}9

대기면 시장하디 뭐{다니면 시장하지 뭐.}10

핵교서{학교에서}10

여기서 맨들았소{여기서 만들었소.}10

애기{아교풀}9

가매에 다까서{가마솥에 볶아서}14

ㅏ 〉 ㅓ

병원에서 한 덜 디워서(지나서){병원에서 한 달 보내서}9

댓덜이 있다 시방{댓 달을 있다가 지금.}10

간 덜부터{지난달부터}11

딱 얄덜만에{딱 열 달 만에}11

석덜을 벌어 아홉덜으 누버먹는 사는 고디요{석 달을 벌어서 아홉 달을 누워서 먹고 사는 곳이요.}

댱가르 가서 손네까지 났소{장가를 가서 손녀까지 낳았소.}13

처 만태입니다. 지금 겉디 머{그리 많지 않습니다. 지금 같지 뭐.}4

길주꺼지 들어왔다 갔…{길주까지 들어왔다 갔…}4

을사년꺼지 냥녀느 있었소{을사년까지 2년을 있었소.}3

전년에 처암 심었…{작년에 처음 심었…}8

밭에 꺼즈{밭에까지}15

서방 새기 처림이 좀 따디{신랑, 신부 차림이 좀 다르지.}12

가슬부터 봄꺼지 바름이 그냥 부능거{가을부터 봄까지 바람이 그냥 부는 거}12

둥국에서 농사 짓능거 여기 걷디요{중국에서 농사를 짓는 게 여기 같지요.}17

형데 겉은 그런 사람인데{형제 같은 그런 사람인데}17

· 〉 ㅓ

석덜이 경과되…{석 달이 지나서…}16

할 널에 서너 집 너덧집에서…{한날에 서너 집 너덧 집에서…}16

사람 할 널에 열여섯으 쥑였스{사람을 한날에 열여섯을 죽였소.}17

덕술기{독수리}17

여기 와 석덜으 유하다 갔소{여기 와서 석 달을 거처하다 갔소.}14

ㅏ 〉 ㅗ

고기 곰춘기 보울리 있소?{고기를 감춘 게 보일 리 있소?}14

조이 같은 거 봅는쉬 있수다{조 같은 건 (파종할 때) 밟는 수가 있소.}

ㅏ 〉 ㅜ

손주네{손자네}11

ㅏ 〉 ㅡ

바름이 잘 댕기면서{바람이 잘 땅기면서}9

슬기{삵}13

· 〉 ㅡ

슬기두 있수다{삵도 있소.}15

슬기나 항가루 같웅기 잡아 먹디{삵이나 족제비 같은 게 잡아 먹 지.}10

바름{바람}15

슬기{삵}17

바름이 모디 부우{바람이 몹시 부오.}

녁사르 노인들이 말씀 합더구만{역사를 노인들이 말씀합디다.}14

ㅏ의 보존

달반{한 달 반}10

한 달 하구서 거러 올라왔소{한 달 하고서 걸어서 올라왔소.}10

ㅏ 〉 ㅔ

농세질{농사일}11

용셀 짓구서{농사를 짓고서}10

ㅑ 〉 ㅑ:

피야˙:이 됴운 겐게{평양이 좋은 것이}11

ㅑ + ㅣ 〉 ㅒ(ㅐ)

슬기라능 게 딱 고내~: 갔소{삵이라는 것이 딱 고양이 같소.}13

싱내: (승냥이)13

ㅓ 〉 ㅏ

나 그거 만뎌 데이르 못했다니…{내가 그걸 먼저 제의를 못했다니…}15

한해 야라번 못 까보디만{한 해에 여러 번 못 가보지만}9

아바지 일찌기 사망해서{아버지가 일찍 사망해서}11

아바지{아버지}10

제네 우리 아반 그대{전에 우리 아버지 그때}10

ㅓ 〉 ㅑ

구냥으 뚫어{구멍을 뚫어}2

ㅓ 〉 ㅕ

병석에 계셔서{병석에 계셔서}9

그래 가셔 차사 바스문{그래 가서 찾아봤으면}10

죽은줄 알멘셔두 할 슈업지{죽은 줄을 알면서도 할 수 없지.}10

살아셔 인민군대 나가셔{살아서 인민군대에 나가서}10

우리 죠션에서{우리 조선에서}10

뎌 디경도:에{저 지경동에}

나진 뎡거당이 데일 됴쏘{나진 정거장이 제일 좋소.}13

절셕(결석)13

뎡기{전기(電氣)}13

조국을 건셜하느라구{조국을 건설하느라고}15

취셕에는 임셕해 먹구{추석에는 음식을 해먹고}16

웬셩이셔 제오시는{온성에서 계시는}12

ㅓ 〉 ㅣ

혹 기릴쉬도 있슈다{혹 그럴 수도 있소.}16

내터리(처럼) 이래서{내처럼 이래서}14

ㅓ 〉 ㅜ

져우리(정어리) 잡는단 말 없구{정어리를 잡는다는 말은 없고}13

ㅓ 〉 ㅒ

비석이랑 야래선{비석이랑 여럿은}9

ㅓ 〉 ㅖ

제네 우리 아반 그래{전에 우리 아버지가 그래.}10

데짝 고리 짝으루(저쪽 골짜기 쪽){저쪽 골짜기 쪽으로}13

고두에란(고등어) 소리한 이티쌔 없두만{고등어란 소리 한 이태동안 없더

구먼.}13

잘 뒹거 ㅅㆍ르 멕이요{잘 된 걸 소를 먹이오.}15

밥하구 떡으느 미분 사람 멕였수다{밥하고 떡은 미운 사람을 먹였소.}15

덕슬개 부에이두 잡아가구{독수리가 부엉이도 잡아가고}12

섹유라든디 이렁거 썼디 머{석유라든지 이런 걸 켰지 뭐.}16

텐 짜는 기계{천 짜는 기계}15

헷 일이 자꾸 나디요{헛일이 자꾸 생기지요.}15

곁 사람이 밥으 떠 멕이둥기 …{곁의 사람이 밥을 떠먹이던 게…}17

세울서 사형 받은거{서울에서 사형 받은 걸}17

뿌레 덴지구서{((씨를) 막 뿌리고서, 뿌리치고서}14

ㅓ 〉 ㅖ

앞셰 맺은…{앞서 맺은…}10

짐학셉이라구{김학섭이라고}9

웬셩이세 져오시는{온성에서 계시는}12

농새 디예두…{농사를 지어도…}15

셍멩이{성명이}2

설날에는 셰밸하구{설날에는 세배를 하고}3

구셰라능 게{구서라는 게}8

튠향던이라등가 쇠셸은 언셰르 썼쓰{춘향전이라던가 하는 소설은 언서(諺書)로 썼소.}3

그래두 그 때 셸비느…{그래도 그때 설비는…}6

우리 셰서 매는 것 마큼…{우리가 서서 매는 것만큼…}7

ㅓ 〉 ㅞ

호웨랑 그렁거 잡았디{홍어랑 그런 걸 잡았지.}13

ㅕ 〉 ㅕː

샹녀ˇː 에두{작년에도}10

ㅕ 〉 ㅑ

비석이랑 야래선{비석이랑 여럿은}9

가슬에 파내세는 니야들 가마니{가을에 파내어서는 일여덟 가마니}9

온셩두 일백얄리구{온성도 백십 리고.}9

색아ː느게 얄두살인게{처녀애인데 열두 살인 게}10

얄네기로{14킬로}10

얄 네컨{열네 권}10

딱 얄덜만에{딱 열 달 만에}11

얄두삼{열두 섬}10

야라 사람 의견{여러 사람 의견}15

설흔 야듭인겐둥{서른여덟이겠는지}17

ㅕ 〉 ㅓ

너자 하내 문으 걸구…{여자 하나가 문을 걸고…}13

너름에{여름에}13

ㅕ 〉 ㅕ

열세기로 오백으{13킬로 500을}10

ㅕ 〉 ㅜ

바르가무ː 눅십리{바로 가면 육십 리}13

ㅕ 〉 ㅣ

피야ˇ으 가믄{평양을 가면}10

피야ˇ이 됴운겐게{평양이 좋은 것이}10

피양서{평양에서}10

ㅕ 〉 ㅒ

녜자는 비내를 찌구{여자는 비녀를 찌르고}

댕기맨 이래 봤소{다니면서 이래 봤소.}

ㅕ 〉 ㅖ

대기멘 시장하디 뭐{다니면 시장하지 뭐.}10

멘지 옹겄두 네두구{먼저 온 것도 넣어두고}10

난 일 한번두 아니 싱겠소{나는 일을 한 번도 안 시켰소.}10

시방두 벤벤티 아이요{지금도 변변치 않소.}10

손네 둘있소{손녀가 둘 있소.}13

제구{겨우}15

겅게 가세 벨 얘기르 하겠능가{거기 가서 별 이야기를 하겠는가}15

같이 페스믄 좋겠는데{같이 폈으면 좋겠는데}15

그건 벨 문데요{그건 별 문제요.}15

그거 듕아ːO에 가 페 놓구{그걸 중앙에 가져다 펴놓고}15

그 이듬해 풍넌 들길래…{그 이듬해에 풍년이 들기에…}14

코'등으른 받아 이 헤루 받아 논단 말이요{콧등으로 받아서 또 이 혀로 받아놓는단 말이요.}10

목이 옐레사 써클하디.{목이 열려야 서클을 하지.}14

헹펜이 업서{형편없어.}17

멫달째 졌소{몇 달 동안 결었소.}17

센멩해서…{현명해서…}17

여기두 들을라니 뎅기 온다는데{들을러니 여기도 전기가 들어온다는데}14

□□ □다구 가서…{□□ □다고 가서…}14

잡기두 포쉬들 멫 개 잡았디마느{포수들이 잡기는 몇 마리 잡았지마는}14

그리구 이래 베이 있구나니{그리고 이렇게 병이 있다 보니}14

베라능거 □□□ 보내고{벼라는 걸 □□□ 보내고}6

ㅓ 〉 ㅖ

넬레 덜이라구 헐어 던졌소{열녀(烈女)절이라고 헐어버렸소.}5

둥국 쪽이래야 옝길이라는데{중국 쪽이래야 연길이라는 데}6

관청에서 하는 일이사 즈끔보구 헹멩티 못했디{(예전) 관청에서 하는 일

이야 지금보다 현명치 못했지.}6

우차 제우 댕겠소{우차가 겨우 다녔소.}13

예끼라는 짐승이 혹 있구{여우라는 짐승이 혹간 있고}6

예끼{여우}13

녀자는 붉은 처매{여자는 붉은 치마}6

예끼라든디 다 뜯어 먹구{여우라는 게 다 뜯어 먹고}15

우리 옝계 □□ □□ □□이{우리 용계(龍溪) □□ □□이}15

예끼두 있슈다{여우도 있소.}16

헥명갈루서 갔디오{혁명가로서 갔지요.}14

옐예셋 사람 붙들리였디{열여섯 사람이 붙들리었지.}17

ㅗ 〉 ㅏ

데짝 고래짝으루(골짜기 쪽){저쪽 골짜기 쪽으로}13

ㅗ 〉 ㅗ:

소~:이 있소{손이 있소.}10

덜밤에 도:ㄹ 졌소{달밤에 돌을 주웠소.}11

ㅗ 〉 ㅗ

소집{소집(召集)}10

온성{온성(穩城)}7

ㅗ 〉 ㅛ

쇼르 메김{소를 먹여요.}9

우리 죠션에서{우리 조선에서}10

여기 풍속은 시방{여기 풍속은 지금}10

쇼 거두는 거슬{소 기르는 것을}12

용셀 짓구서{농사를 짓고서}10

나진 뎡거당이 데일 됴쑈{나진 정거장이 제일 좋소.}13

ㅗ 〉 ㅜ

우리는 세 군에 하자 군에셔도…{우리가 세 곳에 하자 군에서도…}15

이게 일분식 □: 아입니까?{이게 일본식 □ 아닙니까?}15

한굳에다{한 곳에다}15

내 닐굽살에…{내가 일곱 살에…}14

삼춘 집에 가서{삼촌네 집에 가서}16

일분눔이 와서{일본 놈이 와서}16

바르가므: 눅십리{바로 가면 육십 리}13

눅춘이라구 사는데{육촌 친척이라고 사는데}9

데짝 고래짝으루(골짜기 쪽){저쪽 골짜기 쪽으로}13

ㅗ 〉 ㅡ

자유 졀흔이라능게{자유결혼이라는 게}15

ㅗ 〉 ㅐ

새 발기{소발구}11

ㅗ 〉 ㅚ

어때 그런디 잘 뵈(비)우두드 않구{어째 그런지 잘 보이지도 않고}14

되적이 들었다구 합디다{도적이 들었다고 합디다.}14

뵈우재입니다{보이지 않습니다.}14

쉴 팔십원 받구 팔아{소를 팔십 원 받고 팔아}17

되션 사람은 애국 사상이…{조선 사람은 애국사상이…}15

쇠먹긴 벤벤하겠는데{소가 먹기에는 변변하겠는데}15

넝민이 좀 있으믄…{농민이 좀 있으면…}15

퇴두 팔았디{땅도 팔았지.}16

쇠식이 업서{소식이 없어}17

협동쇠{협동조합의 소}9

ㅗ 〉 ㅟ

ㅅ□ 개구{소□ 가지고}13

빈ㅅ나 게우나 개구가오{변소나 겨우 가오.}13

ㅗ 〉 ㅟ

이래 마쉬르 거두디{이렇게 마소를 기르지.}15

마쉬르 나놓구{마소를 풀어놓고}14

ㅗ 〉 ㅖ

웬셍이셔 져오시는{온성에서 계시는}12

ㅗ 〉 ㅙ

쇄: 지르 먹자구{송아지를 먹자고}14

ㅛ 〉 ㅣ

애기{아교풀}9

ㅛ 〉 ㅒ

백셔이 액심이라능 게{백성의 욕심이라는 것이}15

ㅛ 〉 ㅖ

옝계리르 이 짝은{용계(龍溪)리를 이쪽은}4

넹계리라는 데 있는데{용계(龍溪)리라는 곳에 있는데}7

ㅛ 〉 ㅚ

넹계라구(용계라고 한다){용계(龍溪)라고.}1

해영면, 넹계면 이럴…{해영면, 용계(龍溪)면 이를…} 1

공동뫼지 잘 안가저가우{공동묘지에 잘 안 가져가오.}7

ㅛ 〉 ㅗ+ㅣ

제 하나브 모이나 아브 모이에 가서…{자기 할아버지 묘나 아버지 묘에

가서…}6

ㅜ 〉 ㅏ

심바람 하는 이들을 억노라구{심부름 하는 사람들을 역노(驛奴)라고}9

심바람두 안 싱겠소{심부름도 안 시켰소.}10

ㅜ 〉 ㅠ

그거 듕아:ㅇ에 갔다 페 놓고{그걸 중앙에 가져다 펴놓고}15

죽은줄 알멘세두 할슈 없지{죽은 줄을 알면서도 할 수 없지.}10

가툭이라구 업구사{가축이라고 없고서야 }12

ㅜ〉ㅣ

목시덜과 물어보구{목수들에게 물어보고}9

새 발기{소발구}11

이자 냉기 한 술기{이제 나무 한 수레}10

공시 받는 이르는{공수를 받는 일은}12

예끼{여우}13

그러나 쉬끼나 코이 같응거느{그러나 수수나 콩 같은 것은}15

치비 대단하우{추위가 대단하오.}16

어떻게 칩든지{어찌나 춥던지}14

그전보다 덜 치분거 같으하오.{그전보다 덜 추운 것 같소.}

무끼 잘 되는 자리{무가 잘 되는 자리}9

ㅜ〉ㅟ(ㅜㅣ)

식귀 그때 한 너덧 돼서{식구가 그때 한 너덧 돼서}17

살귀{살구}17

옥쉬끼 많이 있었소{옥수수가 많이 있었소.}17

살귀, 멀귀{살구, 머루}14

상튀 있을 때요{상투머리가 있을 때요.}14

ㅜ〉ㅟ

그러나 쉬끼나 코이 같응거느…{그러나 수수나 콩 같은 것은…}15

과쉬원이 형식이…{과수원의 형식이…}15

쉬지 맞겠능가{수지맞겠는가}15

할 쉬 없어서 되션서 항셔르 하구…{할 수 없어서 조선에서 항서를 하고…}16

데일 가물에 장쉰 거는 조입니다{가물에 제일 장수는 조입니다}16

있기사 산'배두 있구 살귀두 있구 멀귀두 입구{있기야 돌배도 있고 살구

도 있고 머루도 있고}16

앵뒤나 있기사 다 있다 쓸기 없다{앵두랑 있기야 다 있다. 쓸 게 없다.}16

혹 기릴 쉬도 있슴다{혹시 그럴 수도 있습니다.}16

취셕에는 임셕해 먹구{추석에는 음식을 해먹고}16

살구이 멀구이{살구, 머루}14

잡기두 포쉬들 멫개 잡았디마느{포수들이 잡기는 몇 마리 잡았지마는}14

오래 산다 쉬명이 있으문{오래 산다, 수명이 길면.}19

그래두 머 할 쉬 있슴까?{그래도 뭘 할 수 있습니까?}14

그래 거 찾일 쉬두 업구{그래 그걸 찾을 수도 없고}14

옥쉬끼라구는 됴은 따에나 심었디{옥수수라고는 좋은 땅에나 심었지.}14

쉬끼 썩 잘 됐습니다{수수가 썩 잘 됐습니다.}14

작뒤루 썰지{작두로 썰지.}9

포쉬질 해서{사냥을 해서}12

ㅠ 〉ㅜ

샤글하믄 십룩대오{□□하면 16대(代)요}1

ㅠ 〉ㅟ

위명하믄 셕덜으 빈손해서{유명하면 석 달간 빈소를 차리고}11

ㅠ 〉ㅖ(ㅟ)

세귀르: 멫십년{석유를 몇 십 년}1

세귀가 가스{석유와 가스}1

·〉ㅏ

처암에{처음에}9

갑진넨에 처암 나와서{갑진(甲辰)년에 처음 나와서}12

심바람두 안 싱겠소{심부름도 안 시켰소.}10

없는 사람 공부르: 못했소{없는 사람은 공부를 못했소.}11

ㅡ의 삽입

구차한 사람으느 계구…원시 업는 사람이{구차한 사람은 겨우…원래 없는

사람이}12

공시받는 이르는{공수를 받는 일은}12

기슴매기{김매기}10

곡식으 콩마르주니{곡식으로 콩 말을 주니}9

팥으느{팥은}11

닙쌀으는{입쌀은}10

아 업구사 지슴맸소{아이를 업고서야 김을 맸소.}10

ㅡ 〉ㅓ

고조부, 증조부 덜은{고조부, 증조부들께서는}9

목시 덜과 물어 보구{목수들에게 물어보고}9

그게 또 헌티 못하거던(흔티){그게 또 흔치 못하거든.}

ㅡ 〉ㅣ

기리구서…{그리고서…}16

혹 기릴쉬도 있슴다{혹시 그럴 수도 있습니다.}16

그래 거 찾일 쉬두 업구{그래 그걸 찾을 수도 없고}14

제 누비네는 모두 스집 보내스니{제 누이들은 모두 시집을 보냈으니}10

ㅣ 〉ㅓ

오소리두 곡석으 만이 손해 봅니다{오소리로 인해서도 곡식을 많이 손해 봅니다.}15

잘 되는 곡석두 입구 못되는 곡석두 있구{잘 되는 곡식도 있고 못되는 곡식도 있고}17

어저느 한 십오년 동안{이제는 한 십오 년 동안}17

ㅣ 〉ㅕ

잉게는 곡셕으 승궈서느…{여기는 곡식을 심어서는…}16

냥반에 자석하구{양반의 자식하고}16

음셕으 잘…{음식을 잘…}14

ㅣ > ㅜ

어때 그런디 잘 뵈우두드 않구{어째 그런지 잘 보이지도 않고}14

뵈우재입니다{보이지 않습니다.}14

ㅣ > ㅡ

참 스집가기 바쁘오{참 시집가기 어렵소.}14

사스이{사시나무}17

슬큰 얘기르 하라는데…{실컷 이야기를 하라는데…}15

놀가지나 즘스이길이 많이 나고{노루나 다른 짐승의 길이 많이 생기고}15

스즙갈때는…{시집갈 때는…}15

여기는 곡셕으 승궈셔는{여기는 곡식을 심어서는}16

즈금 노동시대에…{지금 노동시대에…}17

사스이(사시나무)16

무슨 즘스이 확 셩해서{무슨 짐승이 확 성해서}17

밭에꺼즈(까지){밭에까지}15

스집 보내구{시집을 보내고}10

즘승{짐승}11

스방두 그런 고담 만이 하우{지금도 그런 고담을 많이 하오.}12

ㅣ > ㅟ

사쉬느 비지께…{사시나무는 성냥…}16

원쉬 없는 사람이{원수(怨讐) 없는 사람이}12

ㅐ > ㅏ

그러니 오랐디 뭐{그러니 오랬지 뭐.}13

ㅐ > ㅔ

그 센세이 데자외다{그 선생의 제자요.}14

ㅐ의 발음

개{개(犬)}9

ㅔ 〉 ㅓ

어저느 한 십오년 동안{이제는 한 십오 년 동안}17

ㅔ 〉 ㅒ

맷돼지 흔해서 가까비 농새{멧돼지가 흔해서 가까이 농사}

맷도틀래 구밀…{멧돼지로 인해 귀리}13

매돼지느 여콩으느 먹대이크든…{멧돼지는 강낭콩은 먹지 않거든…}15

ㅔ 〉 ㅖ

꼼짝 못하게 셰워 놓은 게 뭐{꼼짝 못하게 세워놓은 게 뭐.}19

ㅔ 〉 ㅓː ㅣ

너이 가서{넷이 가서}11

아들 서이개 있덩거{아들 셋이 있던 걸}11

너이외다{넷이요.}12

ㅘ 〉 ㅒ

목해 살레 간다구 해서{목화(면화, 솜) 사러 간다고 해서}14

ㅘ 〉 ㅙ

지왜를 만들었쇠다{기와를 만들었소.}15

너 왜는 일문제 식{너와는 한 문제씩}15

괘실 냉기{과실나무}16

ㅚ 〉 ㅙ

잉게는 왜국 □□ 아니디{여기는 외국 □□ 아니지.}16

ㅝ 〉 ㅓ

얄 네컨{열네 권}10

ㅝ 〉 ㅕ

달밤에 돌ː르 졌소{달밤에 돌을 주웠소.}11

벼원에 이변해{병원에 입원해}10

ㅟ 〉 ㅜ

작곡엔 구밀이랑 잘 되씀{잡곡으로는 귀리랑 잘됐습니다.}19

사우르 삼갔다구{사위를 삼겠다고}14

구밀, 뫼밀 까지해서{귀리, 메밀까지 해서}7

따: 두주면서 싹 먹지{땅을 뒤지면서 싹 먹어버리지.}2

ㅟ 〉 ─

으생과업(위생과업)5

ㅟ 〉 ㅣ

니당이원당은 졔흥군 사람인데 {이당위원장은 경흥군 사람인데}19

ㅟ 〉 ㅔ

가샐루{가위로}10

ㅢ의 보존

의사 와서 숱한 약으 썼소{의사가 와서 숱한 약을 썼소.}17

내 옷이랑 뎌거 희디대이요{내 옷이랑 저것이 잘 희어지지(퇴색하지) 않소.}

우리 집에서 호의(회의)를 하는데{우리 집에서 회의를 하는데}17

ㅢ의 발음

이사? 구의사들이나 혹간 있었디{의사? 구의(舊醫)들이나 혹간 있었지.}12

ㅢ 〉 ㅜ

나무 집이(남의 집이)10

ㅢ 〉 ─

남으 바트 한 뙤기두 없이{남의 밭을 한 뙤기도 (부친 것) 없이}9

ㅢ 〉 ㅣ

나 그거 만뎌 뎨이르 못했다니{내가 그걸 먼저 제의하지 못했다고.}15

색가리? 힝거디 힝거야{색깔 말이요? 흰 것이지, 흰 거야.}15

이사, 이원이라구 했디요{의사, (전에는) 의사를 의원이라고 했지요.}15

이복이라는거는{의복이라는 것은}16

의병난{의병란}15

장안 디구 한이가 별반 없었수다{장안 지구에는 한의가 별로 없었소.)16

회이마당{회의마다}10

이사 업서서{의사가 없어서}9

회암에 가구사 구이사두 있구{회암에 가야 구의(舊醫)도 있고}13

2.2. 하회리

하회리는 과거 웅기군에 속해있었음. 하회리는 원정리와 상희리와 린접하고 한 면은 중국과 린접. 도로는 발전되지 못했으나 철도가 리 한구역을 통과. 인민 학교와 중학교가 있음. 유선방송망이 설치 못 됨. 리내 주민은 보통 이지구 토착민임.

리내 주민중 만주와 연해주를 려행한 사람이 많다. 주민은 원정읍과 아오지 시장을 많이 리용. 리중심에서부터 멀리 산재함.

대상자 명단

18	김준병	77	남	서당	본토배기
19	김송석	68	남	서당	본토배기
20	고종세	65	남	문맹	본토배기
21	김택별	67	남	문맹	본토배기
22	박상국	66	남	문맹	7년 전에 웅기에서 옴
24	김필한	78	남	문맹	본토배기
25	김원학	73	남	문맹	본토배기, 연해주 려행
26	김원팔	83	남	문맹	본토배기
27	김원웅	88	남	서당	본토배기
28	김재현	59	남	국해	본토배기

ㄱ의 보존

농업 경험은 없을 겁니다{농업 경험은 없을 겁니다.}21

기슴매다 저물어 들어와서{김을 매다가 저물어 들어와서}22

즈:ㅁ 해를 한덜가티 긴해{지금 해는 한 달 같이 긴 해}25

들어온분으는 웅기 게시우다{들어온 분은 웅기에 계시오.}26

쇼를? 협동쇠 두르 기르우다{소를? 협동조합의 소 두 마리를 기르오.}26

지와집이 계시는 분이 맏형님이외다{기와집에 계시는 분이 맏형님이요.}26

길안쩍에다가{길 안쪽에다가}26

큰 길닦아{큰길을 닦아}26

혹은 이틀 놀았디 그때 기슴철이 아님둥?{혹은 이틀 놀았지. 그때는 김매는 철이 아닙니까?}23

ㄱ > ㅈ

다른거 제부닙지{짧은 걸 겨우 입지.}24

지슴{김}24

따이라는 게 지심이 시초를…{땅이라는 건 김의 시초를…}24

계획대루{계획대로}24

져을에사{겨울에야}24

집이 앉아 못 견디갔다{집에 앉아 못 견디겠다.}24

져험이 있어사{경험이 있어야}24

뇌동하면서 털질 닥는데{노동하면서 철길을 닦는데}25

져원, 져홍으루?{경원, 경흥으로?}25

져구 사람만 빠지며{겨우 사람만 빠져나오며}26

저 참지름{저 참기름}28

지와집이 적스끄마{기와집이 적습니다.}28

뱀은 오래 젼드는 모양입데다{뱀은 오래 견디는 모양입디다.}20

노친네들 져험이 있음니다{노친네들이 경험이 있습니다.}20

둥국 따이 곁에 있다{중국 땅이 곁에 있다.}20

우수 졍첩이 대동강이 풀린다는데{우수, 경칩에 대동강이 풀린다는데}20

예까지 져흥(경흥)군이구{여기까지 경흥군이고}22

우리 뎌 졍상도 밀양 박씨{우리는 저 경상도 밀양 박씨}22

배머리에서 잔뜩 져다렸쓰(기다렸소){뱃머리에서 오래 기다렸소.}18

혹시 졈새나 졌는 분이 있디마느{혹시 노점을 겪는 분이 있지마는}20

집에셔 지릉기다 나니{집에서 기른 것이다 보니}20

대'수사 져흥군에서 열일급데니까{세대수야 경흥군에서 17대니까.)20

막 두드리구 질으 내라믄 무세봐서 질으 냈디{막 때리고 길을 내라면 무
서워서 길을 냈지.}20

거게 질 풀섶에느{거기 길 풀숲에는}20

져을에 나는 치바서 꿈쩍 못합니다{나는 겨울에 추워서 꼼짝 못합니
다.}20

졈세(노점)르 졌는이 좀 있구{노점을 겪는 이가 좀 있고}

제구 옌맹해 나가는데{겨우 연명해나가는데}22

쇠두 도티두 지르구{소도 돼지도 기르고}22

ㄱ 〉 ㅅ

서리 일쯔시 오니까{서리가 일찍이 오니까}19

전보구느 일쯔시 함다(이전보다는 일찍이 합니다.}19

ㄱ 〉 ㄲ

지끔으느…{지금은…}18

즈끔으는{지금은}24

지끔은 있어사 떡으 하지{지금은 있어야 떡을 하지.}18

시끔으느 아:들으 나아서…{지금은 아들을 낳아서…}19

즈끔으느 한가지니라구{지금은 한가지라고}24

ㄱ의 첨가

게구 제 몸이나 닙구{겨우 자기 몸이나 걸치고}

ㄴ 〉 ㅇ

그러니 어떵고 하니{그러니 어떤가 하니}24

ㄴ 〉 ~

지스뿌이 아~이요{김뿐 아니오.}24

쉬끼 만이 아~이 갈았수다{수수를 많이 안 심었소.}26

어두 ㄹ 〉 ㄴ

니력이 있어나 잡디{이력(履歷)이 있으나 짧지.}20

냉 상모{냉상모.}19

한 뉵십살 먹었든지{한 육십 살 나든지.}20

니 위원회{이(里)위원회}19

우리 니에서 야드레동안 막았수다{우리 이(里)에서 여드레 동안 막았소.}19

여긴 냉합니다{여기는 냉(冷)합니다.}21

그래 그 냥반 지시대로{그래 그 양반 지시대로}21

뇌력 배당해 보면{노력(勞力)을 배당해 보면}21

그러느 냥반 있습디다{그러는 양반이 있습디다.}18

여기서 니수로 세므: 한 칠백니 됩지{여기서 이(里)수로 치면 한 700리 되지요.}18

개성서 들여 완 냥반 많습디{개성에서 들어 온 양반이 많지요.}18

뉵녜했스꺼니{육례(六禮)를 했습니다.}18

냥우짝에 토성으 하구셔…{양(兩) 위쪽에 토성을 하고서…}19

따:이 냉이 심하대이겠습니까?{땅이 냉(冷)이 심하지 않겠습니까}19

뉵녜르 거저 하구{육례(六禮)를 그저 하고}21

녤레나 효자 애기 벨루 없습지{열녀(烈女)나 효자 이야기는 별로 없지요.}22

벨루 녜절 없었소{별로 예절(禮節)이 없었소.}27

웅기, 나진 가 봤디{웅기(雄基), 라진(羅津)을 가봤지.}22

관니위원회{관리(管理)위원회}21

그런 넉사르 들었디요{그런 역사(歷史)를 들었지요.}

듕학에 음녁 팔월에 간게{중학을 음력(陰曆) 팔월에 간 것이}25

ㄹ 〉 ㄹ+ㄱ

호미 잘구{호미 자루}24

놀가지 짐승들이 성하디{노루 (등) 산짐승들이 성하지.}25

걸금 안 내야{거름을 안 내야}24

놀기 흔하구 메도티 라는게 있구{노루가 흔하고 멧돼지라는 게 있고}25

놀가지 꿩이라는게 있구{노루, 꿩이라는 게 있고}18

갈구내 먹느라구{가루를 내서 먹느라고}19

ㄹ의 탈락

버지 않구 사는 게 있소?(벌지){벌지 않고 사는 사람이 있소?}24

그런해 드불은{그런 해 들불은}25

여기 이분때(일본){여기 일본강점기 때}19

경겐고기 드재이 커던{거기에는 물고기가 들어가지 않거든.}20

어두 ㄹ 〉 ㅇ

양정부에 있다구 합디다{양정부(糧政部)에 있다고 합디다.}20

쉬끼라는 곡이가 첸평당에 대두루 한 육십 말으느 되는때 있습다{수수라
는 곡식이 천 평당에 대두로 한 육십 말 나오는 때가 있습니다.}

거기서 펜지 연락이 있소{거기서는 편지 연락이 있소.}24

ㄹ 〉 ㄱ

한 삼십여녀느 길궈냈수다{한 삼십여 년을 길렀소.}18

그래 이래 돌가서…{그래 이렇게 돌려서…}18

이러한 얘기나 듣겠지{이러한 이야기나 들렸지.}18

백성도 살귀서{백성도 살려서}18

그래 달겨 듭디다{그래 달려듭디다.}19

이놈두 제 배급은 날가 먹으민셔…{이 놈도 자기 배급량은 날라먹으면서…}20

이게 박달이구 뎌기 봇나무구 다 갈가지디{이게 박달나무고 저게 자작나무고 종류 상 다 갈라지지.}20

걸려 놓구셔 알겨두 죽대입니다{걸려 놓고서 알려도 죽지 않습니다.}20

그래 돌가셔 배 내옵니다{그래 돌려서 빼내옵니다.}20

그래 그 놈들이 뿥들기워서는{그래 그 놈들이 붙들리어서는}20

ㄹ 〉 ㄷ

이러한 얘기나 듣겼지{이러한 얘기나 들렸지.}18

ㄹ 〉 ㅅ

모새 땅이 그런데사{모래땅이 그런 데야}18

모새 부리 땅에사 가물이 갔다{모래부리 땅에야 가물이 들었다.}18

ㄹ 〉 ㄹ＋ㄹ

스솔루 박해진다 말이거덩.{(땅이) 스스로 척박해진단 말이거든.}24

ㄹ＋ㄱ 〉 ㄹ

쉠두 닐으구…{셈도 읽고(배우고)…}18

배와 니르다 말아습디{배우다 말았지요.}18

우리 글 니를 때만해두{우리가 글을 읽을 때만 해도}19

ㅁ의 탈락

지스뿌이 아이요{김뿐이 아니오.}24

ㅁ 〉 ㄱ

말짱 그런 냉기지 말짱 아채기지{죄다 그런 나무지, 죄다 가지지.}18

됴흔 냉기 마넙데{좋은 나무가 많더라고요.}18

맷맷이 올라간 낭그는 없읍디{맷맷이 자란 나무는 없지요.}18

낭기 두루 하다 나니{나무를 두루 하다 보니}21

냉기 귀합니다{나무가 귀합니다.}22

낭그{나무}24

ㅁ 〉ㄴ

군에가 신바람하는게{군에 가 심부름하는 게}26

ㅂ의 삽입

녀자 하분자{여자 혼자}24

할때 맥을 썹사 합지{한때 힘을 좀 썼지요.}24

ㅸ 〉ㅂ

제 도봐 못 주고{제가 못 도와주고}19

쇼라는게 여뷔여서{소라는 게 여위어서}

져을에 나는 치버서 꿈쩍 못합니다{겨울에 나는 추워서 꼼짝 못합니
다.}20

여기 냉기가 차분 곳입니다{여기 냉기가 (심한) 찬 곳입니다.}20

거 무세분 게다나니 다티디 못합니다{그게 무서운 것이어서 다치지 못합
니다.}20

가까븐데를{가까운 데를}20

반가븐{반가운}21

새기 고분데 있으믄{고운 처녀가 있으면}21

따가븐 날에는{따가운 날에는}18

그야 응당 취벘겠지{그야 물론 추웠겠지.} 18

치비 올동삼에 관치 않다고 합디{올 겨울 추위가 괜찮다고 하지요.}18

쇼라능기 여뷔여서{소라는 게 여위어서}19

가차븐데느 내가 매곘다구하구{가까운 데는 내가 매겠다고 하고}19

재동채 가차븐데…{자동차가 가까운데…}20

무세봐서 질우냈디{무서워서 길을 냈지.}20

치버? 에, 더 칩습디{추워? 예, 더 춥지요.}20

집이 더브니 그냥집아두{집이 더우니(따뜻하니) 그냥 집 안도}26

셜븐 일이 없소{서러운 일이 없소.}24

ㅸ 〉 ㅇ

더운 절기에는{더운 계절에는}24

ㅂ의 첨가

다른 거 제부 닙지{짧은 걸 겨우 입지.}24

ㅅ 〉 ㄱ

또 그 어른들 하든 말씀이 비슥합니다{또 그 어른들이 하던 말씀과 비슷합니다.}20

ㅅ 〉 ㄷ

그런 곧이우 여기{여기가 그런 곳이요.}24

그 뜯으 모르겠소{그 뜻을 모르겠소.}24

토지가 박한 곧이니까{토지가 척박한 곳이니까}19

그 어디 댕길 곧이 아니오{그 어디 다닐 곳이 아니요.}18

그럼은 당신네 그 사람들 갈곧으 뎡해 달라구{그러면 당신네가 그 사람들의 갈 곳을 정해달라고}19

ㅅ 〉 ㅂ

농촌 구벽에서{농촌 구석에서}18

ㅅ의 첨가

그 사람들으느 토지가 조꼼 낫아셔…{그 사람들은 토지가 좀 나아서…}21

ㅿ 〉 ㅅ

농사질 하는 때사 다 다시하디{농사일 할 때야 다 다시 하지.}22

내사 모르디{나야 모르지.}22

모르디 무식하□사 나니{모르지, 무식하다보니}22

즈:ㅁ 야사 안 그러겠지{지금 이 애야 안 그러겠지.}25

죽을땐 죽어사 좋겠는데{죽을 때는 죽어야 좋겠는데}26

□ 일하구사 살디{□ 일하고야 살지.}24

벌구사 살디{벌고야 살지.}24

벵이나믄 벵원에 가믄사 쇼력을 보디{병이 나면 병원에 간다면야 효력을 보지.}26

그 전에두 조꼼 조꼼 하기사 했소{그 전에도 조금 조금씩 하기야 했소.}24

우리 지슴맬때{우리 김맬 때}24

그저 벌어사 사느니라{그저 벌어야 사느니라.}24

할때 맥을 썹사 합지{할 때 힘을 써야 하지요.}24

양이사 털이가 있는데{양이야 털이 있는데}25

선금이 갖다 노우사{현금을 가져다 놓아야}25

사탕무스가 □어보우{사탕무와 □어 보오.}25

모새 땅이 그런데사{모래땅이 그런 데야}18

그때 한창 기슴 철이 아닙니까?{그 때 한창 김매는 철이 아닙니까?}18

가슬에는 그렇게 아니 불었꿔니{가을에는 그렇게 안 불었습니다.}18

질어셔사 못 가디머{질어서야 못 가지 뭐.}18

지끔사 학교 가찹구{지금이야 학교가 가깝고}19

기슴 자꾸 맨다구…{김을 자꾸 맨다고…}19

온 사람들이샤 대답으 잘 하느라구{온 사람들이야 대답을 잘 하노라고}19

집이사 그러□□{집이야 그러□□}19

죙일 걷구사 가는 덴데{종일 걷고야 가는 데인데}19

그때사 작곡으 다 지였디요{그 때야 다 잡곡을 심었지요.}20

이렁기나 있어샤 하디{이런 거나 있어야 하지.}20

예, 배우구사 그렇티{예, 배우고야 그렇지.}20

아홉 살부터 기슴자루 들구{아홉 살부터 김 뭉치를 들고}20

일찍시 서리 와서 못 먹었소{서리가 일찍 와서 못 먹었소.}9

어떻게 되사 바사 알지{어떻게 되는지는 보아야 알지.}20

기슴 못 매서 흉년되…{김을 못 매 흉년이 들어…}18

냉기 성한 거 봐서사 즘생이 있을만 하지{나무가 무성한 걸 봐서야 짐승이 있을 만도 하지.}18

그런 땅이구사 잘 먹었디{그런 땅이고야 잘 해먹었지.}18

어떤 사람인둥 우리사 모르디{어떤 사람인지 우리야 모르지.}18

지끔은 있어사 떡으 하지{지금은 있어야 떡을 하지.}18

혹은 이틀 놀았지. 그 때 기슴철이 아닌둥?{혹은 이틀 놀았지. 그때는 김 매는 철이 아닙니까?}

구식이사…{구식이야…}18

산이 업기사 업슬리마느…{산이 없기야 없으련마는…}18

배고플사 하는 모양이야{배가 고픈 모양이야.}18

튝산이사 참 됴흔뎁디{축산이야 (여기가) 참 좋은 데지요.}20

기슴 매지 못합니다{김을 매지 못합니다.}21

그분들은 어시라구 생각하구{그분들은 부모라고 생각하고}21

그때사 사람이 잘 안 받습디{그때야 사람을 잘 안 받지요.}21

우리 같은게사 무슨 내기 벤벤이 있소{우리 같은 사람이야 무슨 변변한 이야기가 있겠소.}22

둘이나 서이 벌어서사 되겠는데{둘이나 셋이 벌어서야 되겠는데}22

자세한 내기사 모르디{자세한 이야기야 모르지.}22

지슴매구 져물어 들어와서{김을 매고 저물어 들어와서}22

ᅀ 〉 ㅇ

여기는 왕가물해야 대풍이…{여기는 왕가물이 들어야 대풍이…}18

그야 응당 취벘겠지{거기야 물론 추웠겠지.}18

되기야 일쯔시 되지{되기야 일찍이 되지.}19

ᅀ 〉 ㄲ

여끼, 황가리 가튼거{여우, 족제비 같은 거.}

묵꾸는 세상 생겨서{무는 세상에 생겨서}26

사탕 무끼라는 건 말만 들었디{사탕무라는 건 말만 들었지.}26

슈꾸 이게 빼 보겠수{수수 이걸 뽑아 보겠소.}18

올해 사탕무끼르 얼마나 들어가느냐?{올해 사탕무가 얼마나 들어가느냐?}19

쉬끼 갈때는 쉬끼 갈구 옥쉬끼 갈때느 옥쉬끼 갈구{수수를 갈(심을) 때는 수수를 갈(심)고 옥수수를 갈(심을) 때는 옥수수를 갈(심)고}20

ㅅ 〉ㅆ

그럼 어띠겠는가? 그 돈 가지구스 싸두두 못하구{그러면 어찌하겠는가? 그 돈 가지고서는 사지도 못하고}19

혹 싸두 내구{혹 사서도 내고}20

ㄱ의 첨가

져구 사람만 빠저오구{겨우 사람만 빠져나오고}26

ㅇ 〉ㄴ

닢이 조금 짠즉 짠즉 항기{잎이 조금 짠득짠득한 게}20

니다 빠지구{이가 다 빠지고}24

녀름에 지슴으 다 맨 년에는{여름에 김을 다 맨 후에는}20

내기 들었스꾸마{이야기를 들었습니다}20

무슨 옛내기 있으꾸마{무슨 옛이야기가 있습니다.}2

차매 저고리 니버습디{치마, 저고리를 입었지요.}21

그때 차매라는 거 닙구{그때 치마라는 것을 입고}22

밤에 누치라는게 텟소{밤에 윷이라는 걸 쳤소.}22

옛날에는 화관이라구 있었는데 큰 머리에다 니웠다구{옛날에는 화관이라고 있었는데 큰머리에다 얹었다고.}18

녯날 기사년에 한번 흉년이{옛날 기사년에 한번 흉년이}18

고녜이 같은 짐생{고양이 같은 짐승)18

제구 제 몸이나 닙구{겨우 제 몸이나 걸치고}18

지금 닐러 오는 말이{지금 일러 오는 말이}19

내길 무슨 내기르…{얘기는 무슨 얘기를…}20

우리 글 니를 때만해두{우리가 글을 읽을 때만 해도}19

돈잎을 주구 닙자니{돈닢을 주고 입자니}24

늙으막엔 네기깜이 없소{늘그막에는 이야깃감이 없소}24

네'날 개무기라구 합디다{옛날에는 (갈까마귀를) 개무기라고 합디다.}16

ㅇ 〉 ~

예 강팔러~이라구 합디{예, 강팔령이라고 하지요.}18

펴야~이 구겨이 그리 됴타능거{평양의 구경이 그렇게 좋다는 거}18

이게 따~이 습딘 따이꿔니{이 땅이 습한 땅입니다.}18

하늘과 따~새{하늘과 땅 사이}18

따~는 됴와요{땅은 좋아요.}18

지부대~이라구 거기 있습디다{지부장(支部長)이라고 거기 있습디다.}19

내 재래~이 아닙니다{내 자랑이 아닙니다.}13

먹는 즘스~이다나니까{먹는 짐승이다 보니}20

데바~: 하구서{제방을 하고서}24

피야~이 어데 붙었는둥({평양이 어디에 붙었는지}24

지메~이{지명이}24

다 협도~루두 배당되오구 이러다나니{다 협동종합으로도 배당되어오고
이러다 보니}24

그 때두 듕국에서 쟁교들이 나왔습데{그때도 중국에서 장교들이 나왔데
요.}25

물에서 부~에 잘 나도{물에서 붕어가 잘 나와도}22

따~이 됴티 못하다나니{땅이 좋지 못하다보니}22

ㅇ 〉 제로

셩매 바애라는{석마 방아라는}24

피야~이 어데 붙었는둥{평양이 어디에 붙었는지}24

제바{제방}24

거긴 따: 흔하다 나니{거기는 땅이 흔하다보니}21

우대이 설때느(우장)…{소시장이 설 때는…}20

목당대이나 알디{목장장이나 알지.}20

대:수사 져흥군에셔 열일급대니까{세대수(世代數)야 경흥군으로 말하면 17대니까.}20

족야라는데는 죄일 가는데라구{족야라는 데는 걸어서 온종일 가는 데라고}19

메인이다 나니까{명인이다 보니}20

이 따에서…{이 땅에서…}21

둥국따이 곁에 있다{중국 땅이 곁에 있다.}20

ㅇ의 첨가

그래 경게 내려와 하구{그래서 거기 내려와 하고}19

영게사 비물을루 해서 농사□…{여기야 빗물로써 농사□…}20

영게가 정니가 못행기 무엉가 하니{여기에서 정리를 못한 게 무엇인가 하니}20

경겐 고기 드재이커던.{거기에는 물고기가 들지 않거든.}20

영게 와 보니 다 됴흔데{여기에 와보니 다 좋은데}20

영기는 동지 서덜 제일 춥습디{여기는 동지섣달이 제일 춥지요.}20

ㅈ(구개음화된)의 보존

즈: 므야 안 그러겠지{지금이야 안 그러겠지.}25

봉건을 바리라구 하디만{봉건을 버리라고 하지만}25

됴흔 재고품으로 다 나오디{좋은 재고품으로 다 나오지.}25

죽을 땐 죽어사 조겠는데.{죽을 때는 죽어야 좋겠는데.}26

농사디르랑 얄대살 부터{농사일이란 열댓 살부터}26

제바:{제방}24

정정하오 마음 뿐이지{(어디) 정정하오? 마음뿐이지.}24

반재이{반장}24

펜지를 못봐요{편지를 못 봐요.}25

사람은 보지 못 했소{사람은 보지 못 했소.}24

즈:ㅁ 털자법이 다르디 애이요?{지금 철자법이 다르지 않소?}25

매밭에 나가 있디요{산밭에 나가 있지요.}

ㅈ 〉 ㄱ

기난 경험이 그런지{지난 경험이 그런지.}19

ㅈ 〉 ㄷ

자세한 내기사 모르디{자세한 이야기야 모르지.}22

털다리 노쿠 차르 서루 건너다니디{철교를 놓고 차로 서로 건너다니지.}22

어띠 볿디 않겠소?{어찌 밟지 않겠소?}22

농사질하는 때사 다 다시하디{농사일을 할 때야 다 다시 하지.}22

이런 우티라구 없었디{이런 옷이라고 없었지.}22

웅기 나진 □ 믿디{웅기, 나진 □ 믿지.}22

목댜이 이제 된디 삼네니 되두{목장이 선지 이제 삼년이 돼도}22

많은디 쩍은디 모르디{많은지 적은지 모르지.}20

박달 만나두 못 하는 쉬 많스꾸마{박달나무를 만나도 못 하는 수가 많습니다.}20

이게 박달이구 뎌기 봇나무구 다 갈가지디{이게 박달나무고 저게 자작나무고 종류 상 다 갈라지지.}20

그놈이 죽두는 애인답디다{그 놈이 죽지는 않는답디다.}20

걸려 놓구셔 알겨두 죽대입니다{걸려 놓고서 알려도 죽지 않습니다.}20

목당 대이나 알디{목장장이나 알지.}20

군용디에는 마음대로 못하니까{군용지에서는 마음대로 못하니까}19

이마마한 디팽막대기{이만한 지팡이막대기}19

딘단이라능게 함부르 내능 거{진단이라는 것은 함부로 내리는 거}19

이걸 둥덜시키라구{이걸 중절시키라고}19

디방에 어떻게 된지{지방에는 어떻게 되었는지}19

자꾸 달라구 해두 두지 애이느꺼니{자꾸 달라고 해도 주지 않으니까}18

여기 □당소이 있다가셔{여기 □장□□ 있다가}19

따:이 냉이 심하대이겠습니까?{땅의 냉이 심하지 않겠습니까?}19

토지라능기 딱 길대입니다{토지라는 게 딱 그렇지 않습니다.}19

그게 내 의견에 맞대있는다{그게 내 의견에 맞지 않는다.}19

도으나 굿으나 다있었습디{좋으나 궂으나 다 있었지요.}20

혹시 졈세나 졌는 분이 있디마느{혹간 노점이나 겯는 분이 있지마는}20

머대이꾸마.{멀지 않습니다.}20

딕댱에 나갈 것 같대이꾸마{직장에 나갈 것 같지 않습니다.}20

무시게든지 편안하게만 생각하디{무엇이든지 편안하게만 생각하지.}19

운동당이 뒤에 있으믄{운동장이 뒤에 있으면}19

이 따에 디질이{이 땅의 토질이}19

디경이 넓습니다{지경이 넓습니다.}19

니다 빠디구{이가 다 빠지고}20

습해 디면서{습해지면서}21

둥국 따이 곁에 있디{중국 땅이 곁에 있지.}20

여기 뎨일 바름이 소문 난데요{여기가 바람이 (세기로) 제일 소문난 데
요.}22

검뎡헌거치{검정헝겊＝검정 천}22

털도에 가 있는{철도에 가 있는}22

됴션 범은 다 항가지야{조선 범은 다 한가지야.}22

따이 됴티 못하다나니{땅이 좋지 못하다보니}22

목댜이 이제 된디 심네니 되우{목장이 선 지 이제 십년이 되오.}22

됴흔 재고품으르 다 나오디{좋은 재고품으로 다 나오지.}25

대주두 없다나니{재주도 없다보니}26

둥학에 음녁 팔월에 간게{중학을 음력 팔월에 간 것이}26

던기르 일분 사람 덜 조치워 가구서{일본 사람들이 쫓겨 가고서 전기를}26

벵이 나믄 뱅원에 가믄사 쇼력을 보디{병이 나면 병원에 간다면야 효력을 보지.}26

듕년에 와서 이 메밭으 논했소{중도에 이 산밭을 논으로 풀었소.}28

덩덩티 못합니다{정정하지 못합니다.}25

디끔 갔다서{지금 갔다가서}25

딕죠공댱 약간이야{직조공장이 약간이야}25

베라는 게 개량된디 한 사심넨{벼라는 게 개량된 지 한 사십년}25

데바: 하구서{제방을 하고서}

일하구사 살디{일을 하고야 살지.}24

더기 거저 댕게봤지{저기 그저 다녀봤지.}24

ㅅ,목다~서두{소목장에서도}24

저 데바~: 한다구{저 제방을 한다고}24

덩기'대들이 덩기 여기 올라오다나니{여기 전기가 들어오면서 전신주들이}24

당고봉사건(장고봉사건(張鼓峰事件)24

덩기 덕작{저기 저쪽}21

그때두 듕국에서 쟁교들이 나왔습데{그때도 중국에서 장교들이 나왔더라고요.}25

뎌 낙엽송두{저 낙엽송도}21

보기 됴씀니다{보기 좋습니다.}21

됴티 아이오{좋지 않소.}21

듕국이가{중국이}21

오리 공댱이라구{오리공장(오리사양장)이라고}22

장래 발던성두 있구{장래 발전성도 있고}19

큰 학생은 듕학 금년에 졸업할 해요{큰 학생은 금년에 중학을 졸업을 해요}22

재작년에 듕앙에서 우리 집에 와서{재작년에 중앙에서 우리 집에 와서}19

그렇게 일뎡하게 못하구{그렇게 일정하게 못하고}19

한뎐으 맨들었다{한전(旱田)을 만들었다.}19

튝산이야 참 됴흔 뎁디{축산이야 (여기가) 참 좋은 데지요.}20

얄살에 댱가가는거{열 살에 장가가는 거}20

일반뎍으르 볼때는…{일반적으로 볼 때는…}19

청학에서 자기네 고댱에 맨들겠다구 하구{청학에서 자기네 고장에 만들겠다고 하고}19

간이 학교 션생으루 있든 뎐인근이라구{간이학교 선생으로 있던 전인근이라고}19

저는 위뎡 찾아 갔디마느{저는 일부러 찾아갔지마는}19

디경이 약간 이렇디{지경이 약간 이렇지.}19

터지디 않게 하자믄{터지지 않게 하자면}19

쌀이가 듕야이 마나디구{쌀이 중량이 많아지(불어나)고}19

됴킨 됴은데{좋긴 좋은데}19

양뎡부에 있다구 합디다{양정부(糧政部)에 있다고 합디다.}20

우리는 가격으 공뎡하게 내주었으니까나…{우리는 가격을 공정하게 (정하여) 주었으니까…}19

지부댱이라구 거기 있습디다{지부장(支部長)이라고 거기에 있습디다.}19

군용디는 법측이 그렇다니…{군용지는 법칙이 그렇다니…}19

시격으 못 먹능가 딘단으 왜 필요없다구{밥을 못 먹는데 왜 진단이 필요없다고}19

베두 물데서 못 먹는 일은 업습디{벼도 큰물이 져서 못 먹는 일은 없지요.}19

뎡뎡하긴 무슨{정정하기는 무슨}19

아듀 훌륭한 때입지{아주 훌륭한 때이지요.}19

물으 올리 대이겠습니까?{물을 끌어올리지 않겠습니까?)19

한 백 뎡보 될거외다{한 백 정보 될 거요.}18

기차게 칩습디{몹시 춥지요.}18

한 야라믄 왔디{한 여남은 명이 왔지.}18

뎐책(전책) 있긴 있으꺼니{전책<傳冊>이 있기는 있습니다.}18

지금 있는건 같디 아니꾸마{지금 있는 건 (그것과) 같지 않습니다.}18

웬 선됴 사는 이 있는데{맨 선조(원로)로 사는 이가 있는데}18

좀 관티않캇디{좀 괜찮겠지.}18

백대요 거문비요…{우박이요 검은 비요…)18

아듀 곱게 맨드느라구{아주 곱게 만드느라고}18

혹은 이틀 놀았디 그때 기슴철이 아님둥?{혹은 이틀 놀았지. 그때 김매는
철이 아닙니까?}18

그런 땅이구사 잘먹었디{그런 땅이고야 잘 해먹었지.}

바름이 부는때느 나가기 어려웠습디{바람이 불 때는 나가기 어려웠지
요.}18

어떤 사람인둥 우리사 모르디{어떤 사람인지 우리야 모르지.}18

딕땽에 나갈 것 같대이꾸마{직장에 나갈 것 같지 않습니다.}20

우대이 설때느…{우장(소시장)이 설 때는…}20

목당대이나 알디{목장장이나 알지.}20

댱구봉 사변이 나셔{장고봉사건(張鼓峰事件)이 나서}20

ㅈ 〉ㅅ

시끔으느 아ː드르 나아서 학교르 보내게…{지금은 아들을 낳아서 학교를
보내게…}

화회 사람으 차사 보구셔 해야겠는데{하회 사람을 찾아보고서 해야겠는
데}19

스끔으느 콩, 옥쉬ː, 감자 그거르{지금은 콩, 옥수수, 감자 그것을}20

ㅈ 〉ㅉ

베 쫑자가 여러 가집디다{볍씨가 여러 가지입디다.}24

ㅊ 〉 ㅈ

꼬즈 많이 피워서{꽃을 많이 피워서}18

ㅊ(구개음화된)의 보존

양철{양철(洋鐵)}24

즈:ㅁ처럼 만이 싱궈서{지금처럼 많이 심어서}25

ㅊ 〉 ㅌ

좀 관티 안캈디{좀 괜찮겠지.}18

그러케 되구사 그러티{그렇게 되고야 그렇지.}18

조이두 혹간 짓티마는{조도 혹간 심지마는}18

위티두 그게 도티{위치도 그 곳이 좋지.}19

군에셔 가티 가셔 말해두{군(郡)에서 같이 가서 말해도}18

아 티구차구하니까{아이를 치고 차고 하니까}20

텐연목두 잘 자라구{천연목도 잘 자라고}21

밤에 누치라는 게 텟소{밤에 윷이라는 걸 쳤소.}22

따이 됴티 못하다나니{땅이 좋지 못하다보니}22

만티 안타나니{많지 않다보니}22

턴재 한재{천재(天災), 한재(旱災)}25

털쟈법이 다르디 애~이요?{철자법이 다르지 않소?}20

퉁신, 신해들이 거기 안자서{충신, 신하들이 거기 앉아서}25

건튝 대단히 복구 한게{건축을 대단히 복구한 것이}25

즈음 튝산두 있구{지금 축산도 있고}19

기장, 탈베라능거 싱거서{기장, 찰벼라는 것을 심어서}18

미텨 머{미처 뭐.}18

양털 집두 지며{양철집도 지으며}19

제것만 부티느 때였으니까{자기 것만 부치는 때였으니까}20

그래두 부텨스믄 됴으련만{그래도 부쳤으면 좋으련만}20

턈 일두 잘하구{참 일도 잘하고}20

툭산으 한다 하드래두{축산을 한다고 하더라도}19

여기터리 만티 안소{여기처럼 많지 않소.}21

털다리 노쿠 차르 서루 건너 다니디{철교를 놓고 차로 서로 건너다니지.}22

더 털도에 가 있소.{저 철도에 가 있소.}22

조이 챨떡두 티구{조차떡도 치고)22

ㅋ 〉ㅆ

돈 있는 집으는 써구{돈 있는 집은 (석유등잔을) 켜고}26

ㅌ 〉ㄲ

파끼 또 우밭 곡셕이꿔니{팥 또 □□ 곡식입니다.}12

ㅎ의 보존

삼형제{삼형제}24

이 협도~에 들어서{이 협동조합에 들어서}24

다 협도~르두 배당되 오구 이러다나니{다 협동조합으로 배당돼 오고 이러다보니}24

그런 헹펜이요{그런 형편이요.}24

우리 형제요{우리 형제요.}25

우리 형님은 모두 상새나구{우리 형님은 모두 죽고}25

아들레 사형제외다{아들이 사형제요.}26

쇼를? 협동쇠 두르 기르우다{소를? 협동조합의 소 두 마리를 기르오.}26

지와 집이 계시는 분이 맏형님이외다{기와집에 사시는 분이 맏형님이오.}26

기슴 못 매서 흉년되…{김을 못 매 흉년이 들어…}18

랭상모이라능기 어떤데 효꽈이 있는가 하니{냉상모라는 게 어떤 데 효과가 있는가 하니} 19

넬레나 효자 얘기 벨루 없습디{열녀나 효자 얘기가 별로 없지요.}22

ㅎ 〉ㅅ

슝년이 드는 일이 없구{흉년이 드는 일이 없고}20

샹상되믄{향상되면}25

셥동이 그런 능력이 없어요{협동조합이 그런 능력이 없어요.}25

선금이 갖다 노쿠사{현금을 가져다놓고야}25

셥정군이 아니겠소{협잡꾼이 아니겠소.}25

무슨 심이 있겠소{무슨 힘이 있겠소.}25

설했수다{헐했소.}26

병이 나믄 벵원에 가믄사 쇼력을 보디{병이 나면 병원에 간다면야 효력을
보지.}26

ㄲ 〉 ㅊ

사치 마흔 다슷발 들어…{새끼가 마흔다섯 발 들어…}27

ㅆ 〉 ㄱ

어느 때나 돈이 익겠는둥{언제 쯤 돈이 있겠는지.}24

ㅆ 〉 ㅅ

그게 시름입디{그게 씨름이지요.}18

남자들은 시름하구{남자들은 씨름하고}18

ㅉ 〉 ㅊ

세번채느…{세 번째는…}19

ㅉ 〉 ㄸ

그럼 어띠겟는가?{그러면 어찌하겠는가?}19

어때 여게다 이렇게 하능가?{어째 여기에다 이렇게 하는가?}19

어때 청학은 샤 희고{어째 청학은 □ □□}18

이거 어때 이러냐?{이것이 어째 이러느냐?}21

어때 스믄 농샤르 잘 짓는디{어찌하면 농사를 잘 짓는지.}21

어때 봅디 않겠소{어째 밟지 않겠소.}22

피밥으 실게다 떼서{피를 시루에다 쪄서}20

그래 뎌 먹는 거디{그렇게 쪄서 먹는 거지.}24

· 〉 ㅏ

차참 들어보니까{차츰 들어보니까}19

고기 처암에 잡는 사람{고기를 처음에 잡는 사람}20

· 〉 ㅓ

지난 덜에 또 군대…{지난달에 또 군대…}24

음력 오월덜, 칠월덜에 하나 나가구{음력 오월 달, 칠월 달에 하나 나가고}24

야라문덜부터 농사질 했지오{여남은 달부터 농사일을 했지요.}25

칠월덜이면{칠월 달이면}25

쇠애지두 한 덜이나{송아지도 한 달이나}25

즈:ㅁ 해는 한덜 같이 긴해{지금 해는 한 달 같이 긴 해}25

마당꺼지 물들어…{마당에까지 물이 들어와…}27

백대요 거문비요{우박이요 검은 비요.}18

가물이 발셔{가물이 벌써}19

영기는 동지 서덜 제일 칩습디{여기는 동지섣달이 제일 춥지요.}19

· 〉 ㅗ

대개 봅스꿔니(밟다){대개 밟습니다.}18

어때 봅디 않겠소?{어째 밟지 않겠소.}22

ㅏ 〉 ㅜ

벼우리 됐습니다{병아리가 됐습니다.}21

손주 더브레 가라는 건두{손자를 데리러 가라는 것도}20

· 〉 ㅡ

농샤에 대한 말씀 물으니까{농사에 대한 말씀을 물으니까}21

여기 데일 바름이 소문난 데요{여기가 바람이 (세기로) 제일 소문 난 데요}22

바름이 모디 부는해{바람이 몹시 부는 해}22

그전에두 사름이 많았소{그전에도 사람이 많았소.}22

밭이 많고 사름이 없다나니{밭이 많고 사람이 없다보니}22

슬기라구 고내~ 같슴{삵이라고 고양이 같아요.}25

바름이 나는때는 나가기 어려웠습디{바람이 불 때는 나가기 어려웠지요.}23

하늘과 따새{하늘과 땅 사이}18

그 사람들 갈고드 덩해달라구{그 사람들이 갈 곳을 정해달라고}19

또 사름이라능기 똑같이 이르 합니까?{또 사람이라는 게 (어디) 똑같이 일을 합니까?}19

흑두 조혼 흘기 있구…{흙도 좋은 흙이 있고…}19

한 사름 앞으루 두채르 햇수다{한 사람 앞으로 두 차를 했어요.}20

ㅏ 〉 ㅣ

감지두 습한데느 안하능거{감자도 습한 데는 안 심는 것}19

ㅏ 〉 ㅐ

큰 부재 됬디{큰 부자가 됐지.}24

차매 저고리 니버습디{치마저고리를 입었지요.}21

베 이색이 나와서두{벼이삭이 나와서도}20

냉기 귀합니다{나무가 귀합니다.}22

그 놈이 죽두는 애인 답디다{그 놈이 죽지는 않는답디다.}20

재동채 가차분데…{자동차가 가까운데…}20

영게가 정리가 못행기 무언가 하니{여기에서 정리를 못한 것이 무엇인가 하니}20

말짱 그런 냉기지{죄다 그런 나무지.}18

그래 가지구 댕겼스꿔니{그래가지고 다녔습니다.}18

어째 대리목이라 했능가 하면…{어째 다리목이라 했는가 하면…}18

제매기 라능기 없이 댕겼수다{두루마기라는 게 없이 다녔소.}19

그래 군용디만 맨들어 되겠능가{그래 군용지만 만들어 되겠는가?}

농샙지{농사이지요.}24

피 농새{피 농사}24

지금 안 퐸이 벌다나니{지금 부부가 벌다나니}24

그 댐이 없소{그 담이 없소.}24

둘째 조캐{둘째조카}24

성매 바애라는 {석마 방아라는}24

왜국 장수 청쟁이를 볐단 말이요{일본의 장수 청장의 (목을) 벴단 말이요.}25

즈:ㅁ 털자법이 다르디 애이요{지금 철자법이 다르지 않아요?}25

쇠애지두 한 살이나…{송아지도 한 살이나…}25

목채 댕기기두 참 심이 들었소{목창(木廠)에 다니기도 참 힘들었소}20

난 농새질 안해 봤소{나는 농사일을 안 해봤소.}27

잭게 잡히는 때두 있구{적게 잡히는 때도 있고}22

눈이 좀 잭게 와서{눈이 좀 적게 와서}22

그때 차매 라는 거 닙구{그때 치마라는 것을 입고}22

산 제새를 지내구{산제사를 지내고}22

핵교 못…{학교 못…}22

ㅏ 〉 ㅐ

지부대이라구 거기 있습디다{지부장(支部長)이라고 거기 있습디다.}22

목당대이나 알디(목장장){목장장이나 알지.}20

우대이 설 때느(우장＝소시장)…{소시장이 설 때는…}20

면재~이{면장이}24

모종재르{모 종자를}24

목채 당기기두 아주 심이 들었소{목창(木廠)에 다니기도 아주 힘들었소.}20

ㅏ 〉 ㅔ

우리 농세질{우리 농사일}24

ㅏ 〉 ㅑ:

야:들이 야라믄 모다서 글으 닐겄디{아이들 여남은 모아서 글을 읽었지.}19

아:들 거페(밖) 나가면 장난한다니{아이들이 밖에 나가면 장난친다고}19

시끔으느 아:들을 나아서…{지금은 아들을 낳아서…}19

우리 아:쩩에는{우리가 아이일(어릴) 적에는}19

이분 아:들이사 그때{일본 사람들이야 그때}19

ㅑ 〉 ㅒ

승내~두 있디만…{승냥이도 있지만…}25

승내~ 흔합니다{승냥이가 흔합니다.}26

ㅑ 〉 ㅖ

고네이 같은 짐생{고양이 같은 짐승}18

ㅓ 〉 ㅏ

우리 아바지{우리 아버지}18

위함한데 막으라구{위험한데 막으라고}19

발써 흙으 공과난데는{벌써 흙으로 괘놓은 데는}19

콩 팥이 될 탁이 있습니까?{콩과 팥이 될 턱이 있습니까?}21

우리는 발써 피뚝 보문{우리는 벌써 피뜩 보면}24

글란요(그럼요){그럼요.}24

봉건을 바리라구 하디만{봉건을 버리라고 하지만}25

ㅓ 〉 ㅜ

문지랑 올라서…{먼지랑 앉아서…}28

아부지 페양 구경하라구{아버지 평양 구경을 하시라고}21

ㅓ 〉 ㅡ

사치 마흔 다슷 발 들어{새끼가 마흔다섯 발 들어}27

ㅓ 〉 ㅣ

지냑 근심 아침 근심하게 되구{저녁 근심, 아침 근심을 하게 되고}19

ㅓ 〉 ㅟ

즈:ㅁ처럼 만이 싱궈서{지금처럼 많이 심어서}25

ㅓ > ㅕ

장래 발뎐성두 있구{장래 발전성도 있고}19

뎍당티 않으니까{적당치 않으니까}19

건설반에 댔디{건설반에 됐지.}21

성매 방애라는…{석마 방아라는…}24

텬생 구경두 못하던 거라우{태어나서 구경도 못하던 거라오.}25

매'돼지 성해가지구{멧돼지가 성해가지고}25

건설반이루다{건설반으로}25

ㄷ,션에 대구 세해바다{조선의 서해바다에 대고}25

ㅓ > ㅔ

체니(천) 값 눅쏘{천 값이 눅소.}18

그래 겡게 내려와 하구{그래 거기 내려와 하고}19

게기셔 켜서 운반으 했습디{거기서 켜서 운반을 했지요.}19

섹까리 같은 것두 연하다나니까{석가래 같은 것도 약하다보니}19

수량이 적게 되구{수량이 적게 되고}19

그전 노력두 헷노력이란 말이여{그전의 노력도 헛된 노력이란 말이야.}19

연에 비뚜름항기 솧애라구 올랍습디{연어 비슷한 송어라는 고기가 올랐지
요.}20

젝게 난다니{적게 난다니}20

밭이 쳰평이라 하면{밭이 천 평이라 하면}20

무세봐서 질으 냈디{무서워서 길을 냈지.}20

뿌레 데지구 가민서두{뿌리치고 가면서도}20

파견원 내 셍명 모릅니다{파견인원이 내 성명을 모릅니다.}21

텐연목두 잘 자라구{천연목도 잘 자라고}21

물에서 부에 잘 나도{물에서 붕어가 잘 나와도}22

지금두 쳰이랑 많습니다{지금도 천이랑 많습니다.}22

추셕때는 쇠를 잡았스{추석 때는 소를 잡았소.}21

ㅓ 〉 ㅔ

피밥을 실게다 떼서{피(稗)를 시루에다 쪄서}24

그렇게 셴젠 했디오(그렇게 선전했지요.}24

세귀마우래 땅으르 나와서{서귀 마을로 나와서}26

ㅓ 〉 ㅖ

구식때사 그런 쇠셀같은거…{옛날에야 그런 소설 같은 것…}18

그렇게 셸비르 해 달라구…{그렇게 설비를 해달라고…}19

셸계를 어떻게 했는가 하면{설계를 어떻게 했는가 하면}19

ㅓ 〉 ㅏ

그래 돌가서 빼 내옵니다{그래 돌려서 빼내옵니다.}20

ㅓ 〉 ㅑ

지냑 근심 아침 근심하게 되구{저녁 근심, 아침 근심을 하게 되고}19

야라살 먹는데{여러 살 되는데}21

야라해…{여러 해…}21

그 물이 열대발이나 스므발{그 물의 깊이가 열댓 길이나 스무 길}22

우리두 야라해 살던건데{우리도 여러 해 살았었는데}24

야라문{여남은}24

야라믄 덜부터 농사질 했디오{여남은 달부터 농사일을 했지요}25

손네들두 야라 되우다{손녀들도 여럿 되오.}26

농사질으난 얄대살부터{농사일을 나는 열댓 살부터}26

야러분네 다 페양서{여러 분들이 다 평양에서}18

야러 곳 물이 모다서{여러 곳 물이 모여서}18

야라믄 마리{여남은 마리}26

우리 니에서 야드레 동안 막았스다{우리 이(里)에서 여드레 동안 막았소.}19

열살에 댱가간다는 거{열 살에 장가간다는 거}20

ㅕ 〉 ㅓ

각처에서 내려오는 물 곬이{각처에서 내려오는 물곬이}24

예 강팔러이라구 합디{예, 강팔령이라고 하지요.}18

혹은 너자 뿐인 것두 있구{혹은 여자뿐인 경우도 있고}18

ㅕ 〉 ㅜ

우리는 발써 피뚝 보문{우리는 벌써 피뜩 보면}24

ㅕ 〉 ㅡ

뱀이므 야간 작업하다{밤이면 야간작업을 하다가}24

ㅕ 〉 ㅣ

피야이 어데 붙었는둥{평양이 어디에 붙었는지}24

이 놈두 제 배급으 날가 먹으민서{이 놈도 제 배급량을 날라 먹으면서}20

뿌레 데지구 가민서두{뿌리치고 가면서도}20

ㅕ 〉 ㅖ

벵이나믄 벵원에 가믄사 쇼력을 보디{병이 나면 병원에 간다면야 효력을 보지.}26

이 듕년에 와서 이 메밭으 논했소.{중도에 이 산밭을 논으로 풀었소.}18

넬레나 효자 얘기 벨루 없었디{열녀나 효자 이야기는 별로 없었지.}21

페양서두 그랬갔디 머{평양에서도 그랬겠지 뭐.}22

샹은 멘자이 주구{상은 면장이 주고}22

그때는 베라구 없었소{그때는 벼라고 없었소.}21

멩일두 쇠디 못하구{명일도 쉬지 못하고}22

목댜이 이제 된디 삼네니 되우{목장이 선지 이제 삼년이 되오.}21

손네하나 있구{손녀가 하나 있고}19

해겔이 아니 되니까{해결이 안 되니까}19

부업이 벨루 없스꾸마{부업이 별로 없습니다.}20

메인이다 나니까{명인이다 보니}20

이 물개 안이가 몇 길이나 된답니다{이 물속 깊이가 몇 길이나 된답니다.}21

베개 돼서 농사를 잘 됐습디{벼여서 농사가 잘 됐지요.}18

지금 헹편따라 하는 겁디{지금 형편에 따라 하는 거지요.}18

게구 제 몸이나 닙구{겨우 제 몸이나 걸치고}18

펜지 댕기는 거 보드래두{편지가 오가는 걸 보더라도}18

베두 물데서 못 먹은 일은 없습디{벼도 큰물이 져서 못 먹는 일은 없지
요.}19

뿌레데지구 가민서두{뿌리치고 가면서도}20

다른거 제부 닙지{짧은 걸 겨우 입지.}24

지메~이…{지명이…}24

베가 피르{벼와 피를}24

손네들두 야라 되우다{손녀들도 여럿 되오.}26

그런 헹펜이와 한 반에 백예메~이다{그런 형편으로 해서 한 반에 백여 명
이다.}24

십예일{십여 일}24

예끼, 황가리 가튼거{여우, 족제비 같은 것}25

베두 물데서 못먹는일으 없습디(벼도 큰물이 져서 못 먹는 일은 없지
요.}19

녜성들이 나가서{여성들이 나가서}19

ㅕ 〉 ㅘ

백성은 살과서{백성은 살려서}18

ㅗ 〉 ㅏ

이짝에는{이쪽에는}19

녀자 하븐자{여자 혼자}24

저짝에서는 건너가서{저쪽에서는 건너가서}20

ㅗ 〉 ㅛ

죵성이나 웬성이나{종성이나 온성이나}18

낙엽숑이 좀 적습니다{낙엽송이 좀 적습니다.}20

영게사 이 물을루해셔 농사르{여기야 이 물로써 농사를}20

쇼를? 협동쇠두르 기르우다{소를? 협동조합의 소 두 마리를 기르오.}21

ㅗ 〉 ㅜ

이분눔들 와서 압슈시컸으꿔니{일본 놈들이 와서 압수하였습니다.}18

그거 일분눔 하다가…{그걸 일본 놈이 하다가…}21

이 눔으 자식{이 놈의 자식}21

저구리 조끄마케 하고{저고리를 조그맣게 하고}22

스솔루 박해진다 말이거덩{(땅이) 스스로 척박해진다 말이거든.}24

ㅗ 〉 ㅡ

일븐 사람 덜 다 가다나니{일본 사람들이 다 가다보니}26

ㅗ 〉 ㅣ

무슨 시출이 나겠소(소출){무슨 소출이 나겠소.}24

ㅗ 〉 ㅔ

오월 단에에는(오월 단오에는)18

단에두 쇠구 설두 쇠구(단오도 쇠고 설도 쇠고)

ㅗ 〉 ㅘ

개성서 들어완 양반 많습디{개성에서 들어온 사람들이 많지요.}18

ㅗ 〉 ㅚ

쇠맬줄 모르구{소를 맬 줄 모르고}24

뇌력으 여서{노력(勞力)을 대서}24

쇠애~지두 한 덜이나{송아지도 한 달이나}25

뇌동하면서{노동하면서}25

되션이사 다니습니다{조선이야 다녔습니다.}26

쇠{소}18

구식 때사 그런 쇠셜 같응 거…{옛날에야 그런 소설 같은 거…}18

노력이 부죡이 되서…{노력(勞力)이 부족해서…}19

신아오지셔 죙일 걷구사…{신아오지에서 종일 걷고야…}19

뵈우능거느 뵈우는대루 말하구{보이는 것은 보이는 대로 말하고=보면 보는 대로 말하고}19

죄꼼 부텹스꾸마{조금 부쳤습니다.}20

그때 죄선 사람이라능게{그때 조선 사람이라는 게}19

ㅗ〉ㅐ

종셩이나 왠셩이나{종성이나 온성이나}18

ㅗ〉ㅟ

노력이 부죅이구{노력(勞力)이 부족하고}19

여기 마쉰 잘 된다{여기 마소는 잘 된다.}20

ㅗ〉ㅟ

ㅅ목다~서두{소목장에서도}24

ㄷ션에 대구 서해바다{조선의 서해바다에 대고}25

ㅗ〉ㅗ~ㅣ

코~이 싱궈서 코이…{콩을 심어서 콩을…}25

조~이르 만이 심구{조를 많이 심고}25

ㅜ〉ㅏ

군에가 신바람하는데{군에 가 심부름하는데}26

ㅜ〉ㅗ

들어온 분으는 옹기 계시우다{들어온 분은 웅기에 계시오.}26

ㅜ〉ㅠ

신튝 대단히 복구하는데{신축으로 대단히 복구하는데}25

ㅜ〉ㅣ

치비? 예, 칩습니다{추위가요? 예, 춥습니다.}20

치비 올동삼에 관치 안타구 합디{올 겨울에 추위가 괜찮다고 하지요.}18

포시들이 많이 잡건만{포수들이 많이 잡건만}24

ㅜ〉ㅟ

앞을루서 들어오는 살귀느…{남쪽에서 들어오는 살구는…}18

한식이나 취석이나…{한식이나 추석이나…}18

지금 쉬샹님이 거기르 머 위정 갈 순 없어요{지금 수상님이 뭐 거기를 일
부러 갈 수는 없어요.}18

포쉬들이 혹간 잡았지{포수들이 혹간 잡았지.}18

할쉬없이{할 수 없이}19

살귀라는 게 재재한 기{살구라는 것이 자잘한 게}18

멀귀, 다래 있으꾸{머루, 다래가 있어요.}18

쉬슈께끼{수수께끼}18

쉬끼 심어두{수수를 심어도}21

옥쉬끼 물간데…{옥수수가 큰물이 간 데…}25

식귀 일곱이외다{식구가 일곱이요.}26

상튀 있을 때니{상투머리가 있을 때니}18

달리 먹을 수 업습지{달리 먹을 수 없지요.}19

그 안으루 우마 췰입두 못하구{그 안으로 우마 출입도 못하고}19

ㅜ의 탈락

남 밑에 갔다오{나무 밑에 갔다오.}24

ㅠ〉ㅜ

눙녜(류레) 했으꺼니{육례(六禮)를 했습니다.}

밤에 누치라는거 뒀소{밤에 윷이라는 걸 쳤소.}

ㅠ〉ㅟ

세귀… 땅으루 나와서(석유){석유… 땅으로 나와서}26

ㅡ〉ㅏ

왠 처암에야 들어 왔습디{맨 처음에는 들어왔지요}20

ㅡ 〉 ㅓ

더기 거저 댕게 봤디{저기 거저 다녀봤지.}24

농군덜이 고생하고{농사꾼들이 고생하고}24

ㅡ 〉 ㅗ

피난 갔다 한 보롬만에 왔소{피난을 갔다가 한 보름 만에 왔소.}20

보롬동안 잘 그랬습니다{보름 동안 잘 그랬습니다}22

그전에두 조꼼 조꼼 하기사 했소{그전에도 조금 조금씩 하기야 했소.}24

스솔루(스스로) 박해진다 말이거덩{(땅이) 스스로 척박해진단 말이거든.}24

ㅡ 〉 ㅣ

기전에는 그리기{그전에는 그러기에}21

싱내이{승냥이}21

ㅡ 〉 ㅖ

냉기 흔항거 봐서사 즘생이 있을만하지{나무가 울창한 걸 봐서야 짐승이 있을 만도 하지}18

ㅡ의 삽입

산여르매(산 열매){산열매}18

산 여름에 말입니까?{산열매 말입니까?}

즈끔으는{지금은}24

우리 기슴맬 때{우리 김을 맬 때}24

녀자 하븐자{여자 혼자}21

협동이 사람으르 많이가지구{협동조합에서 사람을 많이 가지고}24

들어온 분으는 웅기 제시우다{들어온 분은 웅기에 계시오.}26

농사지르 난 얄대살부터{농사일을 나는 열댓 살부터}26

ㅡ의 탈락

금년 갈:에{금년 가을에}24

ㅣ 〉 ㅏ

차매 저고리 닙어숩디{치마, 저고리를 입었지요.}21
그때 차매라는거 닙구{그때 치마라는 것을 입고}22

ㅣ 〉 ㅓ

곡석질 하우{곡식농사를 하오.}24
곡석(곡식)24

ㅣ 〉 ㅕ

파끼 또 우밭 곡석이꿔니{팥 또 □□ 곡식입니다.}18
배머리에서 잔뜩 져다렸스(기다리다){뱃머리에서 오래 기다렸소.}18

ㅣ 〉 ㅜ

그럼 어띠겠는가? 그 돈가지구느 싸두두 못하구{그럼 어찌하겠는가? 그 돈 가지고는 사지도 못하고}19
뵈우는거는 뵈우는대루 말하구{보이는 것은 보이는 대로 말하고=보면 보는 대로 말하고}19
박달 만나두 못하는쉬 많스꾸마{박달나무를 만나도 못하는 수가 많습니다.}20

ㅣ 〉 ㅡ

스즙갈때{시집갈 때}18
군용지는 법측이 그렇다니{군용지는 법칙이 그렇다니}19
즈끔 여게 김 재신이라구 대니며{지금 여기 김재신이라는 사람이 다니며}19
여기 즘(지금) 작업반장이…{여기 지금 작업반장이…}19
그래 슬타구 하니까{그래 싫다고 하니까}19
즈음 툭산이있구{지금 축산이 있고}19
참 슬습데{참 싫데요.}24
즘생이 만 았디{짐승이 많았지.}25

여기는 비르슬어하는고디 애입니까?{여기는 비를 (싫어하는) 타는 곳이
아닙니까?}19

먹는 즘스이다나니까{먹는 짐승이다 보니}20

ㅣ의 삽입

따이라는게 지심이 시초를{땅이라는 건 김의 시초를}24

ㅐ 〉ㅏ

비항길 못 띠웠소{비행기를 못 띠웠소.}20

삼터디는데(샘){샘물이 솟는데}24

하루 저 사끼 꽈…{하루 동안 저 새끼를 꽈…}28

사치 마흔다섯발{새끼 마흔다섯 발}27

ㅐ 〉ㅑ

비향기 와서{비행기가 와서}24

ㅔ 〉ㅓ

여게두 이저는{여기도 이제는}18

쇠루 서 넣었습니다{소를 세 마리 넣어두었습니다.}20

ㅔ 〉ㅐ

배{베}24

배우티{베옷}24

맷짐승{멧짐승}24

맷도티{멧돼지}24

아들내 사형제외다{아들이 사형제요.}26

매 밭에나가 있디오{산밭에 나가 있지요.}25

ㅔ 〉ㅞ

쉠두 닐으구{셈하는 것도 배우고}18

ㅚ 〉ㅗ

오양매구, 점믄네 일하라 가구{외양간□□, 젊은이네 일하러 가고}26

ㅚ > ㅐ

돼기두 잘 돼구…{되기도 잘 되고…}18

왜손주이꾸마{외손자입니다.}20

왠 션됴{맨 선조＝시조(始祖)}18

쇄:지두 났단 둑는쉬 있구{송아지도 낳았다가는 죽는 수가 있고}20

ㅘ > ㅏ

베가 피르{벼와 피를}24

한 이십간(貫){한 이십관}18

ㅘ > ㅐ

여기 밑에 기왜집이 하내 있었는데{이 밑에 기와집이 하나 있었는데}19

지왜집이라는 있는데{기와집은 있는데}26

기왜두 못 니게되구{기와도 못 이게 되고}19

ㅐ > ㅘ

관티 안 같디{괜찮겠지.}18

저물으 쫄쫄히 내려오므 과이찮는데{저 물이 졸졸 흘러내리면 괜찮겠는
데}20

ㅢ > ㅣ

한이사, 구이사{한의(韓醫), 구의(舊醫)}24

이복이랑 우리법에는{의복이랑 우리 법에는}26

나두 지금 손재 이대에 가 있습니다{우리 손자도 지금 의대에 가 있습니
다.}21

한새미 힌거르 합니다{한삼(汗衫)을 흰 것으로 합니다.}22

이사덜이라구{의사들이라고}21

수이사라구 알 쉬 업소{수의라고 알 수 없소.}21

ㅢ의 존재

□희(씨름)라구 했디{□희 씨름이라고 했지.}18/44

한새미 흰걸루 주간 했스꾸마{한삼(汗衫)을 주로 흰 것으로 했습니다.}18
녀자들으는 의농이 아니 있슴둥?{여자들은 옷농이 있지 않습니까?}18
긔차두 한번 타 봤소{기차도 한번 타봤소.}18
청학에서 의견이 어떠냐 하믄{청학에서 의견이 어떠냐 하면}19
또 회의르 하루 부른다구 가니까{또 회의에 불리어 하루는 가니까}19
아, 회의에 가는때는 그렇지마느{아, 회의에 갈 때는 그렇지만}19
그거 내 의견에 맞대있는다{그게 내 의견에 맞지 않는다.}19
웅긔던지 그리루 가는 신작로느{웅기든지 거기로 가는 신작로는}20
장래 희망두 업는데라구{장래 희망도 없는 데라고}19
긔차라는게사 타 받디 머{기차라는 거야 타봤지 뭐.}20
긔찰 지들쿨쑤 없소{기차를 기다릴 수 없소.}20
박달이 희소한 곳인데{박달나무가 희소한 곳인데}20
봇낭 나 먹으면 좀 흽니다{자작나무가 나 먹으면 좀 흽니다.}20
둥긔 물품 값이{두멍의 물품 값이}20
사람에 의사가 과연…{사람에게 의사가 과연…}21
다 흰거 닙습디{다 흰 것을 입지요.}21

제3장 함경북도 경원군

3.1. 룡북리

고건원 탄광 지구로, 고건원 로동자구와 린접해 있음. 본동 류수촌, 청계촌, □동 중에서 청계촌은 순 로동자 부락임. 류수촌은 리소재지(청계촌)에서 북쪽으로 약 5리 떨어진 농민부락. □동은 남쪽으로 약 5리 떨어진 농민부락.

리 소재지에는 고건원탄광 6갱이 있으며 그에 따르는 부대시설(상점, 목욕탕, 야간 정양소) 등이 있고 중학교가 있다.

대상자 명단

번호	지대	성명	성별	년령	지식정도	경력
49	류수촌	김원균	남	93	한문독해	10대 농업.
50	류수촌	허문걸	남	66	문맹	5대 농업.
51	류수촌	최길금	녀	33	국해	룡문태생, 6세에 이주.
52	류수촌	리례현	녀	55	국해	20리인 하면리 태생, 그곳 탄광일. 본동에 온지 10년.
53	류수촌	김씨	녀	58	국해	50리 상거한 동북출생, 20세 이주.
54	가루'골	조광순	남	65	국해	5대 농업, 관청에 재판 간 일 있음.

번호	지대	성명	성별	년령	지식정도	경력
55	가루'골	박천금	녀	59	문맹	고건면 태생.
56	가루'골	김성렬	남	70	문맹	4대 농업, 30세 쏘련에 가서 10년 있음.
57	가루'골	박인녀	녀	74	문맹	고건원에서 17세시 출가.

[형태]

- 이(주격)

영게 따~이 박합니다{여기 땅이 척박합니다.}49

두 마리두 기른 집이 있구{두 마리도 기르는 집이 있고}49

차떡이 주간이디{찰떡이 주로지.}49

동생~이 한분돌아가구{동생이 한 분 돌아가고}54

우리 되션 사라미 만인보구 더…{우리 조선 사람이 만주인보다 더…}54

- 이(주격)

네모이 반드스한 거 두에다…{네모반듯한 것 뒤에다…}54

- 가(주격)

농툐가 됴티 못한 사라므는{농토가 좋지 못한 사람은}54

- 으(속격)

나두 절머서 안까으 생각이 어떠겠냐?{나이도 젊어서 아내의 생각이 어떻겠느냐?}52

손님으 담배 태우구 됐소{손님의 담배를 피우게 됐소.}53

- 구(속격)

갠 농사할때사 나무 따에 안 있었소{개인 농사할 때야 남의 땅을 안 부쳤소.}54

-에(속격)

신부편에 장난꾸레기드 만으믄{신부 편에 장난꾸러기들이 많으면}53

남에집 사람드르는…{남의 집 사람들은…}53

느에 남편 매부라 하구{누이 남편을 매부라 하고}53

-의(속격)

김씨의 집에서 뉴했다{김 씨의 집에서 유했다.}53

-이(속격)

이 아래 것두 전에 버럭이 흘글 내다 매웠소{이 아래 것도 전에
있던 버럭의 흙으로 메웠소.}56

-에게(여격)

토지 어째 다른 사람에게 팔았느냐구셔{토지를 어째 다른 사람에
게 팔았느냐고}54

-께(여격)

그 어른께 가 조:ㄴ 니예기 잘 들었수?{그 어른한테 가서 좋은 이
야기를 잘 들었소?}50

앞서 서방간 사람들께 예르 해라하는…{앞서 장가간 사람들에게
예를 해라 하는…}54

셔방~이 나이 어리믄 말께 떠러디다 말다{신랑이 나이 어리면 말
에서 떨어지고 말고}54

구르마에다 실어서 말께 매워서{수레에다 실어서 말에게 매워
서}54

갸게 집중하니 다름 없겠드라{그 애에게 집중하니 다름이 없겠더
라.}51

-르(대격)

단위르 세구{단오를 쇠고}50

농사르 했습니다{농사를 했습니다.}52

스애끼르 샤우니라 하디{시동생을 샤우니라 하지.}52

-으(대격)

그짝으 가 안보다나니{그쪽을 가보지 않다보니}50

설으 세구{설을 쇠고}50

단위두 사으르 놀았는둥?{단오도 사흘을 놀았는가?}50

근심으 말라구{근심을 말라고}50

-르(대격)

벼:원 으사르 합데{병원에서 의사로 일하데요.}51

공부르 못했스끄{공부를 못했습니다.}51

맏아들이 전사르 해 상여나구{맏아들이 전사를 해서 상여금이 나

오고}51

뎐보르 텨주까{전보를 보내니까}51

- ㄹ(대격)

농셀저서 밥으 먹구{농사를 져서 밥을 먹고}50

날 그람둥?{나를 그럽니까?}50

-루(조격)

학렬루 도서~이 사망되구{항렬로 동생이 사망되고}49

-으루(조격)

사람으루 나서 그리{사람으로 나서 그리}51

목자~으루 들어간 사람두 있구{목장으로 들어간 사람도 있고}52

탄과~으루 들어간 사람두 있구{탄광으로 들어간 사람도 있고}52

내사 자고로 농민으루 □다나니{내야 평생을 농민으로 살다보

니}52

- ㄹ루(조격)

내 눈을루 보디 못하니…{내 눈으로 보지 못하니…}50

셋째 아들은 듕대자~:을루 가 있스끄마{셋째아들은 중대장으로 가

있습니다.}52

낭글루 했슈다{나무로 했소.}54

- 을루셔(조격)

간부 부자~을루셔 있다가셔{부장이라는 간부직으로 있다가}54

- 으로서(조격)

기왕 구식으루서 하루가리 열짐인데{이전 식으로 하루갈이가 열
짐인데}50

-셔/서(위격)

여기셔 만날 부족이 돼서{여기에서 만날 부족해서}

우리 여기서{우리 여기에서}

거기셔 재판이사 했겠디{거기에서 재판이야 했겠지.}51

-ㄹ루서(위격)

어딜루서 왔는디 모르겠수다{어디에서 왔는지 모르겠소.}49

-ㄹ루셔(조격)

이건 깔루셔 만든 겁니다{이것은 갈대로써 만든 겁니다.}52

국사~이 내리믄 전부 밸루셔{국상이 나면 전부 베로써}54

우리 둘루셔 혀~이…{우리 두 형제로서 형이…}53

-ㄹ루(조격)

종성군에서 계시다가서 여길루 오셨다는겨{종성군에서 계시다가
여기로 오셨다는 거여.}51

당신녀 찰루 왔으니{당신네 차로 왔으니}51

내 처~진 갔다가셔 수롤루 들어오면서{내가 청진을 갔다가 수로
로 들어오면서}54

동북을루 나왔소{동북으로 나왔소.}53

- 에서/에셔(위격)

가정에서 먹으리 만치씩 심어{가정에서 먹을 만큼씩 심어}49

고건원 탄광에서 쟈~으 보더니만{고건원 탄광에서 장을 보더니만}49

셔당에서 글재나 니르구 그랬디{서당에서 글이나 읽고 그랬지}53

철다리 두에서 살았소{철교 뒤에서 살았소.}

청진 재판소에서 토지 어때다른 사람…{청진재판소에서 토지를 어째 다른 사람…}53

- 으루(위격)

그짝으루 댕기지 아니타{그쪽으로 다니지 않는다.}50

개셔~으루 들어갔다드구만{개성으로 들어갔다 하더구면.}49

한짝으루 차꾸 번지 다나니{한 쪽으로 자꾸 번지다보니}53

당년으루 쥐어왔소{당년의 것으로 가져왔소.}54

동짝으루 서라하구{동쪽으로 서라 하고}54

- 에서/에셔(위격 - 주격 의미)

협도~에서 심으다나니 조이 제따에서{협동조합에서 심다보니 조가 제 땅에서}50

국가에서 리해하고서{국가에서 이해하고서}49

- 에(위격)

고건원 탄광 행정 경리부에 있다가{고건원탄광 행정경리부에 있다가}51

요 산에 올라가믄{요 산에 올라가면}51

지난 가을에 심은 곡셕으{지난 가을에 심은 곡식을}51

학교 문어구에 가두 못봤습니다{학교 문어귀에 가보지도 못 했습니다.}51

너 어제 저녁에 죽은가 했더니{네가 어제 저녁에 죽었는가 했더니}51

- 으루셔(위격)

죵성으루셔 술기 내래온게{종성에서 수레로 내려온 게}50

-과(구격)

노국과 만주가 분재~이 있어서{노국(露國)과 만주국(滿洲國)이 분
쟁이 있어서}53

-가(구격)

여기 만주가 두만가~이 여기에 있단 말이야{여기 만주와 두만강
이 있단 말이야.}54

-아(호격, 자음 뒤에서)

학신아{학신아}56

호격(절대격)

아:매 있음둥?{할머니, 계십니까?}57

-아(호격, 자음 뒤에서)

학수아(학수으⌒ㅏ){학수야}56

-나(도움토)

우리 큰아반네나 증조부네나 다 농사질 했소{우리 할아버지나 증
조부나 다 농사일을 했소.}51

-은(도움토, 주격)

멩젤은 없슴둥{명절은 없습니까?}51

-이사(도움토)

설에 음식이사 떡이디{설의 음식이야 떡이지.}51

-두(도움토)

시름할 때두 있소{씨름할 때도 있소.}51

나두 길겄드만{나도 길렀지만}

사람들두 심이라구 하지{사람들도 심이라고 하지.}54

-사(도움토)

시작한지사 오랐디{시작한지야 오랬지.}54

-이야(도움토)

이름이야 있습디{이름이야 있지요.}54

-랑(도움토)

손이랑 죽 뻐서졌스꾸{손이랑 죽 벗겨졌어요.}

절대격(주격)

□□ 만쓰꾸마, 구월덜에두 하는때 있구{□□ 많습니다. 구월 달에
도 하는 경우가 있고.}51

서리 한번 왔겠는지{서리가 한번 왔겠는지.}54

낭그 그리 잘 자라지 못합니다{나무가 그리 잘 자라지 못합니
다}54

절대격(속격)

도투바르 해 잡수시믄{돼지족발을 해 잡수시면}54

아매눈이 너무 움묵해 보지 못함매{할머니의 눈이 너무 우묵해서
보지 못해요.}54

맏아들 손재 군대르 나가구{맏손자가 군대를 나가고}54

절반 소련 가˜이구 절반 죠선 가˜이구{절반은 소련의 강이고 절반
은 조선의 강이고}54

제고자˜에 있스꾸마{저의 고장에 있습니다}56

절대격(대격)

우리 클아반네나 증조부네나 다 농사질 했소{우리 할아버지나 증
조부나 다 농사일을 했소.}51

□□□ 쉐구서 널 뛰느라구{□□□ 쇠고서 널을 뛰느라고}51

뉴끼라구 그거 했디{윷이라고 그것을 놀았지.}51

이집 진거 난 모루우{이 집을 진 걸 나는 모르오.}51

절대격(위격)

썰날이와 단위날 데일 놀았디{설날과 단오에 제일 많이 놀았지.}51

큰 아들이 펴양갔는데…{큰아들이 평양에 갔는데…}56

동북 훈춘 와서 싸웠디{동북 훈춘에 와서 싸웠지.}55

－과(구격)

> 어느 집이던지 떡과 드비디{어느 집이든지 떡과 두부지.}51

> 기왕으는 조이와 콩으 장주 심었디{지난날은 조와 콩을 주로 심었지.}55

> 강냉이과 콩과 조이 심었디{옥수수와 콩과 조를 심었지.}55

> 왜놈과 우리 죄센이 합반된기{왜놈과 우리 조선이 합방된 것이}56

> 기왕 툭산과 퇴비르 마니 증산으 해가지구서{이전에는 축산과 퇴비를 많이 증산해서}56

> 큰 손재 우리 늙은이과 동뮈하구{큰손자가 우리 늙은이와 동무하고}56

> 비단과 한가지라구{비단과 한가지라고.}56

절대격(구격)

> 거저 조이 코~으 심고 그랬지{그저 조와 콩을 심고 그랬지.}50

> 조이 콩 수수 마니 심궜지{조, 콩, 수수를 많이 심었지.}52

절대격(대격＋도움토)

> 두 마리두 기른 집이 있구{두 마리도 기르는 집이 있고}50

> 무닢이라두 지써 끄려주구{무 잎이라도 그냥 끓여주고}51

> 거기셔 재판이샤 했겠디{거기서 재판이야 했겠지.}51

> 차 우재든지 가지구 나가구{차 우장이든지 가지고 나가고}49

> 싸운다는 니예기만 들었디 보지는 못했습니다{싸운 다는 이야기만 들었지 직접 보지는 못했습니다.}49

－게두(도움토)

> 남자게두 □□{남자에게도 □□}55

－에서, 에(위격＋도움토)

> 팔월덜에두 하는 때 있구{팔월 달에도 하는 경우가 있고}50

학고바에다 무닢이라두{□□□에다 무잎이라도}50

남선 디방에서는 마니 심는다더구마{이남지방에서는 많이 심는다
더구면}49

함에다가셔 차닙쌀을⋯{함에다가 찹쌀을⋯}49

− 예두(위격＋도움토)

오븐 바테다 쭉 폈⋯{온 밭에다 쭉 폈⋯}50

남션서두 짐쟈은 댱근다구 하디 아니우{이남에서도 김장은 담는
다고 하잖소.}54

− 게다셔(도움토)

일분눔께다셔{일본 놈에게다}54

− (으)루두(도움토)

좁쌀루두 하구{좁쌀로도 하고}

집으 짓는거 열간으루두 짓구{집을 짓는 게 열 칸으로도 짓고}53

− 하구(도움토)

영게야 멧돼지하구 놀가지허구{여기야 멧돼지하고 노루하고}49

− 과사(도움토)

절문네 과사 그래꾸마{젊은이들하고야 그럽니다.}56

절대격(호격)

아:매~{할머니}56

− 꾸마(직설−존대)

오빠 계시꾸마 내 우이꾸마{오빠가 계십니다. 저 위입니다.}55

이거다 싸그내, 남해:게끼:꾸마{이걸 다 싹을 내 □□:□□:□□}

텐디꼬지 오라디 아내 펠께:꾸마{진달래가 오래지 않아 필 것입니
다.}53

− 꾸(직설−존대)

농포 영게 이십오리나 잘 돼:게꾸{용포(龍浦)가 여기서 한 25리

잘 될 겁니다.}50

기래: 갓다오:ㅂ시구선 아니 가:ㅂ시쓰꾸{그래 갔다 오시고는 안
가셨습니다}52

- 구마/구(직설-존대)

기나간 칠월부터 해롭다고 그러:ㅂ더구마{지나간 7월부터 앓는다
고 그럽디다.}52

조합일 됴쑵더구마{협동조합의 일이 좋습디다.}57

조합에서랑 마이 심으:ㅂ더구.{협동조합에서랑 많이 심습디다.}57

- 둥?(의문-존대)

리다 위원댜이 아니왔다:ㅁ둥?{이당위원장이 안 왔다고 합니
까?}51

건설 대학에가 잇대니:ㅁ둥?{건설대학에 가 있지 않습니까?}52

- 꿔니/꿔이(직설-존대)

거기 개셩가 이쓰꿔니{거기 개성에 가 있습니다.}52

조이르 자귀:르 볿쓰꿔니{조를 심을 때 자국을 밟습니다(=자국을
짚습니다).}57

- 꽈이/꽈니(명령-존대)

도티를 보:ㅂ시 꽈이{돼지를 보십시오.}49

올라와 아:ㄴ쓰 꽈니{올라와 앉으십시오.}57

아매, 뎌기 줴 오:꽈니{할머니, 저기 (무엇을) 쥐어 오십시오.(가져
오십시오.)}57

- ㅂ쇼(명령-존대)

됴꼼 더 하거덩 뎜보르 텨주:ㅂ쇼{조금 더 하거든 전보를 쳐주십
시오.}52

아매 이리:ㅂ쇼. 뎨레:ㅂ쇼. 이러꾸마{할머니보고 이렇게 하십시오,
저렇게 하십시오 이렇게 말합니다}57

- **와**(직설-존대)

　　그라니와 내아들이 만타나니{그러고 말고요, 내가 아들이 많다보니.}57

　　엇대니와{□□□□}57

- **ㅂ디**(직설-존대)

　　꼭꽤:가 꽉지 같습디{곡괭이와 괭이 같지요.}47

　　바테가 거저 페 데뎃습디{밭에 가 그저 파 던졌지요.}57

- **ㅂ니다**(직설-존대)

　　가대기라고 이씀니다{쟁기라고 있습니다}49

　　다 슈고덜 하십니다{다 수고들 하십니다.}52

- **ㅁ다**(직설-존대)

　　니원회 인는 덴 한 오리됌다{이위원회(里委員會)가 있는 데는 여기서 한 5리 됩니다.}49

　　슈게실 뚜:르 들어가문 이슴다{휴게실 뒤로 들어가면 있습니다.}49

- **ㅂ니까**(의문-존대)

　　내 말입니까?{저 말입니까?}49

- **ㅂ데다**(직설-존대)

　　그거 심는단 내:기 업습데다{그걸 심는다는 이야기는 없습디다.}49

- **:ㅂ데**(직설-존대)

　　열한살에 스집 왔다:ㅂ데{열한 살에 시집왔다고 해요.}52

　　체찌르 여페 두망가이 안이습데?{철길가로 두만강이 있지 않아요?}54

- **ㅁ니/ㅁ네**(직설-존대)

　　동며으는 쳉게라구 해씀니{동명은 전에 청계라고 했습니다.}49

　　이 저느다 체찔이 노이구기래:씀니{이제는 다 철길이 놓이고 그렇습니다.}52

- ㅁ(직설-존대)

집이 만히 헐겟슴{집이 많이 헐렸습니다.}50

가: 건네가셔:ㄴ 머대임{강을 건너가서는 멀지 않습니다.}53

- 소(직설-하오)

씨 잘 붙때니셔 아이 심쏘{씨가 잘 붙지 않아서 심지 않소.}51

소빈년에는 손가락이 이레 벌었쏘{손을 벤 뒤 손가락이 이렇게 벌

어졌소.}52

- 스(직설-하오)

즈끔두 아매 김개 만쓰{지금도 아마 김 씨가 많소.}50

다 집에 잇는 분이 업스{집에 있는 분이 하나도 없소.}50

- 오(직설-하오)

쳄페이라문 열짐이오{천 평이라면 열 짐이요.}50

- 우(직설-하오)

니른 세:살이우{일흔 세 살이요.} 49

입북은 볼래 종세이우{입북한 곳은 본래 종성이요.}54

- 요(직설-하오)

해마다 더한단 말이요.{해마다 더 한단 말이요.}50

셍페니 불셩 모내:요{형편이 불성한 모양이요.}54

- 우다(직설-하오)

내 뎨:르 마디우다{내가 제일 맏이요.}49

혼셀 하재문 어려 밧소{혼사를 하자면 어려웠소.}53

자르 갈으랴문 별기 없이두{□□ □□□□ 별것이 없이도}53

- 수다(직설-하오)

나진 두 가 못 **봣수다**{나진도 못 가보았소.}49

겅게 사다 또 영겔 왓수다{거기에 살다가 또 여기로 왔소.}53

-**소?**(의문-하오)

구리라구 기 아니:ㅅ쏘?{그네라고 그런 게 있지 않소?}50

가드 쓰대넷쏘?{갓을 쓰지 않았소?}52

-**우?**(의문-하오)

창고분 보:르 세벌페구 넬하재니우?{참 고운 보를 세 벌 펴고 예를 치르지 않아요?}52

세폐야: 제시우?{서평양에 계시오?}54

-**니우**(직설-하오)

그러 아니유{그런 게 아니요.}49

그라:뇨{□□:□}50

기레기 잇대유?{기러기가 있대요?}54

-**소**(명령-하오)

안쏘{앉소.}53

-**다**(직설-해라)

설두 초하루 초 니틀 사을은 놀앗다{설도 초하루, 초이틀, 초사흘은 놀았다.}50

숨이 떨어 안덴 쉬 용하다{숨이 떨어지지 않은 수가 용하다.}51

-**ㄴ다**(직설-해라)

조이 덱게 심으구 사탕나물 심은다{조를 적게 심고 사탕무를 심는다.}49

잘 잔다 에따 잘 잔다{잘 잔다, 예라 잘 잔다.}52

-**드라**(직설-해라)

아니 죽엇다드라{안 죽었다더라.}50

바:르 스레 아니 하드라 웡가…{발을 시려하지 안 하더라, 워낙…}52

-**니라**(직설-해라)

뎌 손님네요:ㄱ하니라{저 손님네가 욕하느니라.} 57

아덜이 말이기므 이레 손님네 오:ㄴ내라.{아이들이 □□□□ □□

손님네 □:□□□.}57

댄댜: 욕하니라.(젠장, 욕하느니라.)57

-랴(의문-해라)

무실해 상새나랴?{무었을 했다고 죽겠냐?}52

-는가/ㄴ가/ㄹ가(의문-해라)

야: 어때 오대 인가?{이 애가 어찌 오지 않는가?}51

긍게셔두 그래:까?{거기에서도 그럴까?}53

-냐(의문-해라)

그 치분데 가게:ㄴ냐?{그렇게 추운데 가겠느냐?}51

니 무슨 창갤하게:ㄴ냐?{네가 무슨 노래를 하겠느냐?}57

-ㄴ(의문-해라) *네 어데 갔다와:ㄴ?{네가 어디 갔다 왔니?}51

어찌던?{어찌더니?}51

어때 자대닌? 잔다 등기{어째 자지 않니? 잔다고 하던 게.}52

-니(의문-해라)

야: 어때 고바:들어 앙꾸인니?{이 애가 어째 광에 들어가 앉아있

니?}51

□□: 네 □□:지 아니 가졌더니?{□□: 네 □□:지 안 가졌더니?}51

어띠 이리 먼지르 부:어겠니?{어찌 이리 먼지를 부옇게 했니?(어

찌 이렇게 부옇게 먼지를 뒤집어썼니?) }57

-나(의문-해라)

코쓰깨 업나?{콧수건 없나?}57

-라(명령-해라)

큰언니 개따 줘:라{큰언니에게 가져다 줘라.}51

내 맥이쓸때꺼진 넌 공빌 해라{내가 힘이 있을 때까지는 너는 공

부를 해라.}53

셴딘네르 해:라{네가 선진분자로 돼라.}54

-너라(명령-해라)

손쑤건 줴:내 오너라:으{손수건을 가져 오너라, 응.}50

-자(권유-해라)

이기 모래기 랑거 구겨:시기자{이게 함지박이라는 건데 구경시키
자.}55

-:ㅇ(직설-반말)

이집 지:ㅇ거 난 모르:{이 집 진 걸 나는 몰라.}50

우리 삼 형데{우리 삼형제다.}55

오빠 한내{오빠 하나다.} 55

이제 동새: 한내:{이제 동생이 하나다.}55

-다(이)(직설-반말)

더구나 내 생객이 더 난다{더구나 내가 생각이 더 난다.}53

셍게 달란대루 줘서 공뷔르 했다이{형이 달라는 대로 줘서 공부를
했다.}

-디(직설-반말)

지금터리 살아 내레 왔디 머{지금처럼 살아왔지 뭐.}49

서바:갈 때 아:ㄴ 때 가다나이 몰랐디{장가를 어려서 가다 보니 몰
랐지.}49

김해 김씨 원바 만티{김해 김 씨가 원래 많지.}53

-지(직설-반말)

조이, 코:, 수꾸 그래:ㅅ지{조, 콩, 수수 그랬지.}50

누끼라구 어에 가죽 그거 뛔:ㅅ지{욷이라고 (강낭콩을) 파 가지고
서 그것을 (가지고) 놀았지.}50

-디(의문-반말)

이전 들완디 오라디?{이제는 들어온 지 오래지?}52

-아, 어(아)(직설-반말)

곱다:키 이레 안자셔 놀았서{□□:□ □□ 앉아서 놀았어.}50

다른 임석은 업서{다른 음식은 없어.}50

인자 무스거 이러:뿌링까태{이제 무엇을 잃어버린 것 같아.}53

- ㅇ(명령-반말)

응 기래 빼!{응, 그래 빼라}51

거글 언니 줘{그걸 언니에게 줘.}51

-아(명령-반말)

이짝 오나!{이 쪽으로 오너라.}50

앙구 내레가!{안고 내려가.}51

널레오나, 오라니 이전 말 이기디 말아{빨리 오너라, 오라니까. 이
제는 말대꾸 마라 □□ □ □□□ □□.)

싹 쓰서!{몽땅 닦아!}57

말이기드마! 가마: 앙꾸이까!{말대꾸 마! 가만 앉아있어!}57

"네 살이꾸마", 기레{'네 살입니다'라고 그래라}57

- ㅇ?(의문-해라, 반말)

야: 또 바지 오좀 싸?{얘가 또 바지에다 오줌을 쌌니?}51

명시르 애능거?{명시를 외우는 걸?}50

- 시(존칭-접미사)

형님이 샹새 나셔쏘{형님이 돌아가셨소.}

[어휘]

가차비(가까이) *가차비 계셔야{가까이 계셔야}

강판쇄기(얼음지치기) *강판쇄길 놀지 말아라{얼음지치기를 놀지 마라.}

궁그(구멍) *궁그 뚤버서{구멍을 뚫어서}

근간히 보내다(어렵게 보내다, 구차하게 보내다){근근이 보내다}

깁어나가다(부쳐나가다){연명하다, 지탱하다} *이때까지 약으루 깁어나
　　　가능기{이때까지 약으로 연명해나가는 게}

개죽이(개가죽) *개죽이에 싸서 안방에 던지니{개가죽에 싸서 안방에 던
　　　지니}

괄다('이복이' 눝다){'의복이' 눈다} *우티에 불이 떨어디문 괄기두 하구
　　　{옷에 불이 떨어지면 눈기도 하고}

나물(무) *사탕나물{사탕무}

노뎀(덤테) {갈잎이나 조짚, 수숫대 또는 귀룽나무 오리 따위를 결어서 만
　　　든 깔개}

그름뎀(그름삿) {귀룽나무 오리로 결어서 만든 깔개}

넹게(넘게) *두가마니 조꼼 넹게 나는데 있구{두 가마니 좀 넘게 나는 데
　　　있고}

답배질(담배가꾸는 일) {담배농사} *정험이 없능기 답배질 할 수 있소?
　　　{경험이 없는 게 담배농사를 할 수 있소?)

대기(대가리) *어부재길 한다구 마른명태 대길 녀쿠{고함질한다고 마른
　　　명태 대가리를 넣고}

마구(그저 막) *마구 돼서 했디 인기라구는 없었소{그저 막 했지, 인기라
　　　고는 없었소.}

모로기(조롱조롱) *아들레 모로기 있소꾸마{아들이 조롱조롱 있습니다}

무깨(우물)

구렁물(우물)

묻어대니다(따라다니다) *묻어대니면서{따라다니면서}

매묵다(차비하다) *신랑으 매묵게 가지구 말을 태워 가지구{신랑을 차비

시켜 말에 태워가지고}

박물(박우물)

버드러지다(어그러지다, 빗나가다) *그럼니 저러니 하문 버드러진다구
{그러니 저러니 하면 어그러진다고}

부리쇄(부릴소) {부림소} *부리쉘 길러서{부림소를 길러서}

살란하다(어렵다, 힘들다) *오랜 더 살란하우꾸마{올해는 더 어렵습니
다.}

서그프다(벤벤치 않다) {변변치 않다} *스그퍼두 많이 잡수오{변변찮지
만 많이 잡수세요.}

석매(연자방아)

속안(소망, 소원) *그런 속안이 아니오{그런 소원이 아니오.}

손쉐(손자사위) {손녀사위} *내게사 손쉐디 뭐{나에게야 손녀사위지 뭐.}

새내다(싫증나다) *일에 새내다나니{일에 싫증나다보니}

세이(많이) *소채나 그런것 세이 안 심었소{채소나 그런 걸 많이 안 심었
소.}

그러다 나니 세우버지 못해서{그러다보니 많이 벌지 못해서}

세월 가리다(풍토를 가리다) *배채 세월 가림메{배추가 풍토를 가려요.
(즉 남쪽은 배추가 잘 되고 북쪽은 배추가 잘 되지 않는다는 지역
적 차이를 말함.)}

자기결혼(자유결혼) *자기 결혼도 하구 하지만{자유결혼도 하고 하지만}

자빨간(새빨간) *자빨간 고름에{새빨간 옷고름에}

자심히 굴다(어린애가 말을 잘 안 듣고 트집을 쓸 때 쓴다=애모뿌양하
다) {'애모뿌양하다'라는 말은 '밉게 굴다'다의 뜻으로 이 방언의
"자심히 굴다"라는 말과 유사하게 쓰임.}

작란적으루서{제멋대로, 미친 듯이} *외몸에 작란적으루서 놀네 다녔지
{홀몸으로 제멋대로 놀러 다녔지.}

졸구다(축소하다) {축소하다, 줄이다} *건축으 졸구느라구 판낫소{건축
　　을 줄이다가 파했소.}

지써(그냥) *무닢으래두지써 끄레주멘{무 잎이라도 그냥 끓여주면서}

질재간(대장간)

짚새하다(소여물을 쌀다) {소여물을 썰다} *짚샐 하구 오양 추구{소여물
　　을 썰고 외양간을 치고}

젠중하다(많이 하다, 힘써 많이 하다) *사탕무 젠중합니다{사탕무를 많이
　　합니다.}

추레서(를 거쳐서, 를 지나서) *인민학교에 추레서 중학교에 추리구{소학
　　교를 거쳐서 중학교를 거치고}

코구냥(콧구멍)

통티 못해서(통하지 못해서, 숨통티 못해서) {통하지 못해서, 순통치 못
　　해서}

판나다(파하다, 없어지다) *건축을 졸구느라구 판낫소{건축을 줄이다가
　　파했소.)

푼하다(넉넉하다) *한 이십호 푼:하오{한 20호 푼히 잘 되오.}
　　철도국 두루오기두 한 삼십년 푼히 되겠소{철도국에 들어온 지도
　　한 30년 푼히 잘 되겠소.}

풍월(들은 말) *우리두 풍월이디 가는 못 봤소{우리도 들은 말이지 가보
　　지는 못했소.}

한양(꼭, 반드시) *다 한양 가티 먹구 가티 입구{다 꼭 같이 먹고 같이 입
　　고}

호게(할 엄두, 생각) *그전엔 졸업하기 전 호게두 두디 마오 하면서{그전
　　에는 졸업하기 전에 엄두도 내지 말라고 하면서}

호안(혹시, 혹은) *호안 산에서 겷어서 파능기 있구{혹은 산에서 겷어서
　　파는 게 있고}

홀{많이, 갑자기} *병에 홀 늙었디 뭐{병으로 많이 늙었지 뭐.}

해롭다(앓다, 아파하다) {앓다, 아프다} *해로와 그러시능기{앓아서 그러
시는 게}

해로와 상세나문 어띠겠소{앓아서 돌아가시면 어찌하겠소.}

랭수를 많이 잡수문 몸이 해로바서{냉수를 많이 마시면 몸이 아파서}

화레동이(일제가 쓰던 철갑모를 화로로 쓰면서 이렇게 명명)

흰자시(흰자위) *흰자시 없디 뭐{흰자위가 없지 뭐.}

꼬리(안에) {안, 미만} *아마 역전두 뉵십리 꼬리 들끼오{아마 역전도 거
리상 육십 리 미만일 거요.}

끄슬다(끌다) *내리 끄슬어서{내리 끌어서}

께테(함께) *께무처 게테 나갓디 뭐{어울려 함께 나갔지 뭐.}

뚤버서(뚫어서) *궁그 뚤버서{구멍을 뚫어서}

때(정 情) *때 목 묻어노쿠 군댈루가니{정을 붙이지도 못하고 군대를 가
니}

쪼다(졸다) {졸다} *쪼다 쪼다서{졸고 졸아서}

쪼차보다(따져보다) *편지 부친 날을 쪼차보면{편지 부친 날을 따져보
면}

아까봐서(생각나서) *아들을 보내노쿠 보니 너무 아까봐서{아들을 보내
놓고 나니 너무 생각나서}

아부라(조차) {마저, 까지}*아이들 아부라 다 가구{아이들마저 다 가고.}

양으로(그대로, 그만큼) *안질이랑 샌노란 양으로 있소꾸마{안질이랑 샛
노란 상태 그대로 있습니다.}

어마니 업어다 준 야으르 그냥 두구{어머니가 업어다 준 그대로
그냥 두고}

어부재기하다(고함질하다) *어부재길 한다구 마른 명태대길녀쿠{고함질
한다고 마른 명태 대가리를 넣고}

여끼(여우)

으쁘다(우습다)

일구다(차리다, 짓다) *배를 해서 세간을 일군 집이 만쏘{베를 해서 살림
　　　을 차린 집이 많소.}
　　　때(식사)를 일구지 않소{끼니를 끓이지 않소.}

있대니와(있고말고)

그러니와(그렇고말고)

그라니오(그렇고말고)

3.2. 봉산리

　본 리는 본래 종성군에 속하다 1957년에 경원군에 옮김. 군 소재지
에서 약 100리 상거. 회령－경원 대 도로에 련접, 사득 면소 거리, 봉
오'골 등 부락으로 구성.

　봉오'골은 리 소재지에서 산간 험로로 15리 이상 떨어진 산'골에 있
는바 이곳 주민들도 거기 가 본 사람이 많지 않음. 재가승 부락임.

　사덕은 리 소재지에서 7리가량 상거하여 대 도로에 련한 부락으로
주로 남씨, 주씨, 한씨들이 사는바 전래로 한학이 성한 곳임.

　리 소재지에는 중학교, 기술학교 등 문화 시설이 있고 우편국, 진료
소 등이 있음. 현재 화력으로 전기를 씀.

번호	지대	성명	성별	년령	지식정도	경력
42	사덕	주진수	남	89	한학, 국해	19대, 이곳 태생. 과거에 3회 응시.
43	사덕	한진임	녀	58	문맹	13세 시 같은 동리에서 출가옴.
44	사덕	한씨	녀	80	문맹	17세시 뒤'집으로 출가.
45	사덕	채을녀	녀	56	문맹	16세에 15리 되는 향동리에서 출가옴.
46	사덕	남희근	남	51	문맹	이곳 태생, 농업.
47	봉오'골	박분임	녀	50	문맹	동북 훈춘태생. 14세시 출가, 재가승.
48	봉오'골	한대흥	남	63	사립 2년	본동 태생, 17세시 동북에 가서 학교 2년. 재가승.
48A	봉오'골	한희봉	녀	22	소졸	본동 태생

[형태]

– **이**(주격) (자음 뒤에서)

　　되센이 팔도였소{조선이 팔도였소.}42

– **이**(주격) (모음 뒤에서)

　　한 이십호이 되였든 건데{한 20호가 됐던 건데}42

– **(이)가**(주격)

　　배급 대사˘:이가 이십사명이요{배급 대상이 24명이요.}43

– **가**(주격))

　　벗과 벗이 으리가 있는 게⋯{벗과 벗이 의리가 있는 게⋯}42

– **으**(속격)

　　색셔으거 앗아 먹어{색시의 것을 빼앗아 먹어⋯}42

– **의**(속격)

　　그눔의 거 현하여{그 놈의 것이 흔하여}42

학자의 대접이 훌륭했소{학자의 대접이 훌륭했소.}

- 이(속격)

집이 쌀 손님 대접하구{집의 쌀로 손님을 대접하고}43

- 께서(여격)

우리 조부모께서 드르니 한분이가{우리 조부모께서 들으니 한 분이}47

- 에게(여격)

남에게 지프 한 단두…{남에게 짚을 한 단도…}48

- 께(여격)

김장군께 신소르 하드래두{김 장군께 신소를 하더라도}42

- 게(여격)

부모게 효도르 하더라도{부모에게 효도를 하더라도}42

- 에게(여격)

어른에게 공경으 하구{어른을 공경하고}42

- 르(대격)

진샤르 해 가지구셔는{진사(進仕)를 해가지고서는}42

- 르(대격, 위격)

노국이 여기르 나와{노국이 여기로 나와}42

- 르(대격)

군대르 내 보낸게{군대를 보낸 게}43

- 르루셔(조격)

강젤루셔 두드리니{강제로 때리니}42

- 으루(위격)

마감녁으루 해셔는 잘 이긴다더니{마지막 무렵에 가서는 잘 이긴다더니}42

- 에(조격)

저는 부모 덕택에 글 니른것두 없수다{저는 부모 탓으로 글을 배

운 것도 없소.}42

- 루셔(위격, 조격)

자동차 길루셔 이십리 가오.{자동차 길로 20리 가오.}43

- 루(조격)

전설루 해서 내려오는 것을 예기합데{전설로 내려오던 걸 애기하데요.}48

- 으루(자격)

전에야 농부드르는 사람으루 아니 여겼으니까{전에야 농부들을 사람으로 안 여겼으니까}42

- 으루(조격)

탕건 모야으루 해서 쓰구{탕건 모양을 해서 쓰고}45

전으루 만든 건데{모전(毛氈)으로 만든 건데}45

- 에다(위격)

누비 집에다 데려다셔{누이 집에 데려다가}43

- 을루셔(위격)

원을루셔 드러오는 사람들{고을 원으로 들어오는 사람들}43

- 으루(위격)

페야으루 댕기오{평양으로 다니오.}43

꼬지 피믄 꽃밭으루 가메 노랐디{꽃이 피면 꽃밭으로 다니며 놀았지}43

- 으루(위격)

남햐으루 참붕하오{남향에서 참봉을 하오.}42

- 에서(위격)

일본이 저짝에서 그려와…{일본이 저쪽에서 □□□…}42

국가에서 무시기 하겠소{국가에서 무엇을 하겠소.}42

- 에(위격)

석덜에 한번씩 왜우구 설명하여…{석 달에 한 번씩 외우고 설명하

여…}42

새박에 일어나서{새벽에 일어나서}42

– 에(위격)

집에 가서 노할마니 모시구서 있습니다{집에 가서 증조할머니를
모시고 있습니다.}43

마흔 서이에 상세나니{마흔셋에 죽으니}43

– 과(구격)

창녀과 댱샤 하는둥{창녀와 장사하는지}

님금과 신하가 의가 있다{임금과 신하가 도의가 있다.}42

– 가(구격)

담배 쌈지가 하루 더 이르 가져오너라{담배쌈지와 화로를 다 이리
로 가져오너라.}

일본이가 조셔니 합방될적에…{일본과 조선이 합방될 적에…}

기묘가 한가집니다{기묘와 한가집니다.}

함대가 한가집니다{함대와 한가집니다.}

– 와(구격)

금수와 같소{금수(禽獸)와 같소.}42

– 과(구격)

여기 새기과 혼인했거던{여기 처녀와 결혼했거든.}42

여기과 똑 같소{여기와 똑 같소.}42

절대격(주격＋도움토)

오륜만 없으믄…{오륜만 없으면…}42

– 에다셔(위격＋도움토)

이 안에다셔 시조르 쓰오{이 안에다 시조를 쓰오.}42

절대격(주격＋도움토)

내사 모르디{내야 모르지.}43

체네들이사 머리채 땄소{처녀들이야 머리채를 땋았소.}

나사 놀았디{내야 놀았지.}

절대격(주격+도움토)

어떤 놈은 잡소리도 하디{어떤 놈은 잡소리도 하지.}42

시험 보는 법은 엄격하겠디{시험 보는 법은 엄격하겠지.}

일본놈두 그러더니 쫓겨갑디{일본 놈도 그러더니 쫓겨 갔지요.}

진사는 만으오{진사는 많소.}

직자원두 디리바다보니까니…{직장원도 들여다보니까…}42

절대격(대격+도움토)

뺨이라두 때리구 하니{뺨이라도 때리고 하니}43

일이라두 올케 하다나니{일이라도 옳게 하다 보니}43

–둥…–둥(선택)

야든 하난둥 야든 둘인둥 모르겠구만{여든 하나인지 여든 둘인지
잘 모르겠구먼.}43

–사(도움토)

전에사 웬마니 사는 사라미{전에야 웬만히 사는 사람이}42

제게 있서사 났습데{제 것이 있어야 낫더라고요.}

지끔이사 야단이다{지금이야 야단이다.}

절대격(주격+도움토)

큰아드르는 근냥 세포위원제~으 마타가지구 있는거…{큰아들은
그냥 세포위원장직을 맡고 있는 게…}43

안즌 대루 쇠벤이나 보는 일은 없소{앉아서 소변을 보는 일은 없소}43

쇠집이사 헐하디{소집이야 헐하지.}43

그 어른이사 근력이 뎡뎡한 게…{그 어른이야 몸이 정정한 게…}43

–대루

거저 앉은 대루 있소{그저 앉은 대로 있소.}43

–이다나니

죠션사람들이다나니 말두 못했다{조선 사람들이어서 말도 못했

다.}43

백세~이다나니 말 못…{백성이어서 말 못…}43

-만에

만 삼년만에 제대로 해와셔{만 3년 만에 제대를 해서})43

-에서ㄴ(도움토)

그 절에서ㄴ 자꾸 고재~이 나서{그 절에서는 자꾸 탈이 나서}48

절대격(대격＋도움토)

안즌 대루 쇠벤이나 보는 일은 없소.{앉아서 소변을 보는 일은 없소.}43

에미 한테 갈 생각이나 했디{어미한테 갈 생각이나 했지.}43

싀집 어려운 줄도 모르구{시집이 어려운 줄도 모르고}43

아오지에서 초급다~이웬자~이사 그냥 디구 있디{아오지에서 초급당 위원장직이야 그냥 맡고 있지.}43

-이랑

전에사 떡이랑 해 먹었디 기당밥이랑 하구{전에야 떡이랑 기장밥이랑 해먹었지.}44

-부터

고조부터 쓰는구마{고조 때부터 써와요.}42

-게두(여격)

범으게두 마니 물려 죽고{범에게도 많이 물려 죽고}47

절대격(주격)

그다섯 □□ 있는지…{그 다섯 □□ 있는지…}

실슈 없다{실수가 없다.}

을사년에 내 서른 서인데{을사년에 내가 서른셋인데}

절대격(속격)

어떤 나라 국가 홍망이든지{어떤 나라의 홍망이든지}42

지금 아들이 학교르 가기…{지금 아이들이 학교를 가기…}42

절대격(여격)

누구 불분게 없거던{누구 부러운 게 없거든.}42

절대격(대격)

나마니 자신 노인 있소?{나이 많으신 노인이 있소?}42

그거 아니 배웠으믄사…{그것을 안 배웠다면야…}42

한서 조금 아는 사라미…{한문을 조금 아는 사람이…}42

지금 가만 느비 생각하니까니…{지금 가만히 누이를 생각하니까…}42

뺨 드리바다 티군 했디{뺨을 들입다 치곤했지.}42

싀집사리 잘 했겠소{시집살이를 많이 했겠소.}42

절대격(위격)

병원 들어가셔…{병원에 들어가서…}43

회령 가서 웅거 했다가{회령에 가서 은거했다가}43

절대격(구격)

심은게 조이, 콩, 보리 그게 데일 주곡이요{심은 농작물로는 조,
콩, 보리 그런 게 제일 주곡이요.}45

-꾸마(직설-존대)

'네 살이꾸마' 기래{'네 살입니다'라고 그래.}44

-꾸(직설-존대)

잘 짜:ㅂ시꾸{잘 짜십니다.}45

싀어머님 시꾸{시어머님이십니다.}45

-둥(의문-존대)

이리 오래: 사능기 이씀능둥?{이렇게 오래 사는 게 있습니까?}44

할마니 계옵심둥?{할머니 계십니까?}45

-ㅂ소(명령-존대)

야:르 쉐갑소.{이 애를 잡아가요.}

페양 녜 말쓈하옵소{평양의 옛이야기를 하십시오.}45

- ㅂ(습)데(직설-존대)

　　살꺼 꺼띠 아닙데{살 것 같지 않데요.}43

　　다 따:ㅂ데{다 다르데요.}44

- ㅁ네(직설-존대)

　　왜:ㄴ 도정스이라두 보디 못합네{아무리 정신을 가다듬어도 보지
　　못해요.} 42

　　스아바니 에:ㅁ네.{시아버니가 아닙니다.}45

- ㅁ니(직설-존대)

　　불이 붓디 애니셔 산나무리 없습니{불을 놓지 않아 산나물이 없습
　　니다.}43

　　정말 내:길 잘 하:ㅂ심니{정말 얘기를 잘 하셔요.}43

- ㅁ(직설-존대)

　　계시재님{계시지 않습니다.}43

- 꺼니/꿔니(직설-존대)

　　대의원으루 취천 대:쓰꺼니{대의원으로 추천됐습니다.}43

　　점으니 덜은 기레: 꿔니{젊은이들은 그럽니다.}45

- 데(직설-존대)

　　그 사람두 날과 넬레당 내:길 묻데{그 사람도 나에게 열녀당(烈女
　　堂)에 대해 묻데.}

- 소(직설-존대)

　　어데 댕게본데라구 업소.{어디 다녀본 데라고 없소.}43

　　마해서 원간 아니 돼:쏘{망해서 워낙 안 됐소}45

- 우(직설-하오)

　　우리 떨어 안 디우.{우리가 뒤떨어지지 않소.}43

　　좨일 해르 꺼니르우{종일 해를 □□□□}42

- 요(직설-하오)

　　딸이 형데요{딸이 형제요.}43

- 오(직설-하오)

조합에서라두 벤베니지:르끼오{조합에서라도 □□□□ □ □□} 42

참 학재오{참 학자요.} 42

- 오(명령-하오)

이거 보, 이 손{이걸 보오, 이 손}43

- 소?(의문-하오)

체네 좀 해 넬레 있겠소?{웬만해서 처녀 열녀(烈女)가 있겠소?}42

피양선 헝거치랑 눅소?{평양에서는 천이랑 눅소?}44

- 소(명령-하오)

내 말 하거던 듣소.{내가 말하거든 듣소.}42

- 우?(의문-하오)

고햐이다: 어드메우?{고향 땅이 어디요?}43

경게서두 다 이런 일하우?{거기에서도 다 이런 일을 하오?}44

- ㄴ다(직설-해라)

휴가 온다. 오믄 셔바 보내준다{휴가를 온다, 휴가를 오면 장가를
보내준다.}43

- 다(직설-해라)

내손: 빌어먹구 살겠다{내 자손이 빌어먹고 살겠다.}43

- 라(직설-해라)

맹자:르 니르구사 알리라{맹자를 읽고서야 알리라.}42

- 라드라(직설-해라)

즈끔두 □구 인니라드라{지금도 □고 있다더라.}43

- 가?(의문-해라)

어띠 틀까?{어찌 틀까?} 45

- ㄴ가?(의문-해라)

남오 □□: 오대순인가?{□□ □□: □□□□□?}42

-냐?(의문-해라)

너 그 세포우원댜: 좀 모뻔냐?{네가 그 세포위원장직을 좀 못 벗느냐?}43

이거 어때섬 됴켄냐?{이걸 어쨌으면 좋겠느냐?}42

-ㄴ(의문-해라)

어띠 틀겐?{어찌 틀겠니?}45

-라(명령-해라)

□□야 글댱 바다라{□□야 글장을 받아라.}42

아사라{빼앗아라.}45

-디(직설-해라)

기차게 치분 고디디{기차게 추운 곳이지.}43

-디(의문-반말)

옐하루 날 갓디?{열 하룻날 갔지?}42

-티(직설-반말)

농사 관티 애니티{농사가 괜찮지.} 42

-티(의문-반말)

대학에 들기 쉽디 앤티?{대학에 들어가기 쉽지 않지?}42

-아(직설-반말)

팔목이랑 줴 봤대{팔목이랑 잡아봤대.}42

-아/어(명령-반말)

아사 아사 어서 아사{빼앗아, 빼앗아 어서 빼앗아.}45

가 앙구 이서{가 앉아 있어.}45

-야(직설-반말)

차매 꼬릴 줴댕긴다ː□말이야{치마꼬리를 잡아당긴단 말이야.}42

챙네야 계집이{창녀야 계집이.}42

기타

자닷한 글이 돼 놔서 잘 배우쟤:ㅂ니다{자잘한 글씨어서 잘 보이지 않습니다.}42

매미가 따서 그러턴디 사립 학교에 가서{마음이 달라서 그런지 사립학교에 가서}42

간년에 마흔 멧통이 열레(엿지만) 금년엔 백 통이 넘습니다{작년에 마흔 몇 통이 열렸지만 금년에는 백 통이 넘습니다.}42

죽을둥 살둥 몰라서 일하능게{죽을 둥 살 둥 모르고 일하는 게}42

본다더라 하구 보아서는 안되겟수다{본다더라 하고 보아서는 안 되겠소.}42

가만 지내 보녀네는 이상스럽소{가만히 지내보니 이상스럽소.}42

가구사 보디 보려니: 말라구 하오{가서야 보지, (그저 앉아서) 보려니 말라고 하오.}42

둘째아들은 아니 가래니 햇더니 가서 와줘야 어찝디{둘째아들은 안 가려니 했더니 가서는 와줘야 어쩌지요.}42

호수가 조랏다서 산판이 티워서 여기사다가서{호수(戶數)가 줄었다가 산골이 트이면서 여기서 (몰려) 살다가}42

요골안에 있다서 멀오꺼리에 내려 갓디{요 골짜기에 살다가 □□□□에 내려갔지.}42

열예들쌀 먹어니까디닌 서방으 보내서{열여덟 살 먹으니까 장가를 보내서}46

백부님이 건망골에 가서 사르시니 까디 경게 가서 공부했소{백부님이 건망골에 가서 사시니까 거기에 가서 공부를 했소.}42

조합이 되면선 다 같이 노나 먹고{협동조합이 되면서 다 같이 나누어먹고}48

얼매나 너른데 있는가 보자구{얼마나 너른 데 있는가 보자고.}47

이제는 총앨루 가자능게 어뎬지 모르지{이제는 총회로 가자는데 어딘지 모르지.} 47

베티나스문 하겠능걸 원잣 칩기를{볕이 났으면 좋으련만 워낙 춥기를}47

기후가 앞을 나가면서 덥다더구만 원잣 여기는 치버서{남쪽으로 나가면서 기후가 따뜻하다고 하더구먼, 여기는 워낙 추워서.}48

디구 개편이되멘 사개리 됬디 을개리 왓소{지구 개편이 되면서 4개리가 됬지. 을개리에 왔소.}42

일년 강습이던가 이년 강습이던가 시겟으무 지금은{1년 강습이든지 2년 강습이든지 (그때) 시켰으면 지금은}47

급제하문 니어 벼슬나가거니와 진살해 가지구는 안되오{급제하면 이어 벼슬에 오르지만 진사를 해가지고는 안되오.}42

찬찬히 놀고 올라치면 묘하긴 묘하오{천천히 놀고 오려고 하면 묘하긴 묘하오}42

구한문 알리자 치문 궁하긴 궁하오{구 한문을 알리려고 하면 궁하긴 궁하오}42

그때 들어갈라 치면 천수는 멕기오{그때 들어가려면 천수(천명)는 맡겨야 하오.}42

나라 다스리는거 볼라치면 그 나라 흥망으 알지{나라 다스리는 걸 보면 그 나라 흥망을 알지.}42

영웅 날라치면 잘 나야지{영웅이 나려면 잘(훌륭한 영웅이) 나야지.}42

금년부턴 금해서 못하겟디 커녕{금년부터 금해서 못하겠지만}42

게구나 앉앗소 커녀는 대소변 보는적은 없소{겨우 앉기는 하지만 대소변을 (함부로) 본 적은 없소.}48

아까도 얘기 햇소 커녀는 조카는 다 군대 나가서{아까도 얘기를 했지만 조카는 군대에 나가서}48

재화는 션젼실에 다가서 너스니 노댁이 문제요{화물은 선전실(宣

傳室)에 넣었으니 노댁(노파)이 문제요.} 42

처녀하구 배필 정하자구 왔다구해서{처녀하고 배필을 맺으러 왔다고 해서}47

더러운 이름따구 어띠 살라구 굴머죽었수다{더러운 이름을 달고 어떻게 살려고 (그만) 굶어죽었소.}47

도적 넘어왔다구서 소릴 치니{도적이 넘어왔다고 소리를 치니}47

×× 부랙이 라구서 곰만 있습디다{×× 부락이라고 (좀 가면) 금방 있습디다.}42

통일 하자다 하자다 못해서 그만두구{통일하자고 하다가 못해서 그만 두고}42

사망이 될지게메는 눈에 안광이 이습답데다{사망이 될 무렵에는 눈에 안광이 돈답디다.}42

차를 타고갈 지금에는 빠릅네다{차를 타고 갈 적에는 빠릅니다.}42

신작로루 갈지금에는 짐덜이{신작로로 갈 적에는 짐들이}42

그런데 예측하문사 시자사 좋지 뭐{그런데 생각해보면 지금이야 좋지 뭐.}47

동생간이나 여라이믄 적어는 절하고 떠나문 다른 줄레는 없다이{형제간이 여럿일 적에는 절하고 떠나면 (그만이지) 다른 준례는 없다고.}47

잘하문 쌀이 석섬이구 못한 저거는 욕이 석섬이라{잘하면 쌀이 석 섬이고 못하면 욕이 석 섬이라.}47

지재: ㅇ이랑 참 잘 됩니다{기장이랑 참 잘 됩니다.}42

가까비(가까이) *가까비 잇능것이사 늘려서…{가까이 있는 것이야 늘려
　　서…}

거부재기(검불)

건폐하다(폐가되다) {폐가하다} *오문건에 집이 건폐지 뭐, 건펠해두 어
　　찌겟소{오문건의 집이 폐가지 뭐, 폐가해도 어찌하겠소?}

곰만:(곧, 인차) {곧, 곧바로, 이내}*곰만 내려가서 초집 잇소{내려가서
　　곧바로 초가집이 있소.}

구냥(구멍) *구냐으 이만치 뚤거서{구멍을 이만치 뚫어서}

국다사다{굵다랗다} *알이 국다사다{알이 굵다랗다.}

기다{것이다} *집이 어지럽던 기던 와서는 자구{집이 어지럽든 말든 와
　　서는 자고}

기슴매다(김매다)

길구다(기르다) *길군 오라비 하나 잇소{기른 남동생이 하나 있소.}

너르다(넓다) *얼마나 너른데 잇능가 보자구{얼마나 너른 데 있는가 보자
　　고}

넝궈먹다(더 먹다) *삼십 넝궈 먹은 사람인데{30 넘어먹은 사람인데}

년후에(후에) *달아난 연후에{달아난 후에}

더부리다{데리다} *아덜을 메치 더부리구서{아들을 몇 데리고서}
　　중국 사람들두 더부려다가서{중국 사람들도 데려다가}

더부래오다(다려오다) {데려오다} *쇄기더부래 오지{신부를 데려오지.}
　　대복이를 더불구 떠나자니{대복이를 데리고 떠나자니}

두(뒤) *두두 디리바다 안보구 딩딩 달아 낫디{뒤도 돌아보지 않고 종종
　　걸음으로 달아났지.}

디리바다보다{들여다보다, 엿보다, 돌아보다} *두두 디리바다 안 보구
{뒤도 돌아보지 않고}

디리박다(많이 짓다) *이저는 사택을 막 디리박아서{이제는 사택을 막
많이 지어서}

력셀하다{역사하다(役事)} *그거 하느라구 력셀해{그걸 하느라고 역사를
해.}
파내누라구 력셀해{파내느라고 역사를 해.}

리멘 *먹기사 하문 흘이 돼서 쇠살루 질리멘 인데 먹지 아누{□□□ □□
□ □ □□ □□□ □□□ □□ □□ □□}

매묵다(차리다) *매묵구 행세하면{차리고 행세하면}

몽캐(모퉁이) *그 아래 몽캐 올라오다 그 집들은 없던 집들이오{그 아래
모퉁이를 올라오다(보면 집들이 있는데) 그 집들은 (본래) 없던 집
들이요.}

무례(무렵) *해질 무례에 와서야{해질 무렵에 와서야}

묻어가다(따라가다, 같이 가다)*외삼촌을 어부재기치면 묻어가겠다구{외
삼촌을 따라가겠다고 소리치며}

미분양하다{꼴밉게 굴다, 밉게 놀다} *애 어째 미분양 하니?{이 애, 어
찌 꼴밉게 구니?}

불쌍한(총명하지 못한, 훌륭하지 못한) {불성하다} *지금은 불쌍한 사람
은 대통령으로 안 세울거 거둔{지금은 불성(不誠)한 사람은 대통
령으로 안 세울 것이거든.}

비새(가만히−비위에 맞지 않을 때) *비새네리 바다보니 직장에 들어가문
{가만히 따져보니 직장에 들어가면}

베티(볕) *베티 나스문 하겟능걸 원갓 여기는 치버서{볕이 났으면 좋으련
만 워낙 여기는 추워서}

삼하다 *왜:ㄴ 정말 삼할 때 근:양 햇지{정말 맨(가장) □할 때 그냥 했지.}

서답 빨래{빨래} *서답 빨래 할 새두 없구{빨래 할 사이도 없고}

석매(연자방아)

소닷하다(애소하다){왜소하다} *정말 소닷합데 볼 품은 없습데{정말 왜
　　　소하데요. 볼품은 없더라고요.}

소네{손해} *가까비 있는 것이사 늘궈 먹어 소네 있소{가까이 있는 것이
　　　야 늘려먹어 손해 볼 게 있소?}

슬(덜) *슬 복잡하다{덜 복잡하다.}

생명하다(먹고 살다) *이래서 생명한단 말이요{이래서 먹고 산단 말이요.}

생질(생일)

자부럼{졸음} *자부락긴 자부라두 못 자오{졸리긴 졸려도 못 자오.}

자심이{힘들게, 고생스레} *일 자심이 하옵시지 안앗슴메{일을 고생스레
　　　하시지 않았어요.}

자닷하다(자자부레하다) {자잘하다, 잘다} *자닷한 글이 돼놔서 잘 배우
　　　재:ㅂ니다{자잘한 글씨어서 잘 보이지 않습니다.}

장껑(장끼) *장껑이가{장끼가}

죠끈하문(자칫하면) *죠끈 하문 죽을번 하다가서{자칫하면 죽을 번 하다
　　　가}

주간(대부분) {대부분, 주로}*여긴 황씨가 주간이구{여기는 황씨가 대부
　　　분이고}

줄레{준례} *인사하고 떠나면 되지 다른 줄레는 없다이{인사하고 떠나면
　　　되지 다른 준례는 없다.}

지재하다{주정하다} *모르지 않지. 아는 지재하느라구 그러지{모르지 않
　　　지, 아는 주정을 하느라고 그러지.}

짐작하다(생각하다) *오구 짐작하니 기차오{아이고, 생각하니 기가 차오.}

쥐멘스레(이악스레) *쥐멘스레 다니니 그러티 맥이 없어서{이악스레 다

니니 그렇지, 힘이 없어서.}

초집{초가집} *곰만 내려가서 초집 있소.{곧바로 내려가면 초가집이 있
　　소.}

티발해주다(시중해주다) *이서서 티발해주면 모르겠는데{있어서 시중해
　　주면 모르겠는데}

푼하다(넉넉하다) *한 이십 푼합네다{한 20은 넉넉합니다.}

푼푼하다{왕성하다, 기력이 좋다} *논까지 해서 맥이 푼푼했소{기력이
　　좋아 논농사까지 했소.}

품{품, 품새} *볼 품은 없습데{볼품은 없데요.}

한쉠씩{한숨씩} *한쉠씩 다라가다 가서 한 집씩 잇구{한숨 달려가면 한
　　집씩 있고}

해롭다(앓다) *아바이 해로바 그냥 저러구{할아버지가 앓아서 그냥 저러
　　고}

깜짝(갑자기) *깜짝 생각키우지 않는구만{갑자기 생각이 나지 않는구면.}

때부시하다(살찌다) *조합 도트는 때부시하능기 없습네다{협동조합의 돼
　　지는 살찐 게 없습니다.}

뚜디다(뚜지다) {뒤지다} *뚜데서 꽉지로 시므면{뒤져서 괭이로 심으면}

뚤거서{뚫어서} *구냐으 이만치 뚤거서{구멍을 이만치 뚫어서}

뜰사람(평지 사람, 밑바닥) *뜰 사람은 겁으 냅네다{평지 사람은 겁을 냅
　　니다.}

빠:오다(빠져나오다)

빠무리(면목) *무슨 빠무리에 먹으랴 하면서{무슨 면목으로 먹으랴 하면서}

싸구쟁이{미치광이, 미친 사람}

아메(어머니) *아메네두 상세나구 세:마니 계읍시는데{어머니도 돌아가고
　　시어머니 계시는데.}

앗다(빼앗다) *돈 량이 있능거 다 앗구{돈 양이나 있는 걸 다 빼앗고}

아부재기치다(고함치다) *누페노니 더 아부재기치면서{눕혀놓으니 더 고함을 치면서}

어구재기(어구) {어귀} *요 아래 어구재기 세 집 잇구{요 아래 어귀에 세 집이 있고}

어기어기(드문드문) *일년에 어기어기 휴갈 오우{1년에 드문드문 휴가를 오오.}

어슬막(어두울 무렵) *어슬막 여케나 해질 무례에 와서야{어두울 무렵이나 해질 무렵에 와서야}

여라(여러, 수) *여라 십만원이 있엇소{수십만 원이 있었소.}

오양(외양간) *오야으 발필기 없소{□□□ □□□ 없소.}

올리바다보다{올려다보다}

건너바다보다{건너다보다}

내바다보다{내다보다}

딜바다보다{들여다보다}

티바다보다{치보다}

우스리네기다(우습게 여기다) *우수리 네겟수다{우습게 여겼소.}

엔간(웬만한, 어지간한) *엔간 고생 다 하고 길러노니{웬만한 고생을 다 하고 길러놓으니}

예측하다(생각하다) *그런데 예측하문사 시자사 좋지 뭐{그런데 생각해 보면 지금이야 좋지 뭐.}

윈데루(밖에, 외지) *다 윈데루 가 있구 일년에 어기어기 휴갈 오우{다 외지에 나가있고 1년에 드문드문 휴가를 오오.}

완우루(완전히) *완우루 짝 짜개져서{완전히 짝 짜개져서}

완으루 나르능기 아니라{완전히 나는 게 아니라}

원갓(원래){워낙} *베티 나스문 하겟능걸 원갓 여기는 치버서{볕이 났으면 좋으련만 워낙 여기는 추워서}

원판(원시, 원차, 원래, 본래) {원시, 원체, 원래, 본래}

3.3. 연산리

본 리는 종래 종성군에 속하였다. 1958년도에 경원군으로 옮김. 군 소재지에서 약 100리 떨어지고 대로로에서도 10리 이상 떨어진 산간 산재 부락으로 "연산'골 15리 사람 사는 골이 열두 골이요, 골마다 많으면 6, 적어 1세대씩 널려 사는 곳"이다. 현재 약 50호로 인민학교만이 있고 전기는 안 들어옴.

리 내 한 골인 평수리에는 재가승들이 집결해 산다.

대상자 명단

번호	지대	성명	성별	년령	지식정도	경력
31	연산리	한충석	남	73	문맹	3대 농사에 종사.
32	연산리	주병준	남	63	문맹	3대 농사에 종사.
33	연산리	남씨	녀	50	문맹	15리 상거한 봉산리 태생, 16세시 출가.
34	선바위	한세연	남	30	소졸	군대 생활, 현재 작업반장.
35	선바위	김대준	남	62	국해	본지 태생, 농업 많이 다님.
36	선바위	안민국	남	73	문맹	18대 농업에 종사.
37	선바위	남을남	남	46	국해	19대 농사.
38	선바위	남씨	녀	64	문맹	18세시 동림리로 출가.
39	선바위	남진식	남	65	문맹	19대 농사.
40	선바위	김종률	남	78	문맹	경원출생, 30대에 옴.
41	선바위	허걸	남	69	한학 국해	종성태생, 영향이 많음.

-가(주격)

우리 아부디가 공업 및 농업…{우리 □□□가 공업 및 농업…}35

-이(주격)

거게두 몇 호이 있는거 같지 안습데{거기에도 몇 호가 있는 것 같지 않데요.}

노인들이 그런 노릇하면…{노인들이 그런 노릇하면…}31

-이가(주격)

가물이가 심하니{가물이 심하니}36

-ㅜ(속격)

편입 된다두 나무 집이란 말{편입된대도 남의 집이란 말이 오.}37

-ㅡ(속격)

우리 슈샤으 덕이지 다른 덕이 아니요.{우리 수상(首相)의 덕이지 다른 덕이 아니요.}35

-게(여격)

아:(아이)게 헌거츠 준다든지{아이에게 천을 준다든지}32

하나비게 드린다{할아버지께 드린다.} 32

-으(대격)

칠곡으 다 심겄는데{칠곡(七穀)을 다 심었는데}32

-르(대격)

혼세르 덩하구 나셔{혼사를 정하고 나서} 32

달비 꼭지르 마니 모아서{다리(假髮) 핀을 많이 모아서} 32

-ㄹ(대격)

니예길 좀 하겠습니다{이야기를 좀 하겠습니다.}32

군낼 육년 복무하구{군대를 6년 복무하고}35

- **이루**(조격)

　　소 가죽이루 만든 신이가{소가죽으로 만든 신이}37

- **으루**(조격)

　　제 손으루 끄러 먹으며{제 손으로 끓여먹으며}32

　　사탕무끼 주간으루 들었습니다{사탕무가 주로 들었습니다.}32

- **루**(조격)

　　주간 짜재기루 하오{주로 자작나무로 하오.}37

　　널루 텨 주구{널로 쳐주고}

- **으루셔/서**(조격)

　　슌 농민으루셔 삼심년 살아⋯{순 농민으로 30년을 살아⋯}35

　　노으루서 그눔 게다서⋯{□으로서 그 놈을 가져다가⋯}31

- **ㄹ루셔**(조격)

　　앞에다가서 진줄루셔 믿어리에⋯{앞에다 긴 줄로써 □□□□⋯}31

- **서**(위격)

　　회령서 학교 졸업{회령에서 학교 졸업}32

- **ㄹ루**(위격)

　　거길루 댕기는데⋯{거기에 다니는데⋯}31

- **을루**(위격)

　　동북을루 나왔소{동북에 나왔소.} 35

- **루셔**(위격)

　　그 아래루셔 건너가면 증산리 아니오{그 아래에서 건너가면 증산
　　리가 아니요.}35

- **을루셔**(위격)

　　앞을루셔 들어온 사람들⋯{남에서 들어온 사람들⋯}31

- **으루**(위격)

　　저 따~으루 건너가는 갑데{저 곳에서 건너가는 것 같데요.}32

-으루셔(위격)

　　앞으루셔 들어온 사람들{남에서 들어온 사람들} 31

-에셔(위격)

　　손재 군대에서 들어와셔{손자가 군대에서 돌아와서}32

　　봉산따 에셔 나가셔{봉산 땅에서 나가서}32

-에(위격)

　　여섯살에 어마니 도라가시더니{여섯 살에 어머니가 돌아가시더니}31

　　깊은 산에 가무 다래다구 있소{깊은 산에 가면 다래라고 있소.}31

-과(구격)

　　이복이 그것과 다르고…{의복이 그것과 다르고…}37

절대격(속격 의미)

　　구학 셔대이라구 있겠소{구학 서당이라고 있겠소.}32

　　우리 손제 군대에서 들어와셔{우리 손자 군대에서 돌아와서}32

절대격(대격 의미)

　　감지 처 만니 심으지 못하오{감자를 그리 많이 심지 못하오.}

절대격(주격 의미)

　　애비 상세나무{아비가 돌아가면}32

절대격 (위격 의미)

　　기난 이월달에 평양갔다 왔소(지난 2월 달에 평양을 갔다 왔소.)35

절대격(구격 의미)

　　주간 조이 콩 사탕무끼로…{주로 조, 콩, 사탕무로…}32

-사(도움토)

　　기왕사 아무대구 다 디냇디{이전에야 아무 데고 다 지냈지.}31

-ㄴ

　　치빈 그럿습니다{추위는 그렇습니다.}32

-든지

애비든지 상세나믄{아비든지 돌아가면} 32

-이랑

역전이랑 잘 했습데{역전이랑 잘 했데요.}35

-는

우리 네편네는 여순너이구{우리 마누라는 나이가 예순넷이고}35

-으는

그 앞으는 나: 아니 갔습네다{그 앞은 안 나갔습니다.}32

-두

여기두 쇠로 맺지{여기도 소로 (김을) 맸지.}32

-라두

돼디라두 길러서{돼지라도 길러서}32

-이야

취석이야 쇠지{추석이야 쇠지.}32

-으는

샤ᵒ으는 주는 것두 있구{상은 주는 것도 있고}32

-라구

공부라구 모릅네다{공부라고 모릅니다.}

-두

돼지두 메깁죠{돼지도 먹이지요.}

-나

나무 가지나 깍까 집으 짓는데{나무 가지나 꺾어 집을 짓는데}32

-이라구는

베ᵒ이라구는 있었는데{병이라고는 있었는데}32

-서두

먼데서두 다 오구{먼데서도 다 오고}32

-꺼지두

　　전에 꺼지두 있었는데{전에까지도 있었는데}36

-에서는

　　당과 정부에서는 요구치 안커던{당과 정부에서는 요구하지 않거든.}34

-에셔두

　　연산 굴산에셔두 대슈가…{연산, 굴산에서도 호수(戶數)가…}36

-에는

　　나제는 자꾸 □구 있소{낮에는 자꾸 □고 있소.}31

-대루

　　녯법 대루 허는 집두 있구{고법대로 하는 집도 있고}32

-에다셔

　　안에다셔 산으 맨들구{안에다 산을 만들고}35

-게다

　　하나바니게다 주어라{할아버지께 드려라.} 32

-게나

　　하나비게나 주어라{할아버지께나 드려라.}32

-한테는

　　늙은(이)한테는 이런두 저런두{늙은이한테는 이런 둥 저런 둥}32

-라구

　　환갑 제사라구 지내오{환갑 제사라고 지내오.}35

-만

　　니예기만 들었지{이야기만 들었지.}31

-샤

　　슌샤샤 우리 사라미…{순사야 우리 사람이…}35

-꺼지

□물꺼지 다 냈다{□물까지 다 냈다.}31

-라구

산에 가믄 다래라구 있소{산에 가면 다래라고 있소.}

-은

서바~은 동쪽이요 여자는 서쪽이요{남편은 동쪽이요, 아내는 서쪽
이요.}33

-이라구서

노루 그물이라구서 노~으루셔…{노루 그물이라고 노끈으로 써…}31

-이나

지금이나 일반이였소{지금이나 (마찬가지로) 일반이었소.)36

-서/셔

두리서 노타나니{둘이서 놓다보니}40

여셔더 만티 않았습니다{□서 더 많지 않았습니다.}36

-야

그때두 보리야 있기야 있었디{그때도 보리야 있기는 있었지.}36

-인둥

통구 쉰세호인둥 그럽니다{모두 53 호(戶) 인가 그렇습니다.}35

-이사

간작이사 듕년에 나왔습니다{간작이야 중도에 나왔습니다.}37

-이셔

쉰 두호이셔 조합을 유지해{52 호(戶)로써 조합을 유지해}39

-사

거 시게사 될수 있습니까?{그 걸 시켜서야 될 수 있습니까?}32

-꾸마(직설-존대)

아즈바니게 "예스꾸마"하므 그러디{아주버니께 '예, 스꾸마'하며

그러지.}31

오:ㅂ세서 모두 고상하:ㅂ꾸마{오셔서 모두 고생합니다.}33

우리 아바님 세째 아즈집이:꾸마{우리 아버님 셋째 동생집입니다.}33

-꾸(직설-존대)

쉬:ㄴ 사리꾸{쉰 살입니다.}33

오라꾸{오랩니다.}

부:조써구사 오:ㅂ시께:꾸{부조를 하고야 오실 겁니다.}33

-둥(의문-존대)

가티가:ㅁ둥?{같이 갑니까?}32

여라 형제:ㅂ심둥?{여러 형제이십니까?}35

알레합심둥?{안녕하십니까?}34

-ㅂ소(명령-존대)

쇠:로 하나 더 어드:ㅂ소{소를 하나 더 구하십시오.}33

-ㅂ세(명령-존대)

오:ㄴ 나죄 가죽오:ㅂ세{오늘 저녁에 가지고 오십시오}34

-ㅂ쇼(명령-존대)

닛디 마:ㅂ쇼{잊지 마십시오.}34

-까이(명령-존대)

재일동포들이 들어온 애:길 하까이{재일동포들이 들어온 이야기
를 하십시오.}33

-꽈이(명령-존대)

거:ㅁ 그러케 하:ㅂ시꽈이{그러면 그렇게 하십시오.}32

-우꺼니(직설-존대)

따:우꺼니 조끔씩 따:우꺼니{다릅니다, 조금씩 다릅니다.}31

쌀데 업브스꺼니{살 데 없습니다.}

-와(직설-존대)

그라니와(그러면요! 물론){그렇고말고요.}32

- 리다(직설-존대)

　　동째기 더 놉길수 우리다{□□□ □ □□□ □□□.}31

- ㅂ디(직설-존대)

　　김자:니 오늘 일보:ㅂ씹디{□□:□ 오늘 일을 보시지요.}34

　　그두 차차 되게:쑴디{그것도 차차 되겠지요.}35

- ㅂ지(직설-존대)

　　닙쌀과 바꾸:ㅂ지{입쌀과 바꾸지요.}31

　　내:ㅂ지{내지요.}33

- ㅂ데(직설-존대)

　　미티 잘 드디 모다:ㅂ데{밑을 잘 들지 못하데요.} 32

- ㅂ더ㄱ(직설-존대)

　　가:두 발구 가주가:ㅂ더ㄱ{그 애도 발구를 가지고 갑디다.}32

　　나: 먹구선 글이 안 듭더{나이를 먹고서는 글이 잘 안되데요.}33

- ㅁ녜(직설-존대)

　　저그마니 하:ㅁ녜{적게 합니다.}32

- ㅁ니(직설-존대)

　　그럼: 씀니 산에 맨 참냉이{그렇습니다, 산에 맨 참나무}32

- ㅁ(직설-존대)

　　시곡 보태:ㅁ 마니 하:옴{끼니 보탬을 많이 합니다.} 32

　　이르므 무근데라구 험{이름을 □□□라고 합니다.} 31

- ㅂ니다(직설-존대)

　　이제꺼지 농새:로 해:씀니다{지금까지 농사를 했습니다.}31

　　노디 못함니다{놀지 못합니다.}35

- ㅂ녜다(직설-존대)

　　오라:씀녜다{오랬습니다.}31

　　모르:ㅁ녜다{모릅니다.}31

-ㅁ다(직설-존대)

고말게서부터 겨원따루 너멧슴다{고 마루에서부터 경원 땅으로 넘었습니다}. 31

통구쉰 세호인둥 그럼다{모두 53 호(戶)인지 그렇습니다.}35

-ㅁ까(의문-존대)

들어가 보세: 씀까?{들어가 보셨습니까?}31

-ㅂ니까(의문-존대)

더 달 어띠 아게씀니까?{어찌 더 잘 알겠습니까?}31

어티 사:ㅁ니까?{어찌 삽니까?}35

-ㅂ디다(직설-존대)

녀자 쓰능거는 너을이랍디다{여자가 쓰는 것은 너울이라고 합디다.}31

-ㅂ죠(직설-존대)

종셩군이였습죠{종성군이었지요.}31

-죠(직설-존대)

닐굴데 이스문 또 닐궈먹죠{일굴 데가 있으면 또 일궈먹지요.}31

-왜다(직설-존대)

골란이 왜다 그래 돼니{곤란해요, 그렇게 되니.}31

내 큰 손재왜다{내 큰손자요.}

-수다(직설-하오)

그런데일 내 하는 일은 잇수다{그런데 내가 하는 일은 있소.}35

-요(직설-하오)

골이 여라 골이요{골이 여러 골이요.}32

-요(직설-하오)

야들비요?{여덟이요?}34

-niㅂ(직설-하오)

허라구 해 허늡게 애 niㅂ(니으){하라고 해서 하는 게 아니오.}31

우리 쉬사: 덕이디 다른 덕이 애 niʉ(니으){우리 수상(首相) 덕이지
다른 덕이 아니오.}35

-우(직설-하오)

채소 여기 돼재니우{채소가 여기 되지 않소.}32

큰 아들께서난 손네우{큰아들에게서 난 손녀요.}32

-오(직설-하오)

사래미 모쌀떼오{사람이 못 살 데요.}32

쇠:르 하나 메워서 모끄스오{소 한 마리를 메워서 못 끄오.}32

-소(직설-하오)

고상시럽겟쏘{고생스럽겠소.}32

여:겐 자다: 맷쇼.{여기는 저 애가 다 맸소.}31

-군(직설-하오)

당방재비 써거 젓뜨구{□□□□ 썩어졌더군.}31

-다(직설-해라)

없다 어더바:두{없다, 찾아봐도.}31

아니 가겟다{안 가겠다.}35

-(누)라(직설-해라)

져 어실 개:다(주누라)구{저 □□ 가져다주느라고}31

야:게 주누라{이 애에게 주느니라.31}

-지(직설-반말)

그게 기중 나끼 되지{그게 기중 낮게 되지.}32

-디(직설-반말)

팔개리 떼외 간 셈이디{□□□ 떼여간 셈이지.}35

벵재길 해: 갈가 먹디{병작을 해서 갈라 먹지.}35

-ㅁ까(의문-존대)

들어가 보세:쓰까?{들어가 보셨습니까?}31

- ㅂ더(의문-존대)

　가:두 발구가주가:ㅂ더?{그 애도 발구를 가지고 갑디까?}32

　나: 먹구선 글이 안 듭더?{나이를 먹고서는 글이 안 됩디까?}33

- ㅂ니까(의문-존대)

　더 달 어띠 아게 씀니까?{어찌 더 잘 알겠습니까?}

　어티샤:ㅁ니까?{어찌 삽니까?}

- 둥(의문-존대)

　어티다: 아:ㅂ시겟슴둥?{어찌 다 알겠습니까?}32

- 요(의문-하오)

　골이 여라 골이요?{골이 여러 골이요?}32

　야들비요{여덟이요.}34

- 소(의문-하오)

　니:워네 댕게오겟소?{이위원회에 다녀오겠소?}34

- 니(의문-해라)

　까스네티 애니 어티겐니?{가스를 넣지 않아 어찌하겠니?}33

- 냐(의문-해라)

　눈 치능거 가주구 댕기더냐?{눈을 치는 도구를 가지고 다니더냐?}31

　군대:로 안 살 안냐 딕댱샬일 부실핸냐?{군대 생활을 안 했나 직장일이 부실했나?}35

- :?(의문-반말)

　늘그니 무슨 기억디 모타능기□:?(악센트와 장음화){늙으니 무엇이나 기억하지 못해?}32

- 소(명령-하오)

　신 여기다 디:르노쏘{신을 여기에다 들여놓소.}32

　한 오백기로 더 넛쏘{한 500킬로 더 넣소.}34

- 우(명령-하오)

　부편한대루 뉴하시우{불편한대로 유하시오.}32

다피어 마우{□□□ 마오.}34

-라(명령-해라)

명옥아 그쇠르 푸러내 보내라{명옥아, 그 소를 풀어 내보내라.}32

-께(명령-하게)

동뮈들두 들어 보께{동무들도 들어보게.}35

-0(명령-해라)

모재:르 내보내{모자를 내보내.}32

-나(명령-반말)

개오나{가져오너라.}33

-시(존칭)

니:워네 댕게 오셋소{이위원회에 다녀오셨어요.}32

-옵/ㅂ(존칭)

내:르 가:ㅂ지{내일 가지요.} 32

소네지:ㅂ에서 계옵시다셔…{손녀 집에서 계시다가…}33

아부지 계:ㅂ시꾸{아버지 계십니다.}31

-ㄹ(동사-미래)

사래미 모쌀데오{사람이 못 살 데요.}32

-은(동사-과거)

셔짜그루 버등 골이{서쪽으로 뻗은 골이}32

-쓰(동사-과거)

흉년에 좀 면할세 해쏘{흉년에 좀 면제를 했소.}32

되긴 지난해 안돼:쏘{되기는 (무슨), 지난해 잘 안됐소.} 32

-았(동사-과거)

오랐소{오랬소.}32

삼대 사랏습니다{3대가 살았습니다.}32

- ㄴ(동사-과거)

　　잘 진해 풍년이 들문{(농사를) 잘 지은 해 풍년이 들면}32

　　돼재니우 어티 된 일인두:{되지 않소, 어찌된 일인 지.}32

- 이(결합모음)

　　배추두 시므구 나물이라구서{배추도 심고 채소라고서}32

　　골이 여라 골이요{골이 여러 골이요.}32

접속토

- 지만

　　시자는 봉산이지만 봉석골이요{지금은 봉산이지만 본래는 봉석골이오.}32

- 니

　　그 사람덜이 왔다가느니 어띠겟소{그 사람들이 왔다 가는데 어찌하겠소.}32

- 니까

　　이전 그러다 나니까 다 온 모양이겠소{그러다보니 이제는 다 온 모양이요.}32

- 만

　　공주의 어머니 있더구만…{공주의 어머니가 계시더구면…}

- 만은

　　알기사 알아스런마는 잘 모르겟소{알기야 알았으련마는 잘 모르겠소.}32

- 련만

　　덕원이 이스런만 모르오{덕원에 있으련만 (잘) 모르오.}32

- ㄴ데

　　종성군이 던건데 경원땅에…{종성군에 속하던 것인데 경원 땅에…}31

- 지

시격을 끄레 줘야지 어떻겠습니까?{끼니를 끓여줘야지 어찌하겠습니까?}31

- 구서

집에 있능기라구서 별랑 없소{집에 있는 것이라고는 별로 없소.}31

- 서는

집에 있구서는 없음메{집에 있고서는 없어요.}31

- 서

여기서 사다 가서 남선서…{여기에서 살다가 이남에서…}31

- 랑

그런긴 감재랑 많이 심었소{하긴 감자랑 많이 심었소.}31

- 구

손재 하나 나가 일하구{손자 하나 나가 일하고.}31

- 디

학교가 셀립된디 처 오라지…{학교가 설립된 지 그렇게 오래지…}31

- 는가

축산이야 말을 몇 필 세운 집이 있었는가 얼마 안됐읍니다{(그때) 말을 몇 필 가진 집이 있었던지 가축이야 얼마 안 됐습니다.}31

- 이나

제이월이나 이삼월은 괴인치 않지{나는 2월이나 3월은 괜찮지.}31
제 자식이나 누구나 다…{제 자식이나 누구나 다…}31

- 으니

70을 넹게 먹으니{70을 넘어 먹으니}31

- 거나

그걸루 곡식을 쌌거나…{그것으로 곡식을 샀거나…}31

-이나

눈이나 오구 자국이나 추면…{눈이나 오고 자국이나 □□}31

-하디까디

주간 무스거 지었는가 하디까디…{주로 무엇을 지었는가 하니까…}31

-까디

여기부터는 논이 드믄 것이 까디…{여기서부터는 논이 드물어
서…}31

토지 엷어노니까디 가물이 많이…{토지가 얇아서 가물이 많
이…}31

-던지

한갑이 도라오문 떡을 한다던지…{환갑이 되면 떡을 한다든지…}31

조카네던지 아들이던지…{조카네든지 아들네든지…}31

-워서

일이 딸기워서 제시걱 찾아먹구…{일이 달리어서 자기가 밥을 찾
아먹고…}31

-이요

우는 립춘이요 아래는 장춘이요…{위로는 입춘이요, 아래로는 장
춘이요…}31

-먹지

한 삼사년 갈아먹지…{한 3, 4년 갈아먹지…}31

기왕에는 어째서 그랬는지…{이전에는 어째서 그랬는지…}31

-못해

여기서 다쓰지 못해…{여기서 다 쓰지 못해…}31

발길을 건느지 못해…{발길이 잦지 못해…}31

-구

간 사람두 있구 해서…{간 사람도 있고 해서…}31

창평동 허구 룡덕 허구…{창평동하고 용덕하고…}31

떡두 하구 돼지 잡구⋯{떡도 하고 돼지도 잡고⋯}31

- 멘

송가락을 꼬브리멘 놉네다{손가락을 꼬부리면서 놉니다.}31

그러타 하멘 소릴 안 했지{그렇다고 하면서 말을 안 했지.}31

- 과

쌀과 아무래도 입쌀 몇 가마스⋯{쌀과, 아무래도 입쌀 몇 가마니⋯}31

- 구만

별 일을 다 구경하겠더구만⋯{별 일을 다 보겠더구면⋯} 31

- 데

날래 죽었으면 좋겠는데⋯{빨리 죽었으면 좋겠는데⋯}31

여기 형편데 말이는⋯{여기 형편□ □□□⋯}31

- 라구

기왕엔 서당이라구 공부라구⋯{예전에는 서당 공부라고⋯}31

털 도죽이라구⋯{좀 도적이라고⋯}31

- 인가

냥년인가⋯{2년인가⋯)31

- 껜

있다 지실해 드릴껜 넘려말고⋯{이따 □□□ 드릴 테니까 염려 말고⋯}35

- 래서

사업을 래서 가사일을 하지⋯{사업으로 해서 가사를 하지⋯}32

그러길 래서 미국놈들⋯{그러기에 미국 놈들⋯}32

- 래

몇 토틀래 견디여 내오⋯{몇 □□□ 견디어내오⋯} 32

- 나니

혼샐 지내다나니{혼사를 치르다보니}36

불을 안노타 나니…{불을 안 놓다보니…}36

-너니

먹을 껏 없다꺼너니{먹을 것이 없다고 하니까}36

-러니

일 없두러니 그러니 어띠겠소{일이 없다고 그러니 어찌하겠소}36
일하는 야으루 값을 주구{일하는 양에 따라 값을 주고}36

-구는

뇌락이 많이 난 집이구는 많이…{노력(勞力)이 많은 집이고야 많이…}31

-멘

가새 가지구 다니맨 다했소.{가위를 가지고 다니면서 다 했소.}31
먹으멘 다니는 아이도 있구{먹으면서 다니는 아이도 있고.}31

-두

어디 멀떡이 갔따두{어디 멀찍이 갔다가도}31

-둥

수케인둥 암케인둥{수캐인지 암캐인지}31
부레기라더냐 무세기라는둥{□□□□□□ 뭐라는지}31

-적은

3년이 넘은 적은 따이 넘어서{3년이 넘을 때는 □□ 넘어서}31
한갑이 돌아온 적으는…{환갑을 맞을 적에는…}31
제일 가믄 적으는{제일 가물 적에는}31

-따이구

넓은 따이구 하다나니{넓은 땅이다 보니}31
주간이구 보리도 있구{…주로고 보리도 있고}31

-디만

우리는 않했디만{우리는 안했지만}31

- 더니

그것두 잘 되더니만{그것도 잘되더니만}31

- 아두

인총이 많아두{인구가 많아도}31

- 라두

타생이라두 다 모여서{타생이래도 다 모여서}31

- 자구

옛'날 일을 들어보자구{옛날 일에 대해 들어보자고}31

- 겠구

나무두 하지 못하겠구{나무도 하지 못하겠고}31

- 니까

그러다나니까 매를 맞구{그러다보니 매를 맞고}32

어슬막이 되니까 자동차…{해질 무렵이 되니까 자동차…} 35

- 뿐이지

겁이 난달뿐이지 모르지유{겁이 날 뿐이지 모르지요.}32

- 아

묻지 않아 모릅니다{묻지 않아서 모릅니다.}31

- 라구서

신부는 그 우차에 저고리라구서{신부는 그 우차에 저고리라고서}3

찬상이라구서 잘 채리오{밥상이라고 잘 차려요.}32

- 구던

으례히 싸다 주구던{으레 사다 주거든…}35

- 니까

조합이라구 보니까{조합이라고 보니까…}36

소 없으니까{소가 없으니까…}36

-냐

반장두 시기기를 세채냐:{반장도 시키기를 □□□:}31

-랴

무시기 보랴 했겠지{뭘 보려고 했겠지.}36

-사

겁으내사 조심히 하디 아니문사{겁을 내어 조심히 하지 않는다면야}36

-구서는

시간을 기울러 개구서는…{시간을 □□□ 가지고서는…}36

-데는

기제기를 드리는 데는…{□□□□ □□□ □□…}36

최렐 하겠는 데는…{□□ □□□□□}36

-커녕

더 했겠디 커녕…{더 했겠지만…}36

보지 못할 낮을 하우커녀는…{□□ □□ □□ □□□□□…}36

래기 납디 커녀는 고생으지지…{낙이라고 하지만 고생을 하게 되지…}36

그래사 배엿소 커녀는 시자는…{그래야 □□□지마는 지금은…36 봤소커녕…{봤지만…}

-면

바람이 불면 뚱뚱 더 다니면서{바람이 불면 둥둥 떠다니면서}36

-년

그 사람이 온년 내사 일이 되지{그 사람이 온 후에야 일이 되지.}36

밉다고하녀데 죽어져라 썩어져라{미워서 말할 때 죽어져라 썩어져라}36

-루

일은 일대로 하고 써클은 써클대루 하고{일은 일대로 하고 서클은

서클대로 하고}36

－재이

가지 못하다 나니 재이 모르지{가지 못해서 잘 모르지.}36

－사나

녀성 아무사나(아부차나) 이저는 다 아오{여성들조차 이제는 다
아오.}31

[어휘]

간년, 상년(작년)

감(재료, 밑천) *녜기 감이사 잇어야지{이야깃거리야 있어야지.}

굳다(나쁘다) *됴쏘? 굳소.{좋소? 나쁘오.}

　　　　됴흐나 구드나{좋으나 궂으나}

나다('몇 해가' 되다) *군대에 간지 칠연이 나오{군대에 간지 7년이 되
　　　　오.}

날래(어서) *날래 잡수오{어서 자시오.}

늘기(늦게){널리} *시간을 늘기 잡아서 열여섯 열야들 시간 일해서{시간
　　　　을 널리 잡아서 열여섯, 열여덟 시간 일을 해서}

늙다리(늙은이－속어) *늙다리도 자릴 내주오{늙은이도 자리를 내주오.}

녠치(년세. 늙은 사람들에게 년령을 물을 때 사용) {연치, 연세}

다마(콩알) *다만 국소{콩알은 굵소.}

도섭(거짓말) *도섭 보태 말하문{거짓말 보태 말하면}

돌아 듣다(알려지다, 폭로되다) *공 판기 돌아들며{□ □□ 알려지며}
　　　　싸르판에 돌아들구{□□□□ 알려지고}

들다(적다) *여기는 논이 드는 것이니 까디{여기는 논이 적은 곳이니까}

데디구 가다(던지고 가다)

목저미(참나무를 깎아서 그것을 재료로 만든 샀) {참나무를 재료로 만든 깔개}

무쉐이(무섭게) *무쉐이 다 큰기 잇습데{굉장히 큰 게 다 있데요.}

보리{보리} *보리라두 갈아 보자 해서{보리라도 갈아보자 해서}
　　밭을 갈아 보리라드 심어 볼가 해서{밭을 갈아 보리라도 심어 볼까 해서}

부술귀(기차)

사다리 나다(소문이 나다) *차차 사다리 나다{차차 소문이 나다.}

슬맞다(덜 맞다)

슬붙다(덜 붙다)

시걱(식사, 식사 짓는 곳, 식사 때)

시장(지금, 현재)

식솔(식구)

생도(살길) *생도 막연하다{살길이 막연하다.}

쇠연한(공연한) *쇠연한 싸움이란 말이오{공연한 싸움이란 말이요.}

아부차(조차) *녀성 아부차나 이제는 다 아오{여성들조차 이제는 다 아오.}

어불다(나누다) *어부러 먹어라{나누어 먹어라.}

주간(주로) *주간 무스 거 지엇는지 하디까지{주로 무엇을 심었는지 하지까지}

즐벌다(땅이 질다) *즐번데 어띠 가겠소{땅이 진데 어찌 가겠소.}

젠젠(년년이) {연년이}*그것두 잘 되더니만 젠젠 멧돝이 달려들어{그것도 잘되더니만 연년이 멧돼지가 달려들어}

처(그렇게){그렇게, 그리, 그다지} *학교가 설립된지 처 오라지 안쏘{학교가 설립된 지 그렇게 오래되지 않소.}

한심하다(마음이 놓이지 않다) *늘 한심해서 무기를 가지고 다녔소{늘 마음이 놓이지 않아서 무기를 가지고 다녔소.}

한양(반듯이) {반드시} *것두 한양 될끼니{그것도 반드시 될 것이니}

험(결함, 오유) *그것두 험 있소 커녀는{그것도 흠이 있기는 하지만}

말(꽃을 새는 개수 혹은 묶음) *꼬틀 한 여라문 말 가지고 올라가서{꽃을 한 여남은 묶음(송이)을 가지고 올라가서}

빨찍하다(부족하다) *식품이 좀 빨찍하다{식품이 좀 부족하다.}

싹싹이(전부) *예영 싹싹이는 구경 못했소{영 다 보지는 못했소.}

어슬막(어두울 무렵) *어슬막이 되니까 자동차가 오니까{어두울 무렵이 되어서 자동차가 오니까}

엷다(척박하다) *토디 엷어 노니 까디 농사가 잘안되오{토지가 척박해서 농사가 잘 안되오.}

오리하다(옳게 하다) *반쟁이 오리해야 잘 되지{반장이 옳게 해야 잘 되지.}

예계지(분명히) *만들어 논 닭이 예계지 산 것 같애{만들어 놓은 닭이 마치 산 것 같아.}

예영(영) *예영 싹싹이는 구경 못했소{영 다 보지는 못했소.}

예리다(가늘다) *실이 또 예리단 말이요{실이 또 가늘단 말이요.}

예영( ) *웅진 월래 여영 항구는 아입네{웅진 원래 □□ 항구는 아니요.}

웨웨(품성이 좋지 못한 것) *웨웨하는 것덜이 그러지{품성이 좋지 못한 것들이 그러지.}

왜 품에{홑몸} *왜 품에 작란적으루서 놀래 다녔지.(홑몸으로 정신없이 놀러 다녔지.}

3.4. 룡계리, 종산리

룡계리는 과거 종성군 룡계면에 속해 있었음. 굴고개를 경계로 종성군 행영리와 봉산리, 종산리와 경계됨. 종산리와는 굴고개를 경계로 하고 봉산리 쪽으로 티여 있음. 철도와는 100여리 떨어져 있음. 회령에서부터 경원으로 가는 국도와 경흥으로 가는 국도와 행영과 련결되는 국도와 교차된 도로의 교차점. 회령에서 경원으로 가는 뻐스를 리용. 인민학교, 중학교가 있음. 유선 방송망이 설치됨. 리내주민은 보통 토착민임. 주민은 봉산리 시장을 리용. 리 중심에서부터 멀리 산재됨.

대상자 명단

번호	지대	성명	성별	년령	지식정도	경력
1	룡계리	주재환	남	70	서당	본토배기
2	룡계리	김홍권	남	62	서당	본토배기
3	룡계리	주완길	남	63	문맹	본토배기
4	룡계리	주행묵				
5	룡계리	오준협				
6	룡계리	김수현				

종산리는 과거 봉산면에 속해 있었음. 룡계, 봉산, 복야리(경흥군)와 린접, 국도와 떨어져 있음. 철도는 80여 리 밖에 있음. 회령에서부터 봉산리를 걸쳐 경원으로 가는 뻐스를 리용. 인민학교 밖에 없음. 유선 방송망이 설치되지 못함. 리내 주민은 보통 토착민임. 주민은 봉산리 시장을 리용함.

대상자 명단

번호	지대	성명	성별	년령	지식정도	경력
7	종산리	김공필	남	73	문맹	본토배기
8	종산리	주병수	남	69	문맹	본토배기

ㄱ의 보존

저 큰길 낼 때 내 술게 깔겨서 이리 병…{저 큰길을 낼 때 내가 수레에 깔려서 이렇게 병…}2

어즈버길(오솔길)2

도트 기름 쓰는{돼지기름을 쓰는}2

그져 뿌려 데지구서 기슴맸다{그저 산종을 해서 김을 맸다.}2

치석때는 떡을 하고 제사를 기냈다{추석 때는 떡을 하고 제사를 지냈다.}3

기름에 보꾸기두 하구{기름에 볶기도 하고}3

길두 한 삼심녠 될거요.{길도 한 삼십 년은 될 거요.} 1

기슴매는 나그네{김매는 남편(남자)}1

김일성 장군이{김일성 장군이}1

됴흔길에 당겠디{좋은 길로 다녔지.}1

제사 기내기만 하믄{제사를 지내기만 하면}1

사흘이나 겯구사{사흘이나 겯고야}1

세 겹이오.{세 겹이요.}1

길이사 잃은 아:덜이{길을 잃은 아이들이야}1

오솔길이래두 발구랑{오솔길이라도 발구랑}5

기슴 맬만 하믄 기슴매먹구{김을 맬 만하면 김을 매서 먹고}7

길이 모두 부터 있는데 이짝 길은{길이 모두 붙어있는데 이쪽 길은}7

이렁거 겨를 주두 모르우{이런 걸 겨를 줄도 모르오.}7

ㄱ ＞ ㅈ

자리 온제 쏨{자리를 옮겼습니다.}1

짐천 짐가{김천 김가}8

ㄱ의 탈락

그거 어째 한치씨 더 탈가?{그것을 어째 한 치씩 더 탈까?}3

ㄱ 〉 ㄲ

스끔두 있지{지금도 있지.}2

즈끔 그계 많이 발달{지금 기계가 많이 발달}3

즈끔 와서사{지금 와서야}3

깨미 혹시 있구{개암이 혹시 있고}3

ㄴ 〉 ㄹ

굴랴이 떠러져서{군량이 떨어져서}2

ㄴ 〉 ㅁ

됴컴마느:{좋건마는}5

ㄴ 〉 ㅇ

황갑 사는 사람이 흔치 않소.{환갑까지 사는 사람이 흔치 않소.}3

가자구 하능게{가자고 하는 게}1

숨 있는 건 벌거지두{숨이 있는 건 벌레도}1

영골(연구를) 자꾸 하겠는데{연구를 자꾸 하겠는데}1

댕개 봤디{다녀봤지.}5

얼롱{얼른}5

ㄴ의 탈락

색가르 높으데서{□□를 높은 데서}1

그저 뿌려 데지구서{그저 (씨를) 막 뿌려서}3

우리 셰서(서서) 매는 것만큼(우리가 서서 매는 것만큼)6

ㄷ 〉 ㄱ

형벌으: 박구{형벌을 받고}1

숙가락{숟가락}5

적가락{젓가락}5

ㄹ 〉 ㄱ

저 큰길 낼 때 내 술게 깔겨서{저 큰길을 낼 때 내가 수레에 깔려서}2

내 낭구 길거 개구 낭그 했다이{나는 나무를 길러가지고 나무를 했다.}7

명질에 멀 놀깁니까?{명절에 뭘 놉니까?}8

집이 다 헐기구{집이 다 헐리고}1

ㄹ+ㄱ 〉ㄹ

그때사 언어를 일으능게 아니라{그때야 글을 읽는 게 아니라}3

닐응기 만태이구{글을 읽은 사람이 많지 않고}3

글이라구 닐을 수 있소?{(어디) 글이라고 읽을 수 있소?}3

어두 ㄹ 〉ㄴ

녤례덜이라구 헐어 던졌소{열녀(烈女)절이라고 헐어버렸소.}2

을사년 꺼지 냥녀느 있었소{을사년까지 2년을 있었소}2

논어 맹자{논어, 맹자} 3

노인 들두{노인들도}3

나라에두 니하지 않두구만{나라에도 이롭지 않더구먼.}6

넝개리라구 개척이 된 지{룡계(龍溪)리라고 개척이 된 지}6

닙을 게{입을 것이}6

밤을 뉴하지{밤을 유하지}

니면수{임연수어(林延壽魚)}8

냥면이였수{양면이었소.}8

녁사를 어떻게{역사를 어떻게}8

□□□□□□□□

니 위원회{이(里)위원회}8

한 냥백여알…{한 2백여 알}8

그 냥반이{그 양반이}8

ㄹ 〉ㄴ

누달리 햇소.{유달리 했소.}1

냉상몬 평수가{냉상모는 평수가}4

넉살 잘 아시우{역사를 잘 아시오.}4

노인{노인}7

눅로르 걸어{육로로 걸어}7

눅례를 이른다{육례를 읽는다}7

ㄹ 〉 ㅁ

그대 쇠르 엄마간{그때 소를 얼마간}1

ㄹ의 보존

솔나무{소나무}2

솔냉기{소나무}6

ㄹ의 탈락

내 허므르 내 입으르셔 솔찌기{내 허물을 내 입으로써 솔직히}1

그 무 가지구셔{그물을 가지고서}4

내례 와샤 때이 겠는데 쇠르 볼 수 업서서{내려와야 □□겠는데 소를 볼 수 없어서}7

어떤 분으는 녯날 녜기르{어떤 분은 옛날 얘기를}7

기쭈(길주){길주(지명)}

야듭살{여덟 살}2

채미(참밀)2

무:건(물건)3

두째 손재{둘째손자}3

즉석에 점은게로믄{즉석에 젊은이라면}1

느그니 어떤 땐(늙은이가 어떤 땐)1

그래 쇠르: 엄마간 하다가{그래 소를 얼마간 기르다가}1

죽어두 국가 시책으 하자구{죽어도 국가 시책을 관철하자고}1

저낙 식사르: 하다가{저녁 식사를 하다가}1

우리 선대: 몇 대르: 개척 집다{우리 선대가 몇 대를 (살아온) 개척지지요}1

버셔 우리 사람이 생기느: 방법{벌써 우리 사람이 생기는 방법}1

새 녁에 날 잡아서{날이 샐 무렵에 날 잡아서}1

ㄹ 〉ㄹ+ㄱ

놀기두 있구{노루도 있고}2

갈기(가루) 내서 먹구{가루를 내서 먹고}2

그거 머 갈그내서 떡두 하구{그것을 뭐 가루를 내서 떡도 하고}3

멀기 드문드문 가다 있음매{머루가 드문드문 가다 있어요.}3

땅으느 됴와던지 자꾸 걸금으 내서{자꾸 거름을 내서 땅은 좋았던지}6

놀기 맬도티라구{노루, 멧돼지라고}8

그땐 걸금 지금처럼 못햇소{그때는 거름을 지금처럼 못했소.}6

ㅁ 〉ㄴ

구냥으 뚧어{구멍을 뚫어}2

ㅁ 〉ㅇ

싱거 노혼 것두 싹 파먹소{심어놓은 것도 싹 파먹소.}2

베르 못 싱거스꺼니{벼를 못 심었으니까}1

ㅁ의 탈락

채미 심어 갈기 내 먹구{참밀을 심어 가루를 내서 먹고}

ㅁ 〉ㄱ

낭그{나무}2

일본놈 들어 오기전에 냉기 없었…{일본 놈이 들어오기 전에 나무가 없었…}3

ㅸ 〉ㅇ

그런 분이 많으문 수이{그런 분이 많으면 쉬이}6

누에두{누에도}5

ㅸ 〉ㅂ

구브므: 어찌라구{구우면 어쩌라고}5

느브므: {누우면}5

하븐자 거저 덤덤이 보내겠소{혼자 그저 덤덤히 보내겠소.}5

밭은 두터버지고{밭은 두터워지고(비옥해지고)}6

가 까븐 데는{가까운 데는}8

구버 만듭니다{구워서 만듭니다.}2

보다븐 제르 올려서{보드라운 재를 올려서}2

큰 강은 가차비 업스{큰 강은 가까이 없소.}2

아무리 잘 입어두 치버서{아무리 잘 입어도 추워서}2

따바리{똬리}3

취비{추위}8

동삼엔 치벘소{겨울에는 추웠소.}6

좀 더버 지능거…{좀 더워지는 거…}8

좀 더본 모양이야{좀 더운 모양이야}8

가르 누붜 떨어졌는둥 앉아{가로 누워 떨어졌는지 앉아}1

더븐게{더운 게}1

안타 까븐거 가트니라믄{안타까운 것 같으면}1

괴로븐거두 없구{괴로운 것도 없고}1

나:ㅁ 무서바서{남이 무서워서}1

상거비 가트 사샐{□□□ □□ □□}1

물 만 가차비 이스믄{물만 가까이 있으면}4

두꺼바사 담배 뿌리 셰근이가{(땅이) 두꺼워야(비옥해야) 담배 잔뿌리가}4

보드라븐게{보드라운 게} 4

탁 쓰붜서(탁 써서){딱 써서}5

ㅂ 〉 ㅃ

그 언약으: 뻗디 못하는{그 언약을 저버리지 못하는}1

ㅅ 〉 ㄷ

야라 곧이 많씀{여러 곳으로 많아요.}2

두 곧에 있습더니까?{두 곳에 있습디까?}8

ᴅ 〉 ㅅ

거시샤 한냥으르 엽전으루{그것이야 엽전 한 냥으로}7

내려와샤 때이겠는데 쇠르 볼 수 업서서{내려와야 □□겠는데 소를 볼 수 없어서}7

왜 되기사 잘 되우{오이가 되기야 잘돼요.}7

상녠에 무스(무우){작년에 무}1

구새 늡적하구 사탕무끄 대리는데 있소{굴뚝이 넓적하고 사탕무를 달이는데 있소.}7

우리 백성이샤{우리 백성이야}6

가슬에 분다 소리 떨어지믄{가을에 바람이 분다고 하면}8

덩기 만구샤{전기가 많아서야}6

몸 움지게사 앞으로 가보디{몸을 움직여야 앞으로 가보지.}3

우리 젊은 때사 농사일이샤{우리가 젊었을 때야 농사일이야}6

야라가지 일으하자니…{여러 가지 일을 하자니…}6

밭 섶엔 버들으느{밭섶의 버들은}6

기슴 주간 매구{김을 주로 매고}6

초 가슬에{초가을에}6

세간이 나슨데{살림살이가 나은데}7

일보ㄴ 사람 보구사 고지식합니다{일반 사람보다야 고지식합니다.}2

조끔 와서샤…{조금 와서야…}2

그때사 언서르 일우능게 아니라{그때야 언서(諺書)를 읽는 게 아니라}3

지금사 한문이 업다나니 모르디{지금이야 한문이 없어서 모르지.}2

항새리{항아리}2

맴이사 맴이 틀려 그렇겠소{마음이야, 마음이 틀려 그렇겠소.}1

원판 넷날사 이거디{원래 옛날이야 이것이지.}1

맘으르사 그라니{마음으로야 그러니}1

부슬 때 업디 머{부을 데 없지 뭐.}4

기난해 가슬에 와슬까{지난해 가을에 왔을까}7

ㅇ 〉 ㄲ

사탕무끄 잘 되였소{사탕무가 잘됐소.}7

꿩, 예끼, 메도트 리사기 있구{꿩, 여우, 멧돼지, 삵이 있고}7

수꾸 심웅거{수수를 심은 거}2

옥수꾸두 갖다 먹구{옥수수도 가져다 먹고}2

누구 여끄 잡는다능거 못 봤소{누구도 여우 잡는 걸 못 봤어요.}3

밥 쉬끼 있구{수수가 있고}3

쉬끼나 옥쉬끼두 다 있었수다{수수나 옥수수도 다 있었소.}8

ㅅ 〉 ㅆ

썹썹하다{섭섭하다}2

ㅅ의 탈락

즈끔 이렁거 닙었디{지금 이런 것을 입었지}6

ㅿ 〉 ㅇ

중국 쪽이래야 영길이라는데{중국 쪽이라 해야 연길이라는 데}6

있기야 거기 잡목이{있기야 거기 잡목이}8

ㅇ 〉 ㄱ

게그 바그트루(겨우 바깥으로)1

술기 게구 댕기는 길{수레가 겨우 다니는 길}2

모두 게:구 살아가는 거{모두 겨우 살아가는 거}6

ㅇ 〉 ㄴ

어떤 분으는 넷날 네기르{어떤 분은 옛날 얘기를}7

오행누끼라는둥{오행 육계라는지}7

매누베드 갈누베두 있구{산누에도 참나무누에도 있고}7

원판 넷날사 이거디{원래 옛날이야 이것이지.}1

학생들 가니 녜길 하겠소{학생들이 가니 얘기를 하겠소.}1

닙기가 무세{입기가 □□}1

네기 듣자무{이야기를 듣자면}5

닙쌀이 양분이 썩 못해{입쌀이 양분이 썩 못해.}5

장쉬 닐굽으{장수 일곱을}3

쌀으 닐어서{쌀을 일어서}3

그 땐 그 내기 못 들었스.{그때는 그 얘기 못 들었소.}6

녀름 옷{여름옷}6

그렁거 녯날에 없었소{그런 게 옛날에 없었소.}6

처매, 저고리, 니부자리 해오디{치마, 저고리, 이부자리를 해오지.}8

치매, 져고리 닙구사{치마, 저고리를 입고야}6

녯날에 너르 가사노쿠…{옛날에 널을 갖추어놓고…}2

닙을 꺼나{입을 것이나}2

닙쌀이 없을 때니{입쌀이 없을 때니}2

닢이 벌거채이요{잎이 벌겋잖소.}3

그전에두 니구 댕겼소{그전에도 이고 다녔소.}3

글이라구 닐을 쉬: 있소?{(무슨) 글이라고 읽을 수 있소?}2

ㆁ 〉~

따ˆ이 도쓸넌다{땅이 좋습니다.}7

ㆁ의 첨가

경게는 많았수다{거기는 많았소.}8

색깔이 영그게느 새파란 색이우다{여기는 색깔이 새파란 색이오.}8

종자는 용그게 있구{종자는 여기에 있고}2

배에 앉아 바당무: 건너가구{배에 앉아 바다를 건너가고}2

잉게느 삼리라그 하그{여기는 삼리라고 하고}4

그놈이 경게 걸려서{그 놈이 거기에 걸려서}4

즈끔 영게 한 가지{지금 여기 한 가지}6

영게를 몇 만명이 놀다왔다{여기를 몇 만 명이 놀다갔다}6

ㅈ 〉 ㄱ

기나간 일 다 아시자구 하겠디만{지나간 일을 다 아시자고 하겠지만}6

훅 기나갔디{휙 지나갔지.}6

예 그리가지구 기슴맵니다.{예, 그래가지고 김맵니다.}8

제사르 기내오.{제사를 지내오.}8

기난 때 내 요즘 들었구나{지난날의 (이야기를) 내 요즘 들었다.}8

기나대이맨 반디 못 봤소{지나다니면서 반지를 못 봤소.}8

기나간 가슬까지두 낭그 했음{지난 가을까지도 나무를 했어요.}7

ㅈ 〉 ㄷ

이 디방에 있능거구{이 지방에 있는 것이고}8

뎌 □□□{저 □□□}6

몇 만명이 올라왔디{몇 만 명이 올라왔지.}6

화차에 앉아 딕방 건너가{기차에 앉아 직방(곧바로) 건너가}6

슈딕{수직}8

뎡길 못 놓구 있수{전기를 못 놓고 있소.}6

구듀 나딘디 오래디 아이타{구두가 나온 지 오래지 않다.}6

우리 한탕 젊었을 때{우리 한창 젊었을 때}6

너우르 맨드라서 녀자들이 썼디{너울을 만들어서 여자들이 썼지.}3

녠날에사 살림살이 억디루 했디{옛날에야 살림살이를 가까스로 했지.}6

둥국 쪽이래야 옝길이라는데{중국 쪽이라고 해야 연길이라는 데}6

여기 큰 시가디 회령이였소{여기 큰 시가지는 회령이었소.}3

그 얘기루 모르디 어떤둥{그 얘기로는 모르지, 어떤지.}3

슬기 혹 있디{삶이 혹간 있지.}3

떡 했디{떡을 했지}3

구개음화 되지 않은 "ㄷ"

조합 근처에 좀 뿔었디{조합 근처에 좀 불었지.}

그저 뿌려데지구서 기슴 맸디{그저 씨를 뿌려서(산종을 해서) 김을 맸지.}3

그때 냉기 성했디{그때 나무가 성했지.}

엿이든디 술이든디 인사르 오는…{엿이든지 술이든지 가지고 인사를 오는…}

치석때는 떡을 하구 제사르 디냈디{추석 때는 떡을 하고 제사를 지냈지.}

길주 나가서는 던기루 간다든가{길주로 나가서는 전기로 간다던가}7

둥간에다가{중간에다가}7

둥학을 필해 가지구서는{중학을 졸업해 가지고서는}7

직다 앵긴다는데{직장을 옮긴다는데}

공부 듕 이게{공부 중이기에}

뎌 무슨 강내~ 같은거뚜{저 무슨 옥수수 같은 것도}7

즈:ㅁ 이 됴흔 세상에{지금 이 좋은 세상에}7

학뎡해 간 뒤에{학정을 해서 간 뒤에}7

우리 선대 몇 대르 개척집디{우리 선대가 몇 대를 (살아 온) 개척지지요.}1

모르디요.{모르지요}1

우리 듕년 쯤으…{우리 중년쯤…}?

나 거즙뿌리하기 됴아 아니하오{나는 거짓말하기를 안 좋아하오.}1

그 언약으: 뻿디 못하느{그 언약을 저버리지 못하는}1

차츰 발뎐돼서{차츰 발전돼서}4

삼 뎡{□ □}4

한 뎡보므…{한 정보면…}5

좀 해롭디{좀 아프지.}5

됴컴마느{좋건마는}5

댕기 봤디{다녀봤지.}5

됴흔 길에 당겼디{좋은 길로 다녔지.}1

인심은 되석변이라{인심은 조석(朝夕)변이라}1

남뎡덜이 어띠{남정(남성)들이 어찌}1

황도라구 싱거스니{황조라고 심었으니}4

뎌 영호라는게 있는데{저 여우라는 게 있는데}4

멋 됴케 쓰고{멋있게 쓰고}1

쇠두 데깍 잡아먹고{소도 재깍 잡아먹고}1

녈차 나딘디{열차가 나온 지}1

형뎨요{형제요.}1

디패이 딥구{지팡이를 짚고}2

아듀 됴한 것 가르쳐 주구 가쇼{아주 좋은 것을 가르쳐 주고 갔소.}2

뎨정때나 있었디{일제강점기 때나 있었지.}2

디딜에 따라{토질에 따라}2

뎌 조합{저 조합}2

됴후덴 주먹만큼한{좋은 데는 주먹만큼 한}

뎨정때{제정 때=일제강점기 때}8

하나바지 뎌 건너 있습니다{할아버지 저 건너에 계십니다.}8

봉산 듕학교{봉산 중학교}8

뎡기 믿구사{전기를 믿고야}8

아듀 됴운 색이우다{아주 좋은 색이요.}8

법 뎍을루{법적으로}8

뎐해도 내리기는{지난해도 내리기는}8

모자는 감당 모자구{모자는 검정 모자고}6

뎌기 소식이 없음을{저기 소식이 없음을}6

함뎡에 떨어져 상세났소{함정에 떨어져 죽었소.}3

됴타면 됴쿠{좋다면 좋고}3

돼선 사람들이 다 했디{조선 사람들이 다 했지.}3

아들 형뎨구{아들 형제고}3

뎡겨댜이 거기 있소{정거장이 거기 있소.}3

병뎡으 설 행기 있었소{병정을 덜한 게 있었소.}6

댱가 갈 때느{장가를 갈 때는}6

데일 큰 넬레당인데{제일 큰 열녀사당인데}2

그때는 듕국 글이 애니우{그때는 중국 글이 아니요.}3

뎌 길이가 난디 사십여녀이 나오{저 길이 생긴 지 40여 년이 되오.}3

튜향뎐이라등가 쇠설은 언셔르 썼쓰{춘향전이라든가 하는 소설은 언서(諺書)로 썼소.}3

됴은 말이 무슨 됴은 말이 듣겠소?{좋은 말은 무슨 좋은 말을 듣겠소?}3

무슨 뎌 많디 않습니다{무슨 저 (뭔가 하니) 많지 않습니다.}3

ㅈ 〉 ㅅ

스끔두 있지{지금도 있지.}2

명설이 취석 단우{명절이 추석, 단오}8

전에사 명설이믄{전에야 명절이면}

ㅌ 〉 ㅊ

파치{팥}2

ㅍ 〉 ㅊ

난 헝거치가 평소 바쁘오{우리는 천이 항상 귀하오.}1

너우리라구 비단 헌거치 맨드러서{너울이라고 비단 천으로 만들어서}3

헝거치르서{천으로써}6

ㅎ의 보존

허믈으는 없소{허물은 없소.}7

효자라는 것두 전에 있었소{효자라는 것도 전에 있었소.}2

오 장군이 힘이 세서{오, 장군이 힘이 세서}

아들 형데구{아들 형제고}3

힘으 쓴다{힘을 쓴다)6

효자{효자}8

흉풍이 없으니{흉풍이 없으니}8

내 허믈으 내 놓구{내 허물을 내놓고}1

제 허믈이 아는 사람이{자기 허물을 아는 사람이}1

효부 있구사 효자 있슴매{효부가 있고야 효자가 있어요}1

협동조합에서 회의{협동조합에서 회의}1

우리 형님두 난 칠십이요{우리 형님도 나이는 칠십이요.}5

헹펜이 없소.{형편없소.}5

오형덴데{오형제인데}7

챠표 떼기 힘든데{차표를 사기 힘든데}7

ㄲ 〉ㄱ

게그 바그트르{겨우 바깥으로}3

ㅆ 〉ㅅ

소려느 쳰이나 무세기나{소련은 천이나 무엇이나}

버서 우리 사람이 생기는{벌써 우리 사람이 생기는}1

젠넨에 소련 사람덜이{작년에 소련 사람들이}1

ㅉ 〉ㄸ

차슬데 차띠 못하겠으니{찾을 데를 찾지 못하겠으니}7

ㅈ 〉ㅌ

매도틀 싹 먹었디{멧돼지가 싹 먹었지.}2

드루 맨 도튀{들에는 맨 돼지}3

ㅈ의 보존

디패이 막대 집구{지팡이막대를 짚고}1

잼이 오지 않구{잠이 오지 않고}1

대디주지 머{대지주지 뭐.}1

덤 만쿠사 잘 되지{두엄이 많아야 잘 되지.}4

제거구 제거구팔아 다니는데{내 것이고 네 것이고 팔러 다니는데}7

윈성 자주 댕기지 못했소{온성을 자주 다니지 못했소.}7

가둑이두 있구 짜재기두 있구{떡갈나무도 있고 자작나무도 있고}2

정월 보름날{정월 보름날}

죄선 사람이{조선 사람이}2

진셔르 다 읽구서{진서를 다 읽고서}3

교사질 하구{교사직을 하고}3

ㅈ의 탈락

내 낭그 길거개구 낭그해 땠으니{내가 나무를 길러가지고 땔나무를 해서 땠으니}6

ㅊ 〉ㅅ

누스드 티구{윷도 치고}1

ㅊ 〉ㅈ

꼬즈 그링거요{꽃을 그린 것이요.}3

ㅊ 〉ㄲ

유꾸느 지금 아이하오{윷은 지금 안 하오.}3

ㅋ 〉ㅆ

즈끔 석유르 대수이 썼스{지금 대다수가 석유등을 켰소.}6

것뚜 즈끔 따 써구 불이 집집이…{그것도 지금은 다 켜고 불이 집집이…}6

경게다 등으 잡아 썼지우{거기다 등을 잡아매어 켰소.}6

ㅌ 〉ㅂ

겹방: 떡 드러서니{곁방을 떡 들어서니}1

ㅉ 〉ㄸ

어띠 가겠소?{어찌 가겠소?}3

어띠든디{어찌하든지}1

어때서 일찍이 가므다가{어째서 일찍이 가물다가}7

팔목으 제 손으로 떡구{팔목을 제 손으로 찍고}2

· 〉ㅏ

그래 두 마르 메워서 갈지{그래 말 두 마리를 메워서 갈지.}2

맏아들{맏아들}
야라가지 일으 하자니 그때 보구사{여러 가지 일을 하자니 그때보다야}6
처암에는{처음에는}3

ㅏ 〉 ㅡ

바름이 순풍이믄{바람이 순풍이면}7

· 〉 ㅡ

바름 돌개바름{바람, 회오리바람}2
야듭살{여덟 살}3
흘글루 맨든다구 합디다{흙으로 만든다고 합디다.}8
바름이 많이 셌소{바람이 매우 셌소.}6

· 〉 ㄴ

노나서 도투괴기두 갖다 먹구{돼지고기도 나누어서 가져다 먹고}2

ㅏ 〉 ㅓ

시월덜에{시월달에}1
서떨이 그믐{섣달그믐}1
이 덜에 두 덜시우{이 달까지 두 달 쉬오.}

· 〉 ㅓ

동지 서떨 서너 덜이 무세이 칩소.{동지섣달 서너 달이 무섭게 춥소.}2
자꾸 니저 데 노니까{자꾸 잊어지니까}8

ㅏ 〉 ㅑ

샤□ 히믄 십륙 대오{□□로 말하면 16대요.}1
목챠 목챠 하면서{□□ □□ 하면서}1
렬차 나딘디{열차가 나온 지}1
제사 디내기만 하믄{제사를 지내기만 하면}1

ㅏ 〉 ㄴ

즉석에 점은게로믄 엑스광선{젊은 사람이라면 즉석에 엑스광선}1

ㅏ〉ㅣ

감지 많이 심쏘{감자를 많이 심소.}8

ㅏ〉ㅐ

스즙갈 때 가매르 타고 갔쓰{시집갈 때 가마를 타고 갔소.}6

두째 손재 간평이라는데 갔소{둘째손자가 간평이라는 데를 갔소.}3

즈끔은 아매 삼십호 되는 거{지금은 아마 30 호 되는 거}6

혼새르 했디{혼사를 치렀지.}6

갠년에 버들이{지난해에 버들이}6

시잭이 되노니{시작이 되니}6

ㅏ〉ㅐ

항새리{항아리}2

증편두 맨들어 먹구{증편도 만들어 먹고}2

냄편이 상문 나서{남편이 □□ 나서}2

그때 냉기 성했소{그때 나무가 성했소.}3

검정 처매{검정치마}3

치매 져고리 닙구사{치마, 저고리를 입고야}6

그 님이 오늘 약으 먹다나니{그 □이 오늘 약을 먹다보니}7

맴이사 맴이 틀려 그렇겠소{마음이야 마음이 틀려 그렇겠소.}1

버셔 우리 사램이 생기느{벌써 우리 사람이 생기는}1

처매 띤 식구들이{치마를 두른 식구들이}

기나 대이맨 받디 못봤소{지나다니면서 봤지 왜 못 봤소.}5

거기 손에 너이 둘째 손재{거기 손녀가 넷, 둘째손자}7

ㅏ〉ㅐ

기재~ 이터루 싱구무{기장을 이틀을 심으면}4

기재 밥이라구{기장밥이라고}1

ㅏ~

셔다~:이 이 두예 돌라가서{서당이 이 뒤로 돌아가서}

ㅏ 〉 ㅑ:

조합마다: 나가서{협동조합 마당에 나가서}1

겹바: 떡 들어서니{곁방에 떡 들어서니}1

우리 아:보다{우리 아이보다}1

거저 디바: 벼원에{그저 지방 병원에}1

우리 아: 때부터 □□꼴 □□’골 하루만{우리 아이 때부터 □□골 □□골 하루만}1

나:ㅁ 무서바서{남이 무서워서}1

길이사 일본아:덜이{길이야 일본 사람들이}1

따: 두주면서 싹 먹지{땅을 뒤지면서 싹 먹지.}2

대자:깐{대장간}2

정말: 해방으 만났디{정말 해방을 맞았지.}2

우리 아: 때 구경했소만{우리가 아이 때 구경했지만}6

ㅏ 〉 제로

이터루 생각쿠 있겠는데{이틀을 생각하고 있겠는데}1

ㅑ 〉 ㅒ

싱내이라능게{승냥이라는 게}6

ㅓ 〉 ㅏ

여라 가지 모두 묻소{여러 가지를 모두 묻소.}1

야라 분이 오셨스{여러 분이 오셨소.}7

이름이 야라 가지우{이름이 여러 가지오.}2

그리기 차음부터 봤어야지{그러기에 처음부터 봤어야지.}2

야라 곧이 많씀{여러 곳으로 많아요.}2

글쎄 그랍데{글쎄, 그러데요.}8

ㅡ 〉 ㅏ

예 예 구월 초사할날{예 예, 구월 초사흘 날.}1

치암 실시에 우리두{처음 실시에 우리도}4

치암에 낭그한단씩 지구{처음에 나무 한 단씩 지고}1

ㅓ＞ㅕ

우리 션대 몇 대르: 개척집디.{우리 선대가 몇 대를 (살아온) 개척지지요.}1

내 셩급하긴 무상 셩급하오{내가 성급하기는 무상(누구보다) 성급하오.}1

버서 우리 사램이 생기느 방법두{벌써 우리 사람이 생기는 방법도}1

내 허물으 내 입으르서 솔디기 말했다{내 허물을 내 입으로 솔직히 말했다.}1

인심은 되셕 변이라{인심은 조석(朝夕) 변이라.}1

상거비 가튼 사셜{□□□□ □ □□}1

두엄 내구 한식을 새구{두엄을 내고 한식을 쇠고}4

한 정보므: 삼천평인데{한 정보면 삼천 평인데}5

다른 디방에 간다는게 셔울구경{다른 지방에 간다는 것이 서울구경}7

텰도에 집에 있다 가서는{집에 있다가는 철도에}7

대단히 숙셩들 하셋수{대단히 숙성들 하셨소.}7

오셩근이라구{오성근이라고}2

신져는 다 읽구서{신전(新傳)은 다 읽고서}3

뎌 길이가 병술 년에 처암 있는데{저 길이 병술 년에 처음 생겼는데}3

셔다:이 우에 올라가서{서당이 위쪽으로 올라가서}3

완셔:이 되면서{완성이 되면서}6

치매 져고리 닙구사{치마, 저고리를 입고야}8

집텨리 짓고{집처럼 짓고}8

그건 션생네 유고 비요{그건 선생의 유고비요.}8

ㅓ＞ㅡ

그르티 뭐{그렇지 뭐.}1

망근이랑거 있스간{망건이라는 게 있으니까}12

아브님네 삼 형뎨요{아버님네 삼 형제요.}13

그릇디 앵기{그렇지 않은 게}13

슬큰 얘기를 하는데…{실컷 얘기를 하는데…}15

설혼 야듭인멘두{서른여덟이면서도}

ㅓ > ㅣ

그리기 차음부터 봤어야지{그러기에 처음부터 봤어야지.}2

명실(명절)이 취석 단우…{명절이 추석, 단오…}8

아니 그가 그리기 전 내 사실 말하문{아니, 그가 그러기 전의 일들을 내가
사실대로 말하면}1

치엄이요.{처음이요.}1

ㅓ > ㅔ

세귀르: 멫십년{석유를 몇 십 년}1

세귀가 까스{석유와 가스}1

취세기 다른건{추석이 다른 건}1

젠넨에 소련사람들이{작년에 소련 사람들이}2

지금 취섹에{지금 추석에}6

ㅓ > ㅟ

심귀서 한 삼년씩먹구{심어서 한 삼년씩 먹고}4

탁쑵워서{딱 써서}5

ㅓ > ㅏ

저낙 식사르: 하다가{저녁 식사를 하다가}1

동생 보라 오신 것두 아니구{동생을 보러 오신 것도 아니고}1

ㅓ > ㅑ

□□□ 얄두 □□{□□□ 열두 □□}4

야든야들빈지?{여든 여덟인지?}4

야라분 오셨스{여러분 오셨소.}7

베르 얄 석돈 꺼리{벼를 열석 톤 미만}7

이름이 야라가지우{이름이 여러 가지요.}2

야라 곧이 말쓤{여러 곳의 말씀}2

야듭살…{여덟 살…}2

야라가지 일을 하자니 그때보구사 바뿌우{여러 가지 일을 하자니 그때보다야 바쁘오.}6

잡낭기 야라가지{잡나무가 여러 가지}6

야라 종이 갈리었지{여러 종으로 갈리었지.}6

ㅕ 〉 ㅓ

몇대오?{몇 세대요?}1

한 조합이 인젠 몇 백호요 협동이 되면서{한 조합이 이젠 몇 백호요, 협동조합이 되면서.}2

ㅕ 〉 ㅜ

아니 그가 그리기전 내 사실 말하문{아니, 그가 그러기 전의 일들을 내가 사실대로 말하면}1

샤□하문 십륙때오{□□하면 십육 대(代)요.}1

해령서 떠나문 멩게거등{회령서 떠나면 명계거든.}1

ㅕ 〉 ㅡ(ㅡ:)

즉석에 점은게로믄 엑스광선{젊은 사람이라면 즉석에 엑스광선}1

아니 이거떼자므: 어지 가믄 떼긴 떼오{아니, 이것을 떼자면 어지간하면 떼긴 떼오.}1

한 덩보므: 삼천 평인데{한 정보(町步)면 삼천 평인데}5

네기 듣자므: {애기를 듣자면}5

구부므: 어찌라구(줄면 어찌라고){줄면 어쩌라고}5

느브므:(누으면){누우면}5

눅노르 걸어 들어가믄{육로로 걸어 들어가면}7

ㅕ 〉 ㅣ

하브차 체니르 늘겠소{혼자 처녀로 늙겠소.}2

ㅕ > ㅔ

보다븐 게르 올려서…{보드라운 겨를 올려서…}2

셍멩이{성명이}2

술기 게구 댕기는 길{수레가 겨우 다니는 길}2

냄펜이 상문 나서{남편이 □□ 나서}2

베는 약깐 있었소{벼는 약간 있었소.}3

개척이 된디 몇백넨이디{개척된 지 몇 백 년이지.}3

즈끔보구 헴멩티 못했디{지금보다 현명치 못했지.}6

거기손네 너이 둘재손재{거기 손녀 넷, 둘째손자}7

베르 얄석 돈꺼리{벼를 열석 톤 미만}7

베르 못 싱거스꺼니(벼를 못 심구었다){벼를 못 심었습니다.}1

게그 바그트르(겨우 바깥으로)1

다 넨치들 얼마?{다들 연세가 얼마요?}1

세귀르: 몏십넌{석유를 몇 십 년}1

벨 문제 없디{별 문제 없지.}1

렐챠 나딘디{열차가 나온 지}1

헹펜이 없소{형편없소.}5

모두 게:구 살아 가능거{모두 겨우 살아가는 것}6

ㅕ > ㅓ

그때 서:하지(성하지) 못했소{그때 성하지 못했소.}3

ㅗ > ㅓ

허미라구 없소{호미라고 없소.}2

ㅗ > ㅛ

□□□□손이라{□□□□ 손이라}1

쇼윤두 준건 떼운것{소를 임소 준건 떼인 것}1

됴컴만느:{좋건마는}5

ㄴ 〉ㅜ

여러 가지루 안심두 시키고 형님도 보고{여러 가지로 안심도 시키고 형님도 보고}1

죽어두 국가 시책으: 하자구{죽어도 국가 시책을 관철하자고}1

나두 지금{나도 지금}1

여기 즈끔으느 지시대루 심우다 나니{여기 지금은 (상급의) 지시대로 심다보니}5

절루□□는 쉬(수)두 다 있구{저절로 □□는 수도 다 있고}3

풍죽한데 세간살인{풍족한데 살림살이는}6

일분 사람들 처암 와서{일본 사람들이 처음 와서}6

단우{단오}8

ㄴ 〉ㅡ

게그 바그트르(겨우 바깥으로)1

가르 누붜 떨어졌는둥 앉아 떨어졌는둥(가로 누어 떨어 졌는지…){가로 누워 떨어졌는지 앉아 떨어졌는지}1

맘으르사 모타니{마음으로야 못하니}1

눅로르 걸어 들어가믄{육로로 걸어 들어가면}7

ㄴ 〉ㅣ

오월 단이{오월 단오}2

우리 자랄때사 단인날이므사{우리 자랄 때야 단오 날이면}6

ㄴ 〉ㅔ

단에 날에는 모다서{단오 날에는 모여서}6

ㄴ 〉ㅚ

노나서 도투괴기두 갔다 먹구{돼지고기도 나누어 가져다 먹고}2

죄선 사람들이…{조선 사람들이…}2

쇠{소}2

되선 사람들이 다 했다{조선 사람들이 다 했다.}3

튜향던이라등가 쇠셸은 언세르 썼소{춘향전이라던가 하는 소설은 언서(諺書)로 썼소.}3

□□ 쇠식이 없슴둥?{□□ 소식이 없습니까?}6

쇠시쩍부터 □ 사람이요{소싯적부터 아는 사람이요.}8

쇠두 데격 잡아먹구{소도 재깍 잡아먹고}1

인심은 되셕 변이라{인심은 조석(朝夕) 변이라.}1

여기 기후에 맞는 건 쇠전자라니 뿐이요.{여기 기후에 맞는 건 □□□□□ 뿐이오.}4

쇠 대소 다르니까{소는 대소가 다르니까}4

쇠벤이 마라븐거{소변이 마려운 거}7

내래와샤 □이겠는데 쇠르 볼수업서서{□□□□ □이겠는데 소를 볼 수 없어서}7

괴사리두 있구{고사리도 있고}7

□□에 쇠리르 나간데두{□□에 □□르 나간다고 해도}7

왼성 자주 댕기지 못했소{온성을 자주 다니지 못했소.}7

썩 멀리르 못 뫼시우{썩 멀리까지 못 모시오.}7

쇠게 붙는게 노루게발생이 되는데…그럼 놀가지{소에게 붙는 게 노루의 몸에서 발생되는데…그럼 노루}7

ㅗ 〉 ㅚ

ㄷᆞ티 않게 변해서{좋지 않게 변해서}1

ㅛ 〉 ㅗ

멎 대오?{몇 대요?}1

샤글 하믄 십륙대오{□□하면 십육 대(代)요.}1

ㅗ 〉 ㅗ

고:미두 있구{곰도 있고}

ㅜ > ㅏ

신바람이나 시키니{심부름이나 시키니}1

사령이 웃사람 신바람하구{사령(使令)이 윗사람 심부름하고}6

ㅜ > ㅗ

영골 자꾸 하겠는데{연구를 자꾸 하겠는데}1

ㅗ > ㅛ

세종대왕이{세종대왕이}3

낙엽숑이 번성이 되서{낙엽송이 번성해서}6

숄 돌가 잡아서{소를 돌아가며 잡아서}8

ㅜ > ㅛ

복숑아 있구{복숭아가 있고}3

ㅜ > ㅠ

우리 듕년쯔므: □□□ □□…{우리 중년쯤은 □□□ □□…}1

듕국 사람 □□ 업다구{중국 사람 □□ 없다고}1

ㅜ > ㅣ

동지 서덜이 무세이 칩소{동지섣달이 무섭게 춥소.}2

치석때는 떡을 하고{추석 때는 떡을 하고}3

ㅑ > ㅒ

싱내이두 있구{승냥이도 있고}2

ㅓ > ㅔ

하브차 그냐: 체니루 늘겄스{혼자 그냥 처녀로 늙었소.}2

팔얼 취섹이라구{팔월 추석이라고}2

그겨 뿌레 데지구서 기슴 맸디{그저 씨를 뿌리고(산종을 하고) 김을 맸지.}3

사젝이 있스{사적이 있소.}3

김종세: 눅진으 개척했디{김종서(金宗瑞)가 육진을 개척했지.}3

섹유 켜라{석유등을 켜라.}3

즈끔 섹유르 대수이 썼쓰{지금(까지) 대다수가 석유등을 켰소.}6

체니(천)라는게 귀해{천이라는 게 귀해}6

셸비{설비}6

ㅜ 〉ㅟ

갈쉬 있소?{갈수 있소?}2

팔얼 취섹이라구{팔월 추석이라고}2

녹뒤{녹두}2

멀귀{머루}3

장:쉬: 칠인이 나갔스{장수 일곱 명이 나갔소.}3

힘을 써주실 수 있겠스?{힘써주실 수 있겠소?}3

발귀에다 두 우리르해서{발구에다 밑동부리를 해서}1

취세기라는 건{추석이라는 건}1

식귀는 십예멩이우{식구는 십여 명이요.}7

그분은 쥐씨우{그분은 주 씨요.}7

멀귀라는거두{머루라는 것도}7

진쥐라는 거루{진주라는 것으로}7

취섹 명절에{추석 명절에}7

옥쉬끼 잘되는지{옥수수가 잘되는지}7

절루 알기는 쉬두 다 있구{저절로 알리는 수도 다 있고}3

푸진 거 밥쉬끼 있구{찰진 수수가 있고}3

쉬뎅(수렁)이에 있었수다{수렁에 있었소.}8

멀구이나 돌'배가 혹 있고{머루나 돌배가 간혹 있고}8

취비?{추위?}8

취섹{추석}8

하는 쉬 있는데{하는 수가 있는데}8

지금 취섹에{지금 추석에}6

밥쉬끼 있구⋯{수수 있고⋯}3

글이라구 닐을 쉬 있소?{글이라고 읽을 수 있소?}3

장쉬 닐굽으{장수 일곱을}3

두 섬 난다구 할 쉬 있소{두 섬 난다고 할 수 있소.}6

ㅜ 〉 ㅜ:

배에 앉아서 바당무: 건너 가구{배에 앉아서 바다를 건너가고}2

ㅡ 〉 ㅓ

일꾼덜 일으: 잘해서{일꾼들이 일을 잘해서}1

거저 디바: 벼~원에{그저 지방 병원에}1

남뎡덜이 어띠믄{남성들이 어쩌면}1

젠넨에 소련 사람덜이{작년에 소련 사람들이}7

ㅡ 〉 ㅗ

얼롱(얼른)5

□□에들어서 숄이 짜재기{□□에 들어서 소나무, 자작나무}7

ㅡ 〉 ㅣ

밭으 기냥 갈아 먹다나니{밭을 그냥 갈아 먹다보니}2

싱내이두 있구{승냥이도 있고}2

씨 도티믄 기슴매구{씨앗이 돋아나면 김매고}3

기중 잘 되는 셈이지{기중 잘 되는 셈이지.}3

싱내이라능게{승냥이라는 게}6

임석으 하구{음식을 하고}6

집이 떳떳하드구만{집이 따뜻하더구먼}1

ㅡ 〉 ㅔ

치옘이요{처음이요.}1

ㅡ의 삽입

산 여르매 영기 없습매{산열매가 여기 없어요.}3

□□’□□ □□ □□ □□□
여기 즈끔으는 심으다나니{여기 지금은 심다보니}5
어떤 분으는 녯날녜기르{어떤 분은 옛날이야기를}7

ㅡ 〉 제로

떡 이렇게 되노:니{떡 이렇게 되니까}1

ㅡ의 탈락

그 마:르(마을)에 셔다:(서당)이 있었음매{그 마을에 서당이 있었어요.}3
마:르이 어떻게{마을이 어떻게}8

ㅡ 〉 ㅡ:

내 허물으: 내놋구{내 허물을 내놓고}1
늘어 나자므:{늘어나자면}5
됴컴마느:{좋건마는}5
그래 쇠르: 엄마간 하다가(그래 새나무를 얼마간 하다가)1
일꾼덜 일으: 잘해서{일군들이 일을 잘해서}1
국가 시책으: 하자구{국가 시책을 관철하자고}1
우리 선대: 몇대르: 개척집디{우리 선대가 몇 대를 (살아온) 개척지지요.}1
우리 둥년 쯔므: 계셈면 해면 그래오던게{우리 중년 쯤 □□□□□ 그래오던 게}1
버셔 우리 사램이 생기느: 방법두{벌써 우리 사람이 생기는 방법도}1
그 언약으: 뻣디못…{그 언약을 저버리지 못…}1

ㅣ 〉 ㅓ

검정 처매{검정 치마}3
상 음석이요{상 음식이요}
곡석으 귀하게…{곡식을 귀하게…}
처매 저고리 니부자리{치마, 저고리, 이부자리}8
임석으 하구{음식을 장만하고}6
체네는 붉은 처매{처녀는 붉은 치마}6

ㅣ〉ㅕ

일찌기 나는 곡셕이요…{일찍 나는 곡식이요…}8

아주 거 곡셕이…{아주 그 곡식이…}8

ㅣ〉ㅜ

따: 두주면서 싹 먹지{땅을 뒤지면서 싹 먹지.}2

짜재기 사수나무두 있구…{자작나무, 사시나무도 있고…}8

ㅣ〉ㅡ

즈끔 그계 많이 발달…{지금 기계가 많이 발달…}2

즈끔 영계{지금 여기}6

한 습 여호{한 십여 호}6

모스는 여기서 안 해서{모시는 여기서 안 해서}8

즈끔두 있지{지금도 있지}2

즈끔 와서사{지금 와서야}2

즈끔 그계 많이 발달…{지금 기계가 많이 발달…}2

사스이{사시나무}3

즈끔 영겐 한 가지…{지금 여기에는 한 가지…}6

즘승이 있긴 있어두 흔트는 애이우{짐승이 있기는 있어도 흔치는 않소.}6

놀기 슬여(싫다) 하오{놀기 싫어하오.}6

색가르 그 높으:데서(새가리, 나무쌘더미){그 높은 나뭇가리에서}1

나 거즙뿌린 하기 됴와 안하오{나는 거짓말을 하기 안 좋아하오.}1

이쟈샤 한 이슴넨 될 거구{이제야 한 20년 될 거고}1

ㅣ〉ㅟ

모귀 기찹네{모기가 몹시 심해요.}1

술귀(술기){수레}2

온 쉭구 그저 다 납니다{온 식구가 그저 다 납니다.}2

사쉬두 있소{사시나무도 있소.}3

솔냉기, 짜재기, 사쉬랑 만쓰{소나무, 자작나무, 사시나무랑 많소.}6

ㅣ의 탈락

혼자 안다니오 무르 져서 다니오{홀로 안 다니오, 무리를 지어서 다니오.}5

ㅐ > ㅏ

따리두 헴이 있능가?(때려도 헴이…){때려도 셈이 드는가?}1

오랐소{오랬소.}5

오랐소, 인저는{오랬소, 이제는.}5

고상, 고상 했소{고생, 고생을 했소.}5

처암에 고상하다 페우는 법인데…{처음에 고생하다가 (나중에는) 펴이는 법인데…}6

ㅐ > ㅚ

그래 쇠르: 엄마간 하다가{그래 새나무를 얼마간 하다가}1

생진이라구다 쇠주지 안쑤{생신이라고 다 쇄주지 않소.}7

ㅚ > ㅐ

왜 샹으르 아흐래 이 셨소{외상으로 아흐레 있었소.}1

할날 앞어 쉤다구{하루를 앞서 쇠었다고.}1

ㅐ > ㅐ:

기묘 새:요{기묘년(己卯年) 생이요.}1

강내: 두 섬으로{옥수수 두 섬으로}4

ㅐ

기재이두 심으구{기장도 심고}2

보이 벌거채이요{보가 벌겋지 않아요.}3

처 만태입니다 지금 것디 머{그리 많지 않습니다. 지금 같지 뭐.}3

기재이라구두 있었쓰{기장이라고도 있었소.}3

것뚜 즈끔 다 써구 불이 집집이 오재이요{그것도 지금 다 켜고 집집마다 불이오지 않아요?}1

ㅔ 〉 ㅑ

이쟈샤 한 이습녠 된 거구{이제야 한 이십년 된 것이고}1

ㅔ 〉 ㅓ

오랐소 인저는{오랬소, 이제는.}5

ㅔ 〉 ㅐ

과연 배틀 보구서{과연 베틀을 보고서}1

매되지 □□□ □□ □□□{멧돼지 □□□ □□ □□□.}1

매도튀 옌날엔 없었소{멧돼지가 옛날에는 없었소.}1

옛날에사 배 주간이였지{옛날에야 베가 주로였지.}6

ㅔ 〉 ㅖ

제샤 지내기만 하믄{제사를 지내기만 하면}1

졔 허물이 아는 사람이{제 허물을 아는 사람이}1

셰종대왕이{세종대왕이}3

ㅔ 〉 ㅔ

어떤분으는 넷날 네기를{어떤 분은 옛날이야기를}7

ㅘ 〉 ㅏ

세귀가 가스{석유와 가스}1

ㅘ 〉 ㅙ

슈홱두 더 나구{수확도 더 나고}6

ㅚ의 발음

회이 마당{회의마다}10

ㅚ 〉 ㅗ

우리집에서 호의를 하는데…{우리 집에서 회의를 하는데…}17

ㅚ 〉 ㅐ

해영서 떠나가문 멩계거등{회령서 떠나가면 명계거든}1

새다리 르서 척척 내려서{쇠다리(철교)로 척척 내려서}7

매밀{메밀}2

고해당(공회당)에 가셔 혼새르 하구{공회당(公會堂)에 가서 혼사를 치르고}15

ㅚ 〉 ㅐ

여기큰 시가디 홰:령이였스{여기의 큰 시가지가 회령이었소.}3

쉐:느 귀낭 부려 먹는겐데{소는 그냥 부려먹는 건데}3

ㅜ 〉 ㅓ

멋 됴케스꼬{무엇이 좋겠어요.}1

시얼달두 비 올 때 이스꺼니{시월 달에도 비가 오는 경우가 있습니다.}1

팔얼 취섹이라구{팔월 추석이라고}2

ㅢ의 출현

흰색이요 희디{흰색이요, 희지.}3

긔차르?{기차를?}3

즈끔 댕기는 긔차지{지금 다니는 기차지.}6

한의{한의}6

흰거지 흰 헝거츠{흰 것이지, 흰 천을.}6

긔계라고 못 봤스{기계라고 못 봤소.}6

희기루 그저 옥양목이디요{희기로 그저 옥양목이지요.}

아주 희디요{아주 희지요.}8

남희경(인명)이라구 있수다{남희경이라고 하는 사람이 있소.}8

긔차르 봤디오.{기차를 봤지요.}8

총긔 대단하오{총기가 대단하오.}4

한의꺼정{한의까지}5

한의사, 여기 니엔 한의 없음{한의사, 이 이(里)에는 한의가 없어요.}7

긔차를 몰구 다니능거{기차를 몰고 다니는 거}7

ㅢ 〉 ㅡ

으사{의사}6

ㅓ 〉 ㅣ

회이가 □□ □ 았데{회의가□□ □ 았데.}1
사람이 힘으르{사람의 힘으로}4
이날 이복이우{이날 (입을) 의복이요.}7
이원{의원}6

^{제4장} # 함경북도 온성군

4.1. 심청리

과거 지명: 함경북도 온성군 온성면 심미동(깊은너비).

지대의 특성: 철도역(온성역)에서 10리 가량 떨어진 곳이다. 협동조합 마을, 초중이 있고 전기가 들어왔다.

대상자 명단

번호	지대	성명	성별	년령	지식정도	경력
6	심청리	지춘심	남	67	문맹	토배기다.(입북 14대라고 한다) 손자와 손녀가 대학과 만경대 학원에서 공부한다. 인민군 전사자 가족이다. 본인은 문맹자다. 다른 곳에 가본 일이 없다.
7	심청리	김성녀	녀	65	문맹	이곳 태생이다. 다른 곳에서 산 일이 있다. 문맹자다. 농사를 한다.
8	심청리	최귀녀	녀	43	국해	이곳 태생이다. 인민군 전사자 가족이다. 아들과 딸이 만경대학원과 김대에서 공부한다. 당원이다. 국문을 해득한다.
9	심청리	김시연	남	56	문맹	이곳 태생이다. 문맹자다. 현재 팔 부상으로 휴식하고 있다. 다른 곳에서 산 일이 없다.

번호	지대	성명	성별	년령	지식정도	경력
10	심청리	김춘자	녀	53		관리 위원장의 처. 지금까지 온성군 풍서리에서 살다가 몇 달 전에 이곳으로 옴. 다른 곳에 더 가본 일이 없다.

[어휘]

가지(가지) *뎌른거 두가지 피엇스꾸마{짧은 게 두 가지 피었습니다.}10

가슴(가슴)9

가지(가지) {茄子}6

간장(간장) *간장이 상촌에 있음둥?{간장이 상촌에 있습니까?}10

가치(까치) *가치 우러서 누귀 오겟나?{까치가 우는 걸 보니 누가 오겠
　　　나?}7

가무기(갈가마귀) {갈까마귀) *가무기라구 이 걸레 바우에{갈까마귀라고
　　　이 근래 바위에}6

가마구(가마귀) {까마귀} *가마구두 만티?{까마귀도 많지?}

기듀이(기둥)9

감쥐(감주) *감쥐가 수척{감주가 □□}
　　　감쥐를 해노믄 참 됴쇼{감주(단술)를 해놓으면 참 좋소.}6

강지(안그미) {앙금} *강지만 가라 안씀메{앙금만 가라앉아요.}6

가매(솥) *가매 넣구{가마솥에 넣고}
　　　가매 조그마믄 □□□…{가마솥이 조그마하면 □□□}7

가매(가마) *새:기 가매 타구 가디{신부가 가마를 타고 가지.}6
　　　가매 타는 안간두 있구{가마를 타는 신부도 있고}6

가두기(참나무)

재리지(참나무)

참낭구(참나무)

참냉기(참나무) *참냉기 여기서 재래지라 하우{참나무를 여기서 재래지라하오.}

참냉기랑거 여기서 가두기라 하우{참나무를 여기서 가두기라고 하오.}6

가을(가을) *가을엔 빠르오 해가 따르구{가을에는 빠르오, 해가 짧고.}

가슬(가을) *가스레 가서 무다니{가을에 가서 물다보니}10

가초다(가추다) {갖추다} *제 도굴싹 가촤가지구{자기가 쓸 도구를 싹 갖춰가지고}8

가차븐(가까운) *백두산이 더 가차븐게{백두산이 더 가까운 게}6

가리다(고루다) {고르다} *가린 데두 잇을 게요{고른 데도 있을 거요.}6

가마스(가마니) *가마스 둘 짜구 떠났소{가마니를 두 장 짜고 떠났소.}9

가마니(가마니) *겨울 방학이문 가마니를 짜네{겨울 방학이면 가마니를 짜네.}7

가슴(가슴) *가슴 아픈 자식이 나가서{가슴을 아프게 하는 자식이 나가서}8

감재(감자) *감재움 떼니 썩엇드라우{감자 움을 열어보니 썩었더라오.}10

가물(가물) *가므니 가물 타갔소{가무니 가물 타겠소.}6

강차위(가래, 삽)

호무(호미)

쇠곽지(쇠스레, 곽지) {쇠스랑, 괭이}

갓신(갓신) {갓신} *갓신이라구{갓신이라고}6

갈구(가루) *갈구죽을 많이 먹엇다{풀떼기를 많이 먹었다.}6

쌀 갈기 받아 가지구{쌀가루를 받아 가지고}6

가굴(개울) *뎌기 뎌 가구레 그리 많소{저기 저 개울에 그렇게 많소.}10
　　　가굴물에 있던지…{개울물에 있든지…}

가리(갈비) *가릴 못 먹습네{갈비를 못 먹어요.}6

가옷(겉옷) {겉옷} *됴흔 가옷을 네 다슷불 입엇디{좋은 겉옷을 네댓 벌
　　　입었지.}6

갇(갓) *가드 쓰고 가디만{갓을 쓰고 가지만}6

거푸(련이어) {연이어} *거푸 열매를 못 타{거푸 열매를 못 타}6

거사(거야) *나 갇든 거사 베이 나서{내 같은 사람이야 병이 나서}6

거주기(겉) *거주기는 교복이라능거{겉옷은 교복이라는 거}8

거더내다(걷어내다) *이거 다 거더내구{이걸 다 걷어내고}7

겅기(거기) *겅겔 낭구하네 갔다가…{거기를 나무하러 갔다가…}8

정게(거기) *정겐 논판에 많습니{거기는 논판이 많아요.}6

경심(점심) *경심 먹구서{점심을 먹고서}7

겨울(겨울) *겨울 서너달이야 어디나 안 칩겠소{겨울 서너 달이야 어딘들
　　　안 춥겠소.}7

고치장(고추장) *아따 장도 고치장 빚일세{아따 장도 고추장 빚일세.}8

고내(고양이) *고내:랑게 쥐:밟아다…{고양이란 게 쥐를 밟아다…}10

고냐(고양이) *고냐 있구 기차우{고양이가 있고 기가 막히오.}7

고도에(고등어) *고도에 같은 거 참 마싯소{고등어 같은 거 참 맛있소.}6

곧(곳) *자강도두 거 치븐 고디디{자강도도 그 추운 곳이지.}6

고븐(고운) *참 고밧소{참 고왔소.}6

　　　고반 메투릴 삼아 신엇소.{고운 미투리를 삼아 신었소.}6

고도리, 고돌뻬(복숭아뼈) {복사뼈}6

고게(그것이) *고게 또 됴:은 바늘이 애이?{그것이 또 좋은 바늘이 아니
　　　오?}7

곱새, 등곱짜이(곱사등이)9

고치(고추) *한 집이 고치 여라문 포대씩…{한 집에 고추를 여남은 포대
　　씩…}6

고초(고추)

곡석(곡식) *곡석이 안되는 곡석이 없소{곡식이 안 되는 곡식이 없소.}6

국시(국수) *국시 놓수꼬니{국수를 놓습니다.}7

구세(굴뚝) *구세 어때 관계 없겠소?{굴뚝이 어찌 관계없겠소?}6

구름까래(나무노전) {귀퉁나무 오리로 엮어서 만든 깔개}

구름노제미(나무노전) {귀퉁나무 오리로 엮어서 만든 깔개}

편재(나무노전) {갈잎이나 조짚, 수숫대 또는 귀룽나무 오리 따위를 겯어
　　서 만든 깔개}

구이하다(귀하다) *냉기 구이 하다우{나무가 귀하다오.}

굽다(굽다) *던기에 구버 먹누라구{전기에 구워먹느라고}9

구냐:(구멍) *쥐구냐: 뚤버서{쥐가 구멍을 뚫어서}7

궁기(구멍) *궁기에 잘구놔서{구멍에 자루를 놓아서}9

구밀(귀밀) {귀리} *구미레다셔 감재 낳아먹구{귀리에다 감자를 놓아먹
　　고}7

구이, 구따기(귀)9

쉐미(수염)9

넴(수염) 9

주랑모디(목뼈)9

셰(혀)9

쑥구매(쑥구멍) {숫구멍}

쑥궁기(쑥구멍) {숫구멍}

군일(큰일, 대사) *그런 군일이 어디 있소?{그런 큰일이 어디 있겠소?}6

끝(끝) *그티 부러딘 카르는{끝이 부러진 칼은}7

그럭게(재작년) *그럭겐 그르케 됫소{재작년에는 그렇게 됐소.}7

근래(최근) *이 글래 자주 흉년드니 그르티{최근에 자주 흉년이 드니 그
렇지.}6

긍게(거기) *긍게르 무슨 공사이르 하는데 가서{무슨 공사 일을 하는데
거기를 가서}7

그르다(그르다, 나쁘다) *마시 그른 고기 없소{맛이 나쁜 고기가 없소.}6

그쩍에(그때에) *그쩍에 순옥이 열둘⋯{그때 순옥이 (나이가) 열둘⋯}8

그운(기운) *그우니 없능게{기운이 없는 게}7

기름(기름) *그전에 기름 짰디 머{그전에 기름을 짰지 뭐.}6

김치(김치)6

배채저름(김치) (김 씨네 집에서)6

오가리(오가리)6

우거리(오가리) (오 씨네 집에서)6

길다(길다) *쉐미 기다란 고기 돌중게라 하우{수염이 긴 고기를 종개라
하오.}6

기나다(지나다) *겨울에 기난 때{지난겨울에}6
　　　　제살 기내구{제사를 지내고}6

기슴(김) *너름 방학이문 기슴 매네{여름방학이면 김을 매네.}7

개보이(대들보)9

개(개) *환갑 지비셔 갤 잡았다우{환갑집에서 개를 잡았다오.}7

개구(가지구) {가지고} *약담배두 개구 가구{아편도 가지고 가고}

갱벤(강변) *갱변에 냉기 흔해{강변에 나무가 흔해}9

개미(감) 6

곡개미(곧감, 건시) {곶감, 건시} *곡개미 더러 두르오디{곶감이 더러 들

어오지.}6

게구(겨우) *거기서 채□ 게구 파라서{거기서 채□ 겨우 팔아서}9

계(겨) *어꺼때 쌀보구 겐 그리 없구만{먼저 번 쌀보다 겨가 그리 없구면}7

괴기(고기) *나쁘긴 괴기 먹는게 배부르디{나쁘기는, 고기를 먹는 게 배부르지.}9

과실(과일) *과실이 없디{과일이 없지.}6

과줄(과줄) *과줄 하구 집에서{집에서 과줄을 하고}6

괘우다(발효시키다) *석달이나 넉다:르 괘와서{석 달이나 넉 달을 발효시켜서}6

귀먹떼(귀먹어리) {귀머거리}7

궤짝(궤짝) *저런 궤짜그 짜놓구{저런 궤짝을 짜놓고}10

나그네(주인, 남편) *나그네 갈 새 없어 그래디{남편이 갈 사이 없어 그러지.}10

나그네(손님) *그 집이 나그네 왔슴둥?{그 집에 손님이 왔습니까?}9

낭기(나무)8

냉기(나무) *냉기 흔하구 토지가 없구{나무가 흔하고 토지가 없고}8

낭구(나무) *경겔 낭구하레 갔다가{거기를 나무하러 갔다가}8

날(날) *날 다 무뎄구만{날이 다 무뎠구면}10

나박게(보드러운 쌀게) {보드라운 쌀겨} *그 놈으 조일 띤거 나박게르 섞어서{그놈의 뜬 조를 보드라운 쌀겨를 섞어서}6

납지(낙지) *여기 납지 많소.{여기 낙지 많소.}6

널(판자) *널이 이만 너른게 있으믄 정질 썩 너르게 해놓구{널빤지가 이만큼 너른 게 있으면 부엌을 썩 너르게 해놓고}9

너름(여름) *너름에 돼지…{여름에 돼지…}, 너름 방학이믄 기슴매네{여

름방학이면 김을 매네.}9

너벅지(너비) *너벅지 이래: 너르오{너비가 이렇게 너르오.}6

넬(널) *정월달에 설날은 넬뛰구{정월달의 설날은 널을 뛰고}6

녀름(여름) *왼 녀름에 어띠겠소{한여름에 어찌하겠소.}10

노저리(종달새)5

종달새(종달새)1

노루(노루) *노루, 싱내:이랑 범두 있소{노루, 승냥이랑 범도 있소.}6

노쇠(로쇠) {노쇠} *더 노쇳티 말구 어떻던지 오래 앉아 있으라능게{더
노쇠하지 말고 어떻든지 오래 살아 계시라는 게}6

노친님(늙은이) *노친님이라구 하믄{늙은이라고 하면}9

논(논) *이 두이 말직 논입니{이 뒤로는 죄다 논입니다.}6

누배(누이) *한 호실에 있는 누배란다{한 호실에 있는 누이란다.}7

눈(눈) *눈에 오슬오슬 하우{눈에 삼삼하오.}6

누룩(누룩) *밀 누루그 잡아서…{밀 누룩을 빚어서…}6

눈(눈) *눈이 와서 미끄러서{눈이 와서 미끄러워서}6

니패비(이밥) *니패비랑거 어떤거요?{이밥이라는 게 어떤 거요?}6

닢(잎) *무수닢, 배채닢 시래기…{무 잎, 배추 잎, 시래기…}9

닙하(립하) *닙하 도라 오구사{입하(立夏)가 돌아오고야}9

닙다(입다) *동네 노인덜거 비러 닙구{동네 노인들의 것을 빌러 입고}6

입다(입다) *비단 치매 해 입구{비단치마를 해 입고}5

니야기(이야기) *여기서 니애:기 다 드럿디{여기서 이야기를 다 들었
지.}6

닙성(의복) *닙성이 패가 나디{옷이 판이 나지.}6

니불(이불) *니불 안팍글 보냈노라구{이불 안과 거죽을 보냈노라고}7
색씨 니불 천두 니쿠{색시 이불감도 넣고}7

닐급(일곱) *가덜두 닐급 식솔은 되나{그 애들도 일곱 식솔이 되나}6

낼(래일) {내일} *낼 저낙 올라가갔능가?{내일 저녁에 올라가겠는가?}7

내구리(연기) *내구리 좀 만티{연기가 좀 많지.}6

넨치(년령) {연치, 연세} *저 어미 년친?{저 어머니 연세는?}7

다느(단오)) *다느 날이믄 시름시키구{단오 날이면 씨름시키고}6

다라치(다래이) {다래끼} *다라칠 맹글줄 아는 사람이…{다래끼를 만들 줄 아는 사람이…}9

학술뻬(무릎뼈)9

무릅(무릎)9

신다리(상지) {넓적다리}9

형문(하지) {정강이}9

발목{발목}9

다라(양철버치)9

다마(대마, 삼) *다마라는 거{대마라는 거}6

다슬다(달다) {닳다} *싹 다스라서{싹 닳아서}7

닫다(달리다) *용겔 닫구 동겔 닫구{요기를 달리고 조기를 달리고}8

달(달) *달 마주러 간답디다{달맞이를 간답디다.}6

달비(달비) {다리} *달비 드리거{다리를 드리고}6

담배(담배) *담밸 지쿠 소채: 잇구{담배를 가꾸고, 채소가 있고}8

닭(닭) *도투 잡구 달구 잡능둥{돼지를 잡고 닭을 잡으며}6

더불러(데리러) *학교에서 더불러 와서{학교에서 데리러 와서}7

더깨(뚜껑) *더깨다: 쇠:해 잠그구{뚜껑에다 자물쇠로 잠그고}9

덜(달 月) *한 덜 후에 받었슴?{한 달 후에 받았습니까?}10

덥다(덥다) *더분데는 먼저 쌕이 나와서{더운 데는 먼저 싹이 나와서}7

덧저고리(갓저고리) {갖저고리}9

배지(등거리)9

뎐(田){전, 밭, 밭농사}*뎐으 짖구 할 때{밭농사를 짓고 할 때}8

뎡거장(정거장) *뎡거자이 머디 애임니{정거장이 멀지 않아요.}6

도구(도구) *제 도구 싹 가촤가지구{제 도구를 싹 갖춰가지고}8

도리채(도리깨) *넷날에 도리챌루{옛날에 도리깨로}

도투(돼지) *도투 크게 길러서{돼지를 크게 길러서}6

도끼(도끼) *아바이 도낄 좀 빌레 줍소{할아버지, 도끼를 좀 빌려주십시오.}10

도깨비(도가비) {도개비} *그게 도깨비디 사르민가?{그게 도깨비지 사람인가?}7

도이다(동이다) *꽉 도에 술게 실구 간게{꽉 동이어 수레에 싣고 간 게}9

도애(호박)9

외(오이)9

가두배추(양배추)9

뿌레기(뿌리)9

돌(돌) *도리나 냉기가 그 무거븐 거{돌이나 나무나 그 무거운 거}7

돌라가지구(돌려가면서) {돌아가면서} *이기 상년에 돌라가지구{이게 작년에 돌아가면서}8

돌중게{종개} *쉐:미 기다란 고기 돌중게라 하디{수염이 기다란 고기를 종개라고 하지.}

동갑(동갑) *동갑으 새:ㄴ 한상에 하나씩 다 놓디{동갑의 생일상에 하나씩 다 놓지.}6

동생(동생) *부모두 있구 동생두 있구 하길래 어느 동생 어느 부모 섒다 할 게 없다구{부모도 있고 동생도 있기에 어느 누구도 섒다 할 게 없다고}8

동이(물통재‘양철’) {양철로 만든 물 긷는 통}

　　(물동이 ‘질그릇’){물을 긷는 질그릇}

함지(나무그릇) {함지, 함지박}

오쉬(망 함지) {망을 앉혀놓고 쓰는 큰 함지박}

모랭기(모래이) {함지박}

돝(돼지) *그럼 돝 이때만 기러스믄{그럼, 돼지를 이때껏 길렀으면}7

됴배질(도배질) *안팍을 됴배질해노니{안팎을 도배질해놓으니}9

됴은(좋은) *그래두 됴:은 세월이 아니?{그래도 좋은 세월이 아니요?}8

둉게(저기) *용겔 닫구 둉겔 닫구{여기를 달리고 저기를 달리고}8

두이(뒤) *이 두이 말찍 논입니{이 뒤로 죄다 논입니다.}6

둥구(물독) *이 사람 무슨 둥구 한가득 길러서{이 사람 무슨 물을 물독

　　　한가득 길어서}7

두루옷(두루마기)1

둥도리(작은 용마루)6

둥거리(조끼) {둥거리}9

둥게이(등을 올려놓는 기구) *둥게이라는데 떡 꽂아놓구{등대라는 데 떡

　　　꽂아 놓고}9

디다(지다 落) *해 디믄 뚝 잠그구{해가 지면 (대문을) 꽉 잠그고}6

짚(짚) *짚덜 가지구 가서 새끼 꽈서{짚들을 가지고 가서 새끼를 꽈서}10

대문(대문) *대문을 해디문 뚝 잠그구{해지면 대문을 꽉 잠그고}6

대리(다리) *애고 대리야, 대리야!{아이고 다리야, 다리야!}10

대자(례장) {예장(禮裝)} *우시군이랑게 대자: 드릴 때{상객이 예장함을

　　　드릴 때}6

댕기다(다니다) *신구 댕기지 못하다나니{신고 다니지 못하다보니}9

　　큰집과 작은집 댕기듯 햇디{큰집, 작은집 다니듯 했지.}9

데디다(버리다. 던지다) *그게 데딜 물이요{그게 버릴 물이요.}8

돼지(돼지) *나무 돼지 하나 몰구{남의 돼지를 하나 몰고}9

말(말) *셔바 말 타구 가구{신랑은 말을 타고 가고}6

맏형(맏형) *네째가 맏형이 전사하구{넷째와 맏형이 전사하고}8

말찍(전부) *이 두이 말찍 논입니{이 뒤로 죄다 논입니다.}6

마늘(마늘)6

망치(마치) *망치질 하자문{마치질 하자면}8

말질(마당질) *말질으 무슨 칩기 전에나 하문{마당질을 뭔가 춥기 전에나
　　　　하면}6

머리쓰다(머리 돌다) *큰 머리 쓰구{깊고 넓게 생각하고}6

머우리(개구리) *논판에 머우리 데 죽소{논판의 개구리가 데 죽소.}6

먹다(피우다) *담배를 먹을만 합데{담배를 피울 만하데요.}9

먹다(먹다) *나 먹으믄 죽는 법인데{나이를 먹으면 죽는 법인데.}6

미끌다(미끄럽다) *눈이 와서 미끄러서{눈이 와서 미끄러워서}10

명질(명절) *데일 큰 명질이지{제일 큰 명절이지.}6

모구(모기) 모구밖에 없습니{모기밖에 없어요.}6

몯애비, 몯아바니(백부)9

삼춘(숙부) {삼촌, 숙부}

몯에미(백모)9

몰개미(모래무치)6

모디다(험하다, 툭하다) *이게 모디라 그러우{이게 툭해서 그러오.}9

마감(마지막) *마감에 길으문 또{마지막에 길면 또}9

모세(모래) *모세 실어다 하디{모래를 실어다 하지.}6

모매기(기운) *그래두 모매기 진한게 어디{그래도 기력이 진해 어디}7

모다구(못) *모다구 자자한것이야{못이 잔 것이야}10

목소리(목소리) *목소리 듣구 알겠슴메 야?{목소리 듣고 알겠지요, 예?}8

몯아매(아버지보다 우인 고모 혹은 이모) {아버지 이상인 고모나 이모)9

몰(마을) *집 몰에서두 멀두구만{집이 마을에서도 멀더구먼.}10

문(문) *문이 어드메 있슴둥?{문이 어디에 있습니까?}9

물함반, 쌀함박(함박) {이남박}9

물항아리, 물동이(물독)9

항사리(항아리)9

병사리(병)9

구둘(방바닥)9

무푸레(무푸레) {물푸레나무}*시내: 무푸레{□□ 물푸레나무}10

무디다(무디다) *날 다 무뎄구만{날이 다 무뎠구먼.}10

무거븐(무거운) *도리나 냉기나 그 무거븐 거 {돌이나 나무나 그 무거운
  것}7

무수(무우) *무수닢과 배채, 사탕무꾸 넣서{무 잎과 배추, 사탕무를 넣어
  서}9

믿다(따르다) {믿다} *암만 따라두 남자덜은 못 믿어{암만 따라도 남자들
  은 못 믿어.}8

멧도티(멧돼지)7

맷돼지(멧돼지)6

맷도티(멧돼지) *맷되지 자꾸 헬 하디{멧돼지가 자꾸 해를 입이지.}6

맵시스레(맵시 있게) *맵시스레 할 줄 몰라{맵시 있게 할 줄 몰라.}9

맨들다(만들다) *듕국 사름터럼 음식 맨들갓소{중국 사람처럼 음식을 만
  들겠소.}6

  실을 맨들어 가지구{실을 만들어가지고}6

매(맷돌) *석매:두매: 무르그야 넣소{맷돌에도 그냥 맨 물을 넣소}7

메투리(초신) {미투리} *새:긴 거반 메투리 신소{처녀(여자)는 거반 미투리를 신소.}6

뙈디(묘) *뙈디에 있는 풀을 싹 베구{묘지에 있는 풀을 싹 베고}6

반찬류:

소곰(소금)9

장(된장)9

간장, 지레이(간장)9

장물(국)9

반찬(반찬) *고기 반찬 개구{고기반찬을 가지고}6

바게쯔(바께쯔) {바께쓰(양동이)} *바게쯔니 다 있디{바께쓰니 뭐니 다 있지.}6

밥푸게(박죽) {밥주걱}9

주고기(나무박죽) {나무밥주걱}9

박박아지(바가지)

배지(바가지) 박씨 성(재보자로부터)9

주르광지(광주리)9

싸리광이(광주리) 주씨 성(재보자로부터)9

망치돌(판돌) {다듬잇돌}9

바당(부엌바닥) *바당이랑 무슨 범벅인둥{부엌바닥이랑 무슨 범벅인지}7
바다: 대구 쉬: 해라{부엌바닥에 대고 오줌을 누라.}7

바(방) * 웃바: 조용한데 무슨{윗방이 조용한데 무슨}7

바:울(방울) *바:울 앞에다 달구{방울을 앞에다 달고}6

밖갓 주인(남편) *밖갓 주인 들어와 뒤'걸음질 해서{남편이 들어와 뒷걸음질을 해서}9

밭이우다(끼우다) {받치다} *궤짝 밑에 밭이우다{궤짝 밑을 받치다}9

바리(보리) *옥수수두 심으구 바리두 심으구{옥수수도 심고 보리도 심고}6

밥슈끼(수수) *밥슈끼랑 타온답두구만{수수랑 타온다더구면.}10

바늘(바늘) *아매, 가는 바늘이 있으문 줍소{할머니, 가는 바늘이 있으면 주십시오.}8

반홰장(회장) {회장(回裝)} *반홰자: 놓아 있소{회장이 되어 있소.}6

밥(밥) *밥이랑 지떼 멕이구{밥이랑 제때 먹이고}7

바람(바람) *아, 바람 세다{아, 바람이 세다.}

버버리(벙어리)9

버주기(질그릇 버치)9

범(범) *노루 싱내:랑 범두 있구{노루, 승냥이랑 범도 있고}6

발꾸락(발가락)9

버들게(버들치)6

보리밥(보리밥) *보리밥터럼 부실부실{보리밥처럼 부슬부슬}6

본처(본처) *본천 임전해꾸니{본처는 얌전했습니다.}9

본댁(본처) *본대기 술: 싸와서{본처가 술을 사와서}9

보다(보다) *보두 못하능게{보지도 못하는 게}7

볼디(대단히, 많이) *볼디 아프오?{몹시 아프오?}8

봅쁘다(힘들다) *더 보뽑니{더 힘들어요.}9

보름(15일) *보름치라던둥?{보름치라 하던가요?}10

보(보자기) *불이 없는 재우에 이런 처느 보 페구{불이 없는 재 위에 이런 천을 펴고}6

보손(버선) *고븐 옥양목 보손에{고운 옥양목 버선에}6

보름(보름) *설 잘 쇄구 보름 쇄구{설을 잘 쇠고 보름 쇠고}6

보름(바람) *오늘은 보르미 부니{오늘은 바람이 부니}7

보구(보다) *여기보군 더 치불거요{여기보다는 더 추울 거요.}7

부스깨(부엌, 부엌아궁이)9

부에(부엉이)9

부모(父母) *나두 지금 부모두 있구 동생두 있구 하길래{나도 지금 보모
　　　도 계시고 동생도 있고 하기에}8

분(설음, 울분) *남보구 문제나케 나가니 분이 까라뎌{남보다 잘 나가니
　　　분이 사그라져}8

불(火) * 불 이자 넣었소{불을 이제 넣었소.}10

비렁뱅이(거지)9

비다(빌다)

빌다(빌다) {빌리다} *동네 노인덜기 빌어 닙구{동네 노인들에게서 빌려
　　　입고}9

비눌(비누) *비눌루 문지러서{비누로 문질러서}7

비지깨(성냥) *내 비지깨 어쨌나?{내 성냥 어쨌나?}8

비(雨) *암만 비오믄 비 타같소…{아무리 비가 온다고 해도 장마를 타겠
　　　소…}6

가새:비(장인)9

가새:미(장모)9

빈(빚) *비드 지믄 이따 더 바쁘디, 거 언제 비드 츠겠소?{빚을 지면 나중
　　　에 더 어렵지, 언제 빚을 갚겠소.}10

뱁(밥) *무스거 대접해? 우리 식당 뱁이나 대접…{무엇을 대접해? 우리 식
　　　당 밥이나 대접…}6

배리다(버리다) *아, 아무래 배래서{아, 아무리 버려도}9

배때:(배){腹}9

뱀(밤) *배미믄 그 다질 흘거두구{밤이면 그 다질 흙을 두고}6

배(배) *나쁘긴 괴기 먹는데 배부르디{나쁘기는, 고기를 먹는데 배부르지.}8

배재(바주) {바자} *두만가: 배재 밑인데{두만강 바자 밑인데}8

배(베) *배우티{베옷}6

벤벤하다(넉넉하다) *반재: 니위원장 감 벤벤하우{반장이 위위원장 감으로 충분하오.}9

사드이(잔등)9

사발이(사발) *사발이두 더럽다{사발도 더럽다.}8

산티레(산 거두매) {산 치레} *여기선 산티렐 잘 한다{여기서는 산 치레를 잘한다.}6

사발(사발) *사발두 타구{사발도 타고}6

사춘(사촌) *사춘 있소{사촌이 있소.}8

삼춘(삼촌) *삼춘이 있디{삼촌이 있지.}7

사름(사람) *사름이랑거 구겨:해야 되는데{사람은 구경을 해야 되는데}6
　　　월래 페야: 사름이:?{원래 평양 사람이요?}6
　　　사름이 얼매겠소?{사람이 얼마겠소?}6
　　　모두 아는 사름이…{모두 아는 사람이…}6

사위(사위) *□전이 사위라더군만{□□□ 사위라 하더구먼.}8

사비(사위) *사비 너무 오라구 해서{사위가 너무 오라고 해서}8

상새나다(죽다) *상새난 조새:{돌아간 조상}6

사쾌(사과) *사쾌나 배나 없었슴메{사과나 배가 없었어요.}6

사시나무(사시나무)9

샹년(작년) *이거 샹년에 돌라가지구 댕기멘 썼소{이걸 작년에 돌려가면서 썼소.}8

사운(사돈) *예, 사운간요{예, 사돈 간이요}6

사끼(새끼) *우리 저 집이 사끼 꼬는 것두{우리가 저 집의 새끼를 꼬는
것도}9

삼머리(상투)9

샹(상) *동갑으 새:ㄴ 한 샹에 하나씩 다 놓소{동갑이 생일을 쇠는 생일상
에 다 하나씩 놓소.}6

샤매:되다(죽다) *세째거 샤매:되구{셋째가 사망되고}2

상세나다(죽다) *오빠 이샹 상세나구{오빠 이상 형제는 죽고}5

샹대(룡마루) {용마루}9

샹관(상관, 관계) *내겐 샹관이 없다야{나에게는 상관이 없다야.}8

서방재:(남편) *서방재: 저 맏이만 못합데. 서방재:보다 납디다{남편이 저
맏아들보다 못하더라고요. 남편보다 낫습디다.}7

선서나(남자아이) *더 선서나가 이름이 무언지?{저 남자애가 이름이 뭔
지?}7

쇼{소} *숄:로 디레 매구서{소로 지레 김을 매고서}6

숄탄군이 여기두 많소{소를 탄 사람이 여기도 많소.}6

숀바닥(손바닥) *숀바다게 새끼 꼰거…{손바닥으로 새끼를 꼰 거…}10

술기(수레) *두 술기 지금 실어라{지금 두 수레 실어라.}8

수수(옥수수)6

숙꾸(옥수수) *숙꾸 거이 가렛슴둥?{옥수수를 거의 갈았습니까?}9

술(술) *기래 술 한 병 가지구{그래 술 한 병을 가지고}9

수어(숭어) *수어 많다더군{숭어가 많다더군.}6

스아끼(시동생)6

새원(시동생)6

스애끼(시아우) *모두 아는 사름이두만 스애끼루…{모두 아는 사람이더
구먼, 시동생으로…}10

스믈녀슷(26) *스믈여슷이나 삼십 같구만{스물여섯이나 삼십 같구먼.}26

승(새)*한 팔승 구승되는 것두 됴습니{한 팔 승 구 승 되는 것도 좋습니다.}6

시곡(끼니, 끼때) *시곡이나 제때에 가서 얻어…{끼니나 제때에 가서 얻어…}9

실구(시루) *□타: 밥으 실게다 떠서…{□□ 밥을 시루에다 쪄서}6

싱내(승냥이) *노루 싱내:랑 범두 있구{노루, 승냥이랑 범도 있고}6

싱내이(승냥이) *싱내이나 물어갔을가 하구…{혹시 승냥이가 물어갔을까 하고…}9

식기(식구) *식기 열두이다{식구가 열둘이다.}8

식솔(식구) *식솔 두 분이서{식솔 둘이서}9

싱그다(심다) *아무 곡석두 싱거 백날이문{아무 곡식이라도 심어서 백날이면}9

실패(실파) *없습니, 산 실패:{없습니다, 산 실파가.}9

시누이(이상-형님)7

　　　(이하-시니미, 아재)9

시름(씨름) *다느날이믄 시름 시키구{단오 날이면 씨름을 시키고}6

시재냉기(시쟁나무) *시재 냉기 장거 있습니네{□□나무는 잔 게 있습니다.}6

새문(사이문) {사잇문, 샛문}

서(3) *서 오누비?{세 오누이?}7

설(설) *설 잘 쇄구 보름 쇄구{설을 잘 쇠고 보름 쇠고}9

서리(서리) *서리 아니 오는 때 없소{서리가 오지 않는 때가 없소.}6

셔바(신랑) *셔바: 말타구 가디{신랑은 말을 타고 가지.}6

셔바:가다(장가가다) *다 아비 셔바:갈 때{재 아비 장가갈 때}6

셔(西) *셔케네 우켄모:르{서쪽의 위쪽 마을}6

셕매(연자) {연자방아} *셕매: 갈구 내서{연자방아로 가루를 내서}6

소곤(베 감투) {베로 만든 감투}9

속캐(솜)9

손(손) *그거 또 무슨 손을루{그것을 또 무슨 손으로}7
　　　　손이 딱 아래서 못 견디겠소{손이 딱 아려서 못 견디겠소.}10

손님(손님) *손님이 온 연에는{손님이 온 후에는}10

손네(손녀)6

손자(손자) *기리길래 우리 손네나 손자나 그러우{그러기에 우리 손녀나
　　　　손자가 그러오.}6

소어(송어)6

소요(필요) *사탕무끼랑게 소요: 있소{사탕무라는 게 필요하오.}9

새기(신부) *새:기 가매 타구 가디{신부는 가마를 타고 가지.}6

샐르(새로) *문으 샐르 해서{문을 새로 해서}7

새파랗다(새파랗다) *샛파랗습더구만{새파랗습디다.}10

세월(세월) *그래두 됴:은 세월이 아니{그래도 좋은 세월이 아니요?}8

쇠경(소경)9

쉐:미(수염) *쉐미 기다란 고기 돌중게라…{수염이 기다란 고기를 종개
　　　　라…}6

장(된장) *소비조합 장두 맛있소. 자: 한 통 사온 게{소비조합 장도 맛있
　　　　소., 장을 한 통 사온 게.}9

장물(국) *더븐 장물 먹을 줄두 모루우{더운 국을 먹을 줄도 모르오.}7

잘구(자루) *잘구: 벌리구{자루를 벌리고}9

자부아기네(며느리)9

자심이(힘들게, 수고스레) *이 집을 거저 자심이 짓구셔{이 집을 그저 힘

들게 짓고서}9

자심하다(자심하다, 시끄럽다) {귀찮다, 시끄럽다, 성가시다} *샹촌은 물
　　건네기 자심하우{윗마을은 물 건너기가 귀찮소.}8

장딴지(종아리)9

정지(부엌방) {부엌간} *정지 썩 너르게 해 놓구{부엌간을 썩 너르게 해
　　놓고}9

정	새 방:	마 굿 바:
지	안 빠:	고배:

저서 놓다(저어놓다) *것두 자꾸 저서놓구사 됩디{그것도 자꾸 저어놓고
　　야 되지요.}10

저낙(저녁) *넬 저낙 올라 가갔능가?{내일 저녁에 올라가겠는가?}7

젓메기(막내) *내 젓메기 군대 나갔지{우리 막내 군대 나갔지.}

정월달(정월달) *정월달에 설날은 널 뛰구{정월달의 설날은 널을 뛰고}6

적상고(마늘을 놓고 뜨는 뜸) {마늘뜸} *적상고르 하믄 데일입네{마늘뜸
　　을 하면 제일입니다.}5

곁다(곁다) *삿찌 아바이 젔슴두구마{깔개를 할아버지가 곁더구먼.}10

경텁(경첩) {경칩}6

조이팝(조밥) *조이팝이다{조밥이다.}6

조카(조카) *조카 죽이딘 못합니{조카를 죽이지는 못합니다.}7

조케(조카) *거 우리 조케꺼니{그 우리 조카입니다.}10

조꼼하게(적게) {작게, 조그마하게} *널 조꼼하게 짜서{널을 조그마하게
　　짜서}10

조애(종이) *청진에 조애 없답데{청진에 종이가 없데요.}8

조이(조)9

조이찹쌀(조찹쌀) {차좁쌀} *홍타: 조이찹쌀로 대리거든{엿을 차좁쌀로

달이거든.}6

조고리(저고리) *차매 조고리 입구{치마저고리를 입고}

조마니(주머니) *조마니에 넣어 짜서{주머니에 넣어 짜서}6

죠이(종이) *그래 죠이 부티고{그래 종이를 붙이고}10

죽(죽) *갈구죽을 많이 먹었다{풀떼기를 많이 먹었다.}6

주치돌(주치돌) {주춧돌} *주치돌 밑으폭 벽돌 쌓소{주춧돌 밑을 전부 벽돌로 쌓소.}9

죽대니쿠(죽지 않고) *죽대니쿠 상급학교까지 모두…{죽지 않고 상급 학교까지 모두…}8

즘승(짐승) *즘승이 많습니{짐승이 많아요.}6

즈금(지금) *즈금 잔챌 하믄{지금 결혼잔치를 하면} 즈금 같으믄 도루 잡구{지금 같으면 도로 잡고}

짚(짚) *이제는 짚두 그래서 그만…{이제는 짚도 그래서 그만…}9

지벙(지붕) *아마이네 지벙우에다 짚 벌러논게{할머니네 지붕 위에다 짚을 널어놓은 것이}9

쟁그미(잔그미) {잔금 殘金}

재빨간(새빨간) *재빨간 치매{새빨간 치마}

제:미(엄마) *나두 제:미 달문거 없어…{나도 엄마 닮은 데 없어…}7

제매기(두루마기) *제매기 우에 쾌즈 입구{두루마기 위에 쾌자를 입고}6

쥐(쥐) *쥐 구냐: 뚤버서{쥐가 구멍을 뚫어서}

차매(치마) *무스거 차매: 싸서{무엇을 치마에 싸서}7 차매 죠고리 입구{치마저고리 입고}7

찰밥수끼(찰수수) *찰밥수끼르?{찰수수를?}7

차:ㅁ(처음) *차:ㅁ엔 무스건가 하구{처음에는 무엇인가 하고}10

차사오다(찾아오다) *차사 올거 있는데{찾아올 게 있는데}10

차니떡(이찰떡) *즈금은 맨 차니떡이디{지금은 맨 이찰떡이지.}6

창요등다리(상복)6

창옷(여름에 입는 겉옷)9

찰떡(조찰떡) {조차떡} *찰떡두 하구{조차떡도 하고}6

츠다(물다) {물다, 갚다}*그 언제 비드 츠겟소{그 언제 빚을 물겠소?}10

친척관계:

크라바니(조부)

큰 아매(조모)

아바지(아버지)

어머니(어머니)

오라바니, 오래비(오빠)

치분(추운) *여기 보군 더 치불거요{여기보다는 더 추울 거요.}6

　　　여기 그리 안 칩습니{여기 그리 안 추워요.}6

채수, 채소(채소) *채수? 채수사 제일 잘되는데{채소? 채소야 제일 잘되

　　　는데}6

　　　무슨 채소던지 심어 안 되는 거…{무슨 채소든지 심어서 안 되는

　　　것…}6

채밀(밀) *여기서 채밀 그어많이…{여기서 밀은 그리 많이…}6

챙기다(차리다) *챙기디 말라우 하디{차리지 말라고 하지.}9

채(채) *챌 쳐 가지구{채를 쳐가지고}6

칼(칼) *그티 부러딘 칼으는{끝이 부러진 칼은}7

콩(콩)*어디셔 난데없는 콩 싸래길{어디서 난데없는 콩 싸라기를}7

크나바니(할아버지) *크나바니 불구자인거{할아버지가 불구자인 것}8

크라바니(할아버지) *어마니랑 크라바니랑{어머니랑 할아버지랑}9

큰집, 작은집(큰집, 작은집) *동북땅에 큰집과 작은집 댕기듯 했다{동북

땅을 큰집과 작은집 다니듯 했다.}6

큰일(대사) *넷날 터럼 그른 큰일이란{옛날처럼 그런 큰일이란}6

켄(쪽) *셔케네 우켄…{서쪽의 위쪽…}8

쾌즈(쾌자) *제매기 우에 쾌즈입구…{두루마기 우에 쾌자를 입고}6

탈(병) *탈이 날라치믄{병이 나려고 하면}9

텬반(천반) *텬반 대를 노티 안앗소{천반을 하지 않았소.}6

특(번) *한 특만 더 가서 해오믄{한 번만 더 가서 해오면}10

티다(치다) *떡으: 텨 가지구{떡을 쳐가지고}6

　　　　　조이 찰떡 테 가지고{조차떡을 쳐가지고}6

텐디꼬지(진달래) *텐디꼬지?{진달래?}6

텬반재(천반자) {천반}6

톈신하다{꼭 맞다, 꼭 알맞다} *교복이랑거 톈신했디{교복이 몸에 꼭 맞
　　　　　았지.}6

튀우다(튀기다) *아매 튀웁소{할머니가 튀기십시오.}

파(파) *파 무슨 채소던디 안되는거 없소{파나 무슨 채소든지 안 되는 것
　　　　　이 없소}6

팔구비(팔굽) {팔꿈치}7

판댕기(넓은 댕기) *판댕기 드리구{넓은 댕기를 드리고}6

폴다(팔다) *남야: 개구가서 폴았소{남양에 가지고 가서 팔았소.}7

폭(전부) *주치돌 밑은 폭 벽돌 쌓소{주춧돌 밑은 전부 벽돌로 쌓소.}9

포쉬군(포수) *포쉬구니초: 개지구가 잡았소{포수가 총을 가지고 가서 잡
　　　　　았소}6

포리(팔) *포리 뚝 부러데 일 못합니{팔이 뚝 부러져 일을 못해요.}6

인치(인차) {이내, 곧바로} *인치 잡아야 하디{이내 잡아야 하지.}6

피(피) *피 주구 만들어서 메기구{피죽을 만들어서 먹이고}6

함지(나무그릇) {함지, 함지박} *함지 같은 데다{함지 같은 그릇에다}6

한뉘{일생, 평생} *한뉘 알르라구{일생을 앓느라고}10

하월(여름) *배우리 하워레 배우리{병아리 여름의 병아리}6

하븐자{혼자} *나 하븐자믄 어띠하겠소?{나 혼자면 어찌하겠소?}7

하부(홑) {단} *하부 사십원?{단 사십원?}6

한뎐(밭) *한뎐이 그리만디안읍니{밭이 그리 많지 않아요.}6

한끼(한때) *한끼에 30이 더 올라{한때 30이 더 올라}3

허리(헐하게, 빨리) *해 어띠 이리 허리 가능가?{해가 어찌 이렇게 빨리
        지는가?}10

허리(허리) *허리 딱 아파서{허리가 딱 아파서}7

허비다(허비다) *어떡케 허베 왔던지{어떻게 할퀴었던지}9

형대(형제) *형대 그리 살틀하우?{형제들이 그렇게 살뜰하오?}7

헹대(형제) *우리 삼 헹대{우리 삼형제}

형님(이상−올찌세미) {오빠의 아내를 부를 때는 '형님'. 남동생의 아내를
        부를 때는 '올찌세미'}9

형님(동세) {윗동서를 부를 때}

형(언니) *저 형보구두 그르쿠{자기 언니보고도 그렇고}7

흉년(흉년) *이 글래 자주 흉년 드니 그러티{이 근래 자주 흉년이 드니
        그렇지.}6

흥타:(홍탕){엿, 물엿} *홍타: 조이찹쌀로 대리거던{엿을 차좁쌀로 달이
        거든}6

힘(힘) *힘이 들구 다 목숨 바티구{힘이 들고, 다들 목숨을 바치고}8

햄(반찬) *아침 햄 없어서{아침 반찬이 없어서}10

해뽀름(휘파람) *해뽀름 질 하문 못 쓴다{휘파람을 불면 못 쓴다.}10

해(해 日) *해 어찌 이리 허리 가능가?{해가 어찌 이렇게 빨리 지는가?}10

가을엔 빠르오 해가 따르구{가을에는 빨라요, 해가 짧고}8

헤융(시늉) *손 헤융 하는건데{손시늉을 하는 건데}9

화리(화로) *화리에다 어떻게?{화로에다 어떻게?}7

화:우(황어) *화:우두 있구{황어도 있고}6

꼬다(꼬다) *꼰다하믄 마니꽈:{(새끼를) 꼰다고 하면 많이 꽈}10

따:(땅) *따:이랑 참…{땅이랑 참…}7

따르다(짧다) *가을엔 빠르오 해가 따르구{가을에는 빨라요, 해가 짧고}6

딱다(따급다) {따갑다} *여름에 여기 딱소{여름에 여기 따갑소.}6

딸 아들(딸, 아들) *딸이던지 아들이던지{딸이든지 아들이든지}6

뽀베(뺄함) {서랍} *뎌 뽀베: 잇스구{저 서랍에 있어요.}6

삐치다(참견하다) *□□□□□ 사람 삐치지 못하게{□□□□□ 사람 참견 하지 못하게.}9

싸다(사다) *어디 가 또 하나 싸와야겠는데{어디에 가서 또 하나 사와야 겠는데.}10

팔구 싸구하는데{팔고 사고하는데}10

싸리(싸리)6

싸래기(싸래기) {싸라기} *어디셔 난데 없는 콩싸래기{어디서 난데없는 콩 싸라기}7

쌀(쌀) *쌀이 잇어사 그리하디{쌀이 있어야 그리하지.}6

쌍통집(두 줄집) {쌍통집} 6

외통집(외 줄집) {홑집}6

쌍일(막일) *겨울에 얼어서 쌰:일 하다나니{겨울에는 얼어서 막일을 하다 보니}7

썩다(썩다) *썩어서 묵은 짚 겉두구만{썩어서 묵은 짚 같더구먼.}10

쑥(쑥) *쑥으루 뜨디머{쑥으로 (뜸을) 뜨지 뭐.}10

씀쓰기(생활비 비용) {생활비} *어디 보자 져 씀쓰길 쓰구서⋯{어디 보자, 저 생활비를 쓰고서⋯}8

쌕(싹) *더븐데드는 먼지 쌕이나와서{더운 데서는 먼저 싹이 나와서}7

쌤(싸움) *쌤 그리 큰 쌤 니럈다구{싸움, 그렇게 큰 싸움이 일어났다고}6

　타야타(쌧타얗다) {새하얗다} *쌧타야케 되디{새하얗게 되지.}6

쎄우(대단히) *쎄우 칩었구만{대단히 추웠구면.}6

아즈반님(시형)9

아덜(아이들) *우리 아덜밖에 어즈러분게⋯{우리 아이들밖에 (옷차림이) 어설픈 게⋯}8

아들(아들)8

딸(딸) *아들 딸 더러 나가서⋯{아들, 딸이 더러 나가서⋯}8

아마(어머니) *아마, 어전 바눌이 없슴둥?{어머니, 이제는 바늘이 없습니까?}8

　아마, 가는 바눌이 있으문⋯{어머니, 가는 바늘이 있으면⋯}8

아마이(어머니) *아마이네 지벙우에다{어머니네 지붕 위에다}9

아매(할머니) *아매 튀움쇼{할머니가 튀기십시오.}9

아바이(아버지) *우리 집 아바이 못 졌습메{우리 집 아버지는 (깔개 같은 걸) 못 겼습니다.}10

아반니(아버지) *아반니 페야: 갓다구⋯{아버지가 평양에 갔다고⋯}9

아비(아버지) *다: 아비 셔바: 갈 때{저 애 아버지 장가갈 때}9

아즈바니(삼촌)9

아재(고모) *동성 아재(同姓) {동성 고모}9

아재(아버지 손아래인 고모 혹은 이모)9

아지(아우, 동생) *저 아지네 보구도 그르쿠 뚱뚱하우{저 동생네보다도 더 뚱뚱해요.}7

아침(조반) *아침 안 잡쉈습둥?{조반을 안 자셨습니까?}8

아홉(아홉) *아홉 시 차 내려 왔소?{아홉 시 차로 내려왔소?}7

안간(아낙네) {부녀자, 신부} *안간 거이 흥정하더니{아낙네가 거의 흥정
하더니}9

　　　가매 타는 안간두 있구{가마를 타는 신부도 있고}9

안팍(안팎) *니불 안팍을 보냈노라구{이불 안감과 거죽감을 보냈노라고}7

야들(여덟) *집이 거져 큰바: 야들째…{집이 그 저 큰방에 여덟째…}7

야리{야레} *야리라능거 비늘 가득 돋은 거{야레라는 물고기는 비늘이
가득 돋은 고기}6

약담배(아편) *약담배두 개구 가구{아편도 가지고 가고}6

양머리(곱슬머리)9

어간(가운데) *어간에 칸으 뚝 막구{가운데에 칸을 꽉 막고}9

어두바서(어두워서) *어두바서 깜짝 못하구{어두워서 꼼짝 못하고}10

어드메(어디에) *문이 어드메 있습둥?{문이 어디에 있습니까?}9

어마니(어머니) *어마니랑 크라바니랑{어머니랑 할아버지랑}9

어시(부모) *어시 없구 왜삼춘이 있다우{부모는 없고 외삼촌이 있다오.}9

어전(이제는) *아마 어전 바눌이 없습둥?{어머니, 이제는 바늘이 없습니
까?}8

어즈럽다(어지럽다) {어설프다} *우리 아덜밖에 어즈러분게 없어{우리
아이들밖에 (옷차림이) 어설픈 게 없어.}8

어꺼때(전번) *어꺼때 쌀 보구 겐 그리 없구만{전번 쌀보다 겨는 그리 없
구먼.}7

어깨(어깨, 어깨쭉지) {어깨, 어깨판}9

억끄제(엊그제) *억끄제 아매네 집이와 앉아{엊그제 할머니네 집에 와 앉
아}7

얼구다(얼리다) *그러다 나니 얼궜소{그러다보니 얼렸소.}10

엉거리(어심이) {엉덩이} *엉거리 어찌 시군디{엉덩이가 어찌나 신지.}10

엉치(엉덩이) *엉치: 내리오.{엉덩이를 내리오.}6

얼굴 구조의 이름들:

니매(이마)9

눈{눈}9

눈썹{눈썹}9

코{코}9

입{입}9

여니(연어)6

역기(여우)6

엑기(여우)3

역기두이(옆기둥)9

연(후 後) *일하라 나간 연엔 제 도굴 싹 가차가지구{일하러 나간 후에는 자기 도구를 모두 갖추어가지고}8

열네(14) *대쑤루두 내꺼지 열네 댄데{대충으로도 내까지 14대(代)인데}6

열둘(12) *이기 열둘이 다가{이게 열둘에다가}6

오나죄(오늘 아침) {오늘 저녁)*오나죄: 온게?{오늘 저녁에 온 게?}10

오누비(오누이) *서 오누비?{세 오누이?}7

오늘(오늘) *오늘은 보르미 부니{오늘은 바람이 부니}7

오라우?(오랜가?) {오래오?}6

오분해(온하루) {온 하루, 온종일}*오분해 가린거{온 하루 고른 것}7

옥수수(옥수수) *옥수수두 심으구 바리두 심으구{옥수수도 심고 보리도 심고}6

옥양목(옥광목) *고운 옥양목 보손에{고운 옥광목 버선에}6

용게(여기) *용겔 닫구 둥겔 닫구{여기를 달리고 저기를 달리고}8

우시'군{상객} *우시'군이랑게 대자:드릴 때{상객이 예장을 드릴 때}6

우뼈이(석가래)9

우차(달구지) *그거 이 붑소 우차르 동원해서{그거 이 □□ 달구지를 동
　　　　원해서}9

우티(옷) *배우티 하월에 배우티…{베옷, 여름에 베옷…}6

음석(음식) *넷날 음석 같은거 없어{옛날 음식 같은 게 없어.}6

이때만(지금쯤) *그런 돝 이때만 기러스믄{그런 돼지 지금쯤 길렀으면}7

인체명:

팔, 폴{臂}9

다리, 각따리{腿}9

손{手}9

발{脚}9

임전하다(얌전하다) *아덜 다 임전하구 똑똑합데{아들이 다 얌전하고 똑
　　　　똑하데요.}

입성(옷, 의복) *입성을 못 입혀서{옷을 못 입혀서}7

잉게(여기) *잉게 세째가 둘째 있능게 썩어서 잉게선 얻어 온다우{여기
　　　　셋째와 둘째가 있는 게 여기서는 섞어서 얻어 온다오.}7

잉게서(여기서) *잉게서 개갔소{여기서 가져갔소.}6

에리다(어리다) *나이 에레서 그라갔소?{나이가 어려서 그러겠소?}7

에미네(녀인) {여인} *한바: 에미네더리{한 방 여인들이}7

예쉰닐굽(67) {예순일곱} *예순닐급 먹었소.{예순일곱 먹었소.}6

옐(열) *즈금 옐 지비서 하루{지금 열 집에서 하루}
　　　　옐 이트리{열이틀}6

오래비(오빠) *오래비?({오빠?}9

      오래비네 나입두구{오빠네 □□□□}9

외빼(외빠) {오빠} *외빼 이샹거 상세나구{오빠가 있었는데 죽고}7

왼(最) *왼 큰 사름이{맨 큰 사람이}7

외아재(이모)9

외숀네(외손녀) *우리 외숀네 왔습데{우리 외손녀가 왔데요.}7

욍가(원래) *욍가 다른 사름이였드라구{원래 다른 사람이었더라고.}7

왜삼춘(외삼촌) *어시 없구 왜삼춘 있다우{부모는 없고 외삼촌이 있다오.}9

왜지(오얏) {자두} *왜지나무 통 심었소{자두나무를 모두 심었소.}6

4.2. 룡남리

과거지명: 영화면 룡남리(영골)

특성: 철도역인 고성리에서 남쪽으로 25리 떨어짐. 대부분이 농업에
    종사하며 국영목장이 있고 15리 가량 떨어진 곳에 탄광이 있다.
    교육기관으로는 인민학교와 초급 중학교가 있으며 유선 방송
    망과 전기가 들어왔다. 주민들의 지식 정도는 그리 높지 못하
    며 구학을 한 로인도 드물다.

대상자 명단

번호	지대	성명	성별	년령	지식정도	경력
1	룡남리	최종길	남	85	문맹	토배기. 일평생 농사를 했으며 현재는 협동조합 부대로력이다. 가는 귀가 어두웠고 타 지방에 가본 일이 없다.

번호	지대	성명	성별	년령	지식정도	경력
2	룡남리	최형식	남	85	문맹	토배기.일생을 농사에 종사. 현재는 부양을 받고 있다. 담화가 곤란할 정도로 귀가어두웠으며 젊어서 쏘련 연해주 지방에 3−4년 가 있고 타 지방에 간 일이 없다.
3	룡남리	전인길	남	65	문맹	토배기. 일생을 농사에 종사. 현재 조합원. 타 지방에 가 산 일이 없다.
4	룡남리	"마을'군"	남	63	문맹	토배기.일생 농사. 현재 조합원, 타 지방에 가본 일이 없음.
5	룡남리	최채봉	녀	37	국해	토배기. 인민군 전상자 가족. 타 지방에 간 일이 없음. 정상적으로 당 학습에 참가.

[어휘]

가대기(보습) {쟁기) *가대기로{쟁기로}2

후치{극젱이} *후치로 줄으 대구서{극젱이로 줄을 대고서}2

가데기(가대기) {쟁기}1

가루재비(가로)1

가슬(가을)2

가을 1) 가슬이믄 곡석을 다비구서, 디리구는 립동때 까지 가슬 낭그 하디{가을이면 곡식을 다 베고 거두어들이고는 입동까지 가을나무를 하지.}

2) 너름에는 돈으 안 주구 가을에 와서…{여름에는 돈을 안 주고 가을에 와서…}

3) 가을에 해자브리…{가을에 해바라기…}

가슬(林野)

    1) 가슬에는 대강 있구{임야에는 대강 있고}

    2) 집 몰에 가슬이 이래: 있구…{집 마을에 임야가 이래 있고…}

    3) 가슬이 님재 있어서…{임야가 주인이 있어서…}

    4) 가슬: 있는 사람으 별잭: 일하우{임야가 있는 사람의 병작을 하오}

    5) 가슬 님재 맏기디{임야 임자가 맡기지.}

갈다(갈다) *갈구 더 맷돌에다 갈아서{저 맷돌에다 가루를 내어서}2

가리다(쌓다)*가레 났다가서 실어 가…{가려놓았다가 실어가…}2

가두기(참나무)1

재래지(참나무)1

가매(솥) *더 가매를 맨들구{저 가마솥을 만들고}1

가매(가마) *새:기 가매 아내 너어가지구…{신부를 가마 안에 앉혀가지
    고…}1

가치(까치) *꿩이 있구 가치 있구{꿩이 있고 까치가 있고}3

가대(戶) *집이 사십 여 가대 됫는데{집이 사십 여 호가 됐는데}1

가마구(까마귀) *가마구 정 만텝디다{까마귀가 아주 많답디다.}3

가세(가위)5

가잠(집누에) *가잠 쳤습디다{집누에를 쳤습디다.}3

가지(채소명) {茄子}1

갈구(가루) *난 갈그 닦아가지구 홍탱다{나는 가루를 볶아가지고 엿에다}3
    갈구 더 맷돌에다 갈아서{저 맷돌에다 가루를 내서}3

갈누비(가둑누에) {산누에} *갈누비 칩니다{산누에 칩니다.}3
    앞에두 갈누벨 칩니까?{남쪽에서도 산누에를 칩니까?}3

감지(감자)1

강(江) *강:이 있든거…{강이 있었던 게…}3

강치(깡치, 안금) {깡치, 찌꺼기, 앙금} *동이라는 거 쌀으 씿어서 강치
　　　　앉은 거{동이라는 그릇에 쌀을 씻어서 앙금이 앉은 거}3

강하다(험하다) *여긴 원체 강한 산이 없습니다{여기는 본래 험한 산이
　　　　없습니다.}3

거르만(호주머니) *제 그르만에…{제 호주머니에…}3

거바ː ㄴ(거의) *거바ː ㄴ 찰떡이디…{거의 찰떡이지…}3

거피(껍질)1

검댕이{검정색}

힌(白) {흰}

푸른{푸른}

붉은{붉은}

퍼랭이{퍼런색} *힌 저구리 하믄 깃 사매라구 푸른 거나 붉은 거 부테서
　　　　닙었디{흰 저고리를 하면 깃, 소매라고 거기에 푸른색이나 붉은색
　　　　을 붙여서 입었지.}4
　　　　아ː덜두 붉은거, 퍼랭이, 검댕이 닙혔디{아이들도 붉은색, 퍼런색,
　　　　검정색을 해 입혔지.}4

겨을(겨울) *겨을에 말이 질루 쉴 새 없이 뽑아 먹슴{겨울에 말이 쉴 새
　　　　없이 제일 많이 뽑아 먹습니다.}2

경심(점심) *한식은 아적이구 다느는 경심이구 추섹이 저내기라구{한식은
　　　　아침이고 단오는 점심이고 추석이 저녁이라고}1

고기(고기) *고기비늘{고기비늘}1

고구매(고구마)1

고냐ː(고양이) *고냐ː 안아 보듯 안아 보니{고양이 안아보듯 안아보니}1

고도리(복숭아 뼈) {복사뼈}3

고도리뼈(복숭아 뼈) {복사뼈}3

고동에(고등어) *고동에 자동차에 막 실어다…{고등어를 자동차에 막 실 어다가…}3

고사리(고사리) *고사리, 도라지, 버슷을 뜯어 말리우구{고사리, 도라지, 버섯을 뜯어 말리고)3

고수잭이(곱 소출) {곱절이 되는 수확} *다릉거 부담 고수잭이 나오{다 른 것보다 소출이 곱 나오.}2

고지(고치) *누비 고지{누에고치}3

고티(고치) {(비)방울, (눈)송이} *비: 한 고티두 안 오구{비 한 방울도 안 오고}1

고치(고추)1

곡기{곡식의 분량을 헤아리는 데 쓰는 그릇}

스므말{스무 말} *스무근너 곡기르 하니 쌀이 얼마요?{스무 근의 곡기로 하니 쌀이 얼마요?}2

기슴(김) *기슴 매구선 칠월에 푸낭기랑거 서른댓 술기하고{김을 매고서 는 칠월에 풋나무라는 걸 서른 댓 수레하고}3

곡석(곡식) *거기다 곡석이라구…{거기에다 곡식이라고…}1

교사(선생질) {교사, 교사직}1

구냐:(구멍) *구냐: 뚫쿠 맨든다 그랍데{구멍을 뚫고 만든다고 그러데 요.}1

구들(방바닥) *구들이 따거운데는…{방바닥이 뜨거운 데는…}3

구리(그네) *남 녀 다 모다서 구리두 뛰구 시름하구{남녀가 다 모여서 그 네도 뛰고 씨름도 하고}3

구이(귀) *구이 먹구 허리 아파 요통이 나구{귀가 어둡고 허리가 아파 요 통이 나고}2

허리(腰) *허리 아파 요통이 나구…{허리가 아파 요통이 나고…}2

눈{眼}

코{鼻} *눈이 멀었는둥 코가 빠젓는둥{눈이 멀었는지 코가 빠졌는지}3

세(혀) *백사슴이 세때: 빼들구서{백사슴이 혀를 빼물고서}1

뻬대(뼈)

구이하다(귀하다) *넷날에 닙쌀 구이했습니다{옛날에 입쌀이 귀했습니다.}3

구차하다(가난하다) *구차한건 구차하구 잘 사는건 잘 살구{가난한 건 가난하고 잘사는 건 잘살고}1

국슈(국수) *매밀 국슈르 맨들구{메밀국수를 만들고}3

굽다(굽다) *수꾸 굽다{숯을 굽다}3

그럭게(재작년) *삭년에라 그럭게라{작년엔가 재작년엔가}1
그럭게까지 행양쳤소.{재작년까지 □□□□.}1

긍게(거기) *긍게셔 살으셨겠디{거기서 사셨겠지.}2

긍그게(거기에) *겅그게 삼년꺼지르 호적{거기에 삼년까지를 호적}2

겅기(거기)1

겅게(거기에)1

졍게(저기에)1

글래(최근) *이 글래 뵈우디 아닙데{최근에 보이지 않더라고요.}1

글그(그루) *보리는 칠월이믄 베구 보리 글그 다비구 이듬햔 구밀으 심거서{보리는 칠월이면 베고 보리 그루터기를 갈아엎고 이듬해는 귀리를 심어서}2

기나다(지나다) *약혼에 혼사 기내구{약혼을 해 혼사를 치르고}3
기나가기 참 무서웠소{지나가기 참 무서웠소.}

지나간(지나간) *지나간 세월에{지나간 세월에}3

기나다(지나다) *기나갔소{지나갔소.}2

기내다(지내다) *맷젤 기냅니{묘제를 지냅니다.}1

　　　취셔게두 가서 젤기내구{추석에도 가서 제를 지내고}1

기나다(지나다) *당시니 기나가며{당신이 지나가며}

기르믄(長) {길면} *길으믄 기르구 다르면 다르구{길면 길고 짧으면 짧

　　　고}2

기름(기름) *콩기름이 없으문 뎌 도트 기름에 녹에서 지지나{콩기름이 없

　　　으면 저 돼지기름을 녹여서 지지나}2

기외(기와) *기외 한 당두 다티디 안쿠{기와 한 장도 다치지 않고}2

게와(기와) *게와 '와'자 와{기와 '瓦'자 '와'}3

기왜(기와) *기왜르 합니다{기와로 합니다.}

기왕(이전) *기와: 구식때루{이전 구식대로}1

기장(기장) *기장밥 있습니다{기장밥이 있습니다.}3

　　　기장이 잘 됩니다{기장이 잘됩니다.}3

길금{엿기름} *보리 길금으 만들어 괘우면{엿기름을 만들어 발효시키면

　　　}3

깃사매(깃소매) *저구리 하믄 깃사매 놓구 푸른 거나 붉은 거 부테서 닙

　　　었디{저고리를 하면 깃과 소매를 달고, 푸른색이나 붉은색을 붙여

　　　서 입었지.}4

개(개) {犬}1

개구(가지고) *□ 세드레 개구셔{□ □□□ 가지고서}1

개금(갬나무) {개암나무} *싸리과 개금일 어디서 가리겠소?(싸리와 개암

　　　나무를 어디에다 가리겠소?}

싸리(싸리) *싸리과 개금일 어디서 가리겠소?{싸리와 개암나무를 어디에

　　　다 가리겠소?}

개금이(개암나무) *가둑이, 개금이, 싸리르 하구{참나무, 개암나무, 싸리

나무를 하고}5

괘금{개암나무}

싸리{싸리나무} *산에 괘금이, 싸리{산에 개암나무, 싸리나무}5

갱벤(강변) *갱벤에서 싣구{강변에서 싣고}5

게울(거울)5

과즐(옛날 과자의 일종) {과줄} * 과즐 거만 안합니까?{과줄을 그만 안
합니까?}3

관찮다(괜찮다) *관찮으믄{괜찮으면}2

광목 *네장목이라는거 광목으 넣구{채단이라는 건 광목을 넣고}3
광목 한필에 삼원 오십전{광목 한 필에 3원 50전}3

괘다(괴다) *너름에 뜨물 괘듯 괜단 말이오{여름에 뜨물 괴듯 괸단 말이
요.}3

나(我) *마감엔 내두 처 사디 못해{마감에는 나도 그렇게 살지 못해.}2

나그네(행인) *뎌기 가는 나그네{저기 가는 행인}1

나래(나래) {이엉} *나래라는것두 하구{이엉이라는 것도 하고}1

나무새(터밭) {텃밭, 채마밭} *너자들은 남새두 매디 않구{여자들은 텃밭
도 매지 않고}3

나발(나팔) *나발 불어 새납 불어 그랬습니{나팔을 불고 태평소를 불고
그랬어요.}1

나배끼(쌀겨) *나배끼 □□□□□□□□□□{쌀겨 □□□□□□□□}3

낙옆송(락엽송) {낙엽송} *낙엽송으 심는단 말이오{낙엽송을 심는단 말
이요.}3

낙엡송(락엽송) {낙엽송}*낙엡소:이 크구{낙엽송이 크고}1

날리(난리) *날리를 만났단 말이아{난리를 만났단 말이야.}1

남(남) *남문과 서문은 삼층문:{남문과 서문은 3중문}1

남일(前日) {전날}

낫(낫) *낫이 배이구{낫에 베이고}2

냥시(두 끼) *녀름이믄 냥시 죽으 먹그 나가서{여름이면 죽을 두 끼 먹고 나가서}2

냥대(량점) {싸전} *냥대 자친 경씨가{싸전의 자친 경 씨가}1

너브(너비) *너브 널븐게{너비가 넓은 게}1

너르다(넓다) *너르구 말구{너르고 말고}1

너름(여름) *너름에 먹을게{여름에 먹을 게}2

녀름이믄 냥시 죽으 먹그 나가서{여름이면 죽을 두 끼 먹고 나가서}

녀름에는 돈으 안주구 가울에 가서{여름에는 돈을 안 주고 가을에 가서}2

너름(여름) *너름에 뜨물 괘듯 괜단 말이오{여름에 뜨물 괴듯 괸단 말이요.}3

너름에는 풋나무{여름에는 풋나무}3

녀름(여름) *녀름엔 데럽니{여름에는 □□□}1

녀르메는 학생드리 모여 공부하구{여름에는 학생들이 모여 공부하고}1

너이(넷)1

널(널) *널으 뛰그…{널을 뛰고…}

녀자(녀자) {여자} *혼자 녀자덜이 사능 게있지 않습니까?{여자들이 혼자 사는 게 있지 않습니까?}

녀자 혼자서 살믄{여자 혼자서 살면}3

노리(추리) {자두}5

노지리(종달새, 노고지리) *노지리는 이제 오래지 않아 옵니다{종달새는 이제 오래지 않아 옵니다.}4

노제미(노전) {깔개}

깔까래{노점(盧簟)}

구름까래(나무노전){귀퉁나무깔개}　*구름까래　튜해서{귀퉁나무깔개가
　　추해서}3

노친네(남자 늙은이) {바깥노인}5

놀구(노루) *놀구는 코:먹어두{노루는 콩을 먹어도}3
　　뗴댕기는 놀구두 못 잡는 게 날아다니는 새 잡겠다구{뛰어다니는
　　노루도 못 잡는 게 날아다니는 새를 잡겠다고}3

놀가지(노루)1

농새질(농사질) {농사일} *열댓살부터 농새질 하구{열댓 살부터 농사일
　　을 하고}

농사딜(농사질) {농사일} *농사딜 할덕에는{농사일을 할 적에는}

농세질(농사질) {농사일} *농세질 실어서{농사일이 싫어서}1

누(누리) {세상, 평생} *한누: 농새:질해서{한뉘(한 평생) 농사일을 해
　　서}2

누덕저구리(누비저고리) *누덕저구리 잔뜩 뉘베 닙었디{누비저고리를 많
　　이 지어 입었지.}3

누르다 *맷돌에다 갈아서 니게서 분에 넣구 누르디{맷돌에 갈아서 이긴
　　후 분틀에 넣고 누르지.}3

누비(누에) *갈누비(작잠) 칩니다{산누에를 칩니다.}3
　　앞에두 갈 누벨 칩니까?{남쪽에서도 산누에를 칩니까?}3
　　피마잠 누비 잘 안됩디다{피마자 누에 잘 안됩디다.}3

누베(누이)3

누꾸(윷) *누꾸 팁니{윷을 쳐요.}1
　　누끼 큰 노름인데{윷이 큰 놀음놀이인데}1
　　말씀 누꾸(말 쓰는 윷)1

니기다(이기다) *맷돌에다 갈아서 니게서 분에 넣구 누르디{맷돌에다 갈

아서 이긴 후 분틀에 넣고 누르지.}3

人體 구조:

니매(이마)3

눈썹{눈썹}3

눈{目}3

귀(耳)3

구이(耳)3

귀띠 (耳)3

숫궁기{숫구멍}3

입(입)3

주둥이(입)3

아가리(입)3

코{鼻}3

탁(턱)3

택(턱)3

택사리(턱)3

셰(舌)3

셋디:(舌)3

옘(수염)3

수염(수염)3

목{頸}3

모가지{頸}3

자개미(겨드랑이)

겨대'ㅇ'끼다{겨드랑이를 끼다.}3

가슴(胸)3

배(腹)3

뱃북(배꼽)3

손'등{손등}3

손'바닥{손바닥}3

팔{臂}3

폴{臂}3

오금(허티)(下肢)3

니애기(이야기) *그때 니애기르 알아사 하디{그때 이야기를 알아야 하지.}3

댕기던 니애기나 하오{다니던 이야기나 하오.}3

니애기(이야기)1

내:기(이야기) *환상:바티던 내:기?{환상(還上＝還穀) 바치던 이야기?}5

니야기(이야기) *니야기 뭐 할 이애기 있슴{이야기, 뭐 할 이야기가 있습니까?}1

이애기(이야기)1

닐다(일다) {일어나다} *전쟁 닐어서{전쟁이 일어나서}2

니팝(이팝) {이밥} *삼시 니팝으 먹구{삼시 이밥을 먹고}2

닙다(입다) *너자들은 닙을 벌이 하구 남자들은 먹을 벌이 하디{여자들은 입을 벌이를 하고 남자들은 먹을 벌이를 하지.}3

닙쌀(입쌀) *닙쌀이 흔하디 조일 전쉬 아니 심으니까{입쌀이 흔하지. 전부 조를 안 심으니까.}3

닐굽(七) {일곱} *사령, 관로 틍이 닐굽 텡인데{사령, 관로 층이 일곱 층인데.}

닐굽(일곱) *닐굽층대 집이 있드라우.{7층짜리 집이 있더라오.}1

내굴(연기) *연듸라는거 내굴이 크믄 큰일났다구{연대(煙臺)라는 건 연기

가 많이 나면 큰일 났다고}3

내굴이 쳐서 그렇나{연기가 나서 그런가}3

냉기(남ㄱ) {나무} *산에 냉기 얼마 없었슴{산에 나무가 얼마 없었어
요.}2

봄이믄 낭그하디{봄이면 나무를 하지.}2

나매(남ㄱ=목) {나무} *갈나매(秋木){가을나무}

봄나매(春木){봄나무}

냉기(나무) *경원보구 냉기 더 없습니다{경원보다 나무가 더 없습니다.}3

낭근 기왕보다 더 무성합니다{나무는 이전보다 더 무성합니다.}3

기슴 매구선 칠월에 푸냉기랑거 서른 댓술기 하구{김을 매고서는
칠월에 풋나무라는 걸 서른 댓 수레 하고}3

낭기(나무)

냉멘(兩面) *냉멘이 모두면 한 멘이 안됐습니까?{양면을 합치면 한 면이
안됐습니까?}3

다라치(다랭이) {다래끼}5

다망하다(도망하다) *몇이서 다망했던둥 어쨌든둥{몇이서 도망을 했든지
어쨌든지.}2

다비다(갈아엎다) *보리는 칠월이믄 베구 보리 글그 다비구 이듬핸 구밀
으 싱거서{보리는 칠월이면 베고 보리 그루터기를 갈아엎고 이듬
해는 귀리를 심어서}2

세벌으 다비능것드 있구{세 벌을 갈아엎는 것도 있고}2

다슷(다섯) *술이 다슷 가락밖에 없엇…{숟가락이 다섯 가락밖에 없
었…}1

닷세날{닷새 날}1

다:타(딿다) *이래 다:아서{이렇게 딿아서}1

닥수리(독수리) *저녁이믄 닥수리 더러 거기와 자구{저녁이면 독수리가

더러 거기 와서 자고}1

단이(단오) *단이가 제일큰 명절입니다{단오가 제일 큰 명절입니다.}3

단이에 떡하구{단오에 떡을 하고}3

즉금 단이라능거 없습디다{지금 단오라는 거 없습디다.}3

다느(단오) *다느르, 취셔: 한식두 ㅅ,구{단오. 추석, 한식도 쇠고}1

달(月) *달마다 너덧말씩 댓말씩 가지다가{달마다 너덧 말씩, 댓 말씩 가

져다가}2

덜(月) *석덜 알았소{석 달을 앓았소.}1

달그료(닭의 모이) {닭 모이, 닭 사료} *달그료 하구{닭 사료를 하고}1

달걜(계란)

달비(달비) {다리} *달비 이래 큰 거{다리(假髮)가 이래 큰 것}1

담바(담배)

담베(담배) *내 담바만 못해서 아니 먹겠소{내 담배보다 못해서 안 피우

겠소.}2

내 담베만 못하서…내부텀 먹슈리{내 담배보다 못해서… 내부터

피우□□}2

담배(담배) *담배 겉은것두 금하는 때이구{담배 같은 것도 금하는 때이

고}2

담배야 텐디 개벽부터 싱거먹디{담배야 천치개벽 때부터 심어 먹

었지.}2

당일(當日) *당일루 간답데{당일로 간데요.}1

댱게(장가) *댱게 가야 봤디{장가야 가보았지.}3

댱사군(장사'군) {장사꾼} *댱사꾼덜 돈 막 글때르느 말이…{장사꾼들이

돈을 막 □□□□ □□…}3

댱시(장사) {장사꾼} *댱시더리 개오니 쌌디{장사꾼들이 가져오니 샀

지.}1

더기(저기) *더기 데 집에 있습네니{저기 저 집에 있습니다.}1

더븐(더운) *더븐 날은 덥습넨다{더운 날은 덥습니다.}3

덩강 마디(무릎)3

덩때(선반)3

가매목(부뜨막) {부뚜막}5

부스깨(부엌, 부엌아궁이)5

바당(부엌 바당) {부엌바닥}5

농(의복을 넣어두는 농) {옷농}5

뎐기(전기) *뎐기 다마를 맨든다는 소리를 들었다{전구를 만든다는 소리
    를 들었다.}1

뎐보(전보)

뎐화(전화) *뎐보, 뎐화 하믄사{전보, 전화를 하면야}4

통기(통지) *통길하자믄 산꼭대기에{통지를 하자면 산꼭대기에}4

뎐재(노전) {깔개}1

도라지(도라지) *고사리 도라지 버슷을 뜯어 말이우구{고사리, 도라지,
    버섯을 해서 말리고}3

도래기(다로기) *도래기는 잘 니게서 신구서{다로기라고 털가죽을 잘 이
    겨서 만들어 신고서}1

도사(조사) *도살 댕기는 거{조사를 다니는 거}3
    도사두 심했습니다{조사도 심했습니다.}3

도투(돼지) *떡 해 먹구 도투 잡아먹구{떡을 해먹고 돼지를 잡아먹고}3

돼지(돼지) *돼지고기…{돼지고기…}2

도투(돼지) *도투 자바 먹구{돼지를 잡아먹고}1
    이글렌 도탈 못잡구{이 근래는 돼지를 못 잡고}1

돼지(새끼돼지)

동(ㅇ)아꼬지(호박꽃)3

동(ㅇ)꼬지(호박꽃) *동꼬지 피구사{호박꽃이 피고야}3

도에(호박) *도에르 심으구 박두 심으구{호박을 심고 박도 심고}1

도끼(도끼) *도끼질{도끼질}1

독재아들(외아들) *나 독재 아드르 죽이구{나 외아들을 죽이고}1

돌(石) *도:르 메다가{돌을 메다가}1

동(東) *서, 동, 북문{서문, 동문, 북문}1

동지' 달(冬至月) {동짓달} *동지'달쯤 돌아오믄{동짓달 쯤 돌아오면}3

섣달{섣달}3

동삼(겨울) *동삼에는 무수같은 거{겨울에는 무 같은 거}3

    동삼에는 물이나 멀문{겨울에는 물이 멀면}3

    동삼에 눈이 이렇게 많이온 넌엔{겨울에 눈이 이렇게 많이 온 뒤에는}3

    동삼으 난년에 싹이터서{겨울을 난 후에 싹이 터서}1

둏다(好) *바티 둏은밭은 없구 온통 망던을 가지구 살아나가는데{밭이 좋은 밭은 없고 죄다 박토를 가지고 살아나가는데}2

    둏은때 어떠갔소 나: 먹구 죽능거 할쉬 있소{좋은 때지만 어쩌겠소, 나이를 먹고 죽는 거 할 수 있소?}2

두루옷(두루마기의 총칭)4

두비(두부)5

두티다(간격을 두다) *신은 조금 두티:노쿠{신은 조금 간격을 둬서 놓고}1

두엄(두엄) *겨울에는 두엄이나 내구{겨울에는 두엄이나 내고}1,2

    제밭 두엄 내구 제지끔{제 밭에 두엄을 내고 제가끔}2

    보리르 두엄에다 버므래서{보리를 두엄에다 버물어서}2

두이(뒤) *이 두이 길여게(옆에){이 뒤 길옆에}1

두께(두께) *두께 이렇게 왔소{두께가 이렇게 (두껍게) 왔소.}1

듕기(물독)1

듕국(中國) *듕국 따:이 아니겠소{중국 땅이 아니겠소?}3

드럼(밭두덩) {밭두렁} *드럼: 매구 물으 대놈니{밭두렁을 매고 물을 대
　　　놓아요.}1

드레(켤레) {켤레} *신 세 드레 개구셔{신 세 켤레 가지고서}1

들다(들어오다) *집에 확 드더니{집에 확 들어오더니}1

등이(등예) {등에} *등이 있구{등에가 있고}3
　　　놀가지에서 나는 게 등이라는 게{노루에서 나는 등에라는 게}3

두에(등예) {등에} *두에라능게 있습네 노랑 누에서 나능게{등에라는 게
　　　있습니다. 노랑 번데기에서 나는 게}1

등(등불의 일종) *등이라는 거 쌀으 찢어서 강치 않은 거{등이라는 건 쌀
　　　을 씻어서 앙금 앉은 거}1
　　　(삼심을 빼서 쌀 씻은 물앙금이를 묻혀서 만든 등)

등갱이(등받이개) {등거리}3

디우(지위) *스스로 디우 높아진단 말이요{스스로 지위가 높아진단 말이
　　　요.}3

디우다(지내다, 보내다) *한 해르가 디워 왔소{한 해를 지내고 왔소.}2
　　　여러 날 안 디윗소{여러 날 안 보냈소..}1

딮(짚)1

대니다(다니다) *어디가 대니는지 어찌 알겠소{어디를 다니는지 어찌 알
　　　겠소..}1
　　　큰집을 내 종종 대니지 못하구{큰집을 내가 종종 다니지 못하
　　　고}1

댕기다(다니다) *댕기던 이야기나 하오{다니던 이야기나 하오.}3

뛔 댕기는 노루두 못 잡는 거{뛰어다니는 노루도 못 잡는 거}3

대자:함(대장함) {예장함} *셔바: 가자문 대자:함이라구 있지 않습니까?

{장가를 가자면 예장함이라고 있지 않습니까?}3

댕기(댕기)1

데(저) *더기 데 집에 있습네니{저기 저 집에 있습니다.}1

되다{되다} *비드 제서 해뱅이 되니…{빚을 져서 해방이 되니…}2

덴넨(작년) *내 덴넨에 그런 돈 써 봤소{내가 작년에 그런 돈을 써봤소.}1

마감(終) *마감엔 내 처두 사디 못해{마감에는 내 처도 살지 못해}2

마감에 공출으{마감에 공출을}2

마끗(끝) *마끗까지 나감{끝까지 나가요.}2

마늘(마늘)1

마우제{러시아, 러시아인} *쏘련을 마우제라 하디 않았소?{러시아를 마우제라고 하지 않았소?}3

다:놈{되놈} *다:놈이라구 했디{되놈이라고 했지.}3

마흔하나(41) *마흔 한핸가?{마흔 한 해인가?}3

맏크라반(할아버지의 형들) *우리 맏크라반네 루쇼이구{우리 큰할아버지는 누소(陋小)하고}1

말기다(말리다) *가슬에서 하믄 가슬 님재 말기디{임야에서 하면 산야주인이 하지 말라고 말리지.}2

맞질(마당질) *가을에 맞질해서{가을에 마당질해서}3

먹색(회색)3

멀귀(멀루) {머루}1

다래(다래)1

깸(개암) {개암}1

딜구배:＝들리구배:(찔괴이) {산사 山査}1

복쉐(복숭아)1

밤, 참밤(밤) {栗子]1

배(梨)1

사과(사과)1

썅배(돌배)1

살귀(살구)1

왜지(오얏) {자두}1

모귀(모기) *모귀라는 게 있는거{모기라는 게 있는 거}1

모리(마리) *수탉이 세 모리{수탉이 세 마리}1

모다서(모여서) *남녀 다 모다서 구리두 뛰구 시름하구{남녀가 다 모여서
　　　　그네도 뛰고 씨름도 하고}3

모다서(모아서) *모다서 두세히…{모아서 둘 셋…}2

모두다(합치다) *냉멘이 모두믄 핸멘(一面)이 안 됩습니까?{두 면을 합치
　　　　면 한 면이 안 됐습니까?}3

모딜(몹씨) {몹시} *모딜 금했슴{몹시 금했어요.}3

모세(모래) *모세를 실어셔{모래를 실어서}1

모이(묘, 무덤)1

목수(목수)1

친척 관계:

몯(친척 관계에서 부모의 이상'벌 되는 형제 '남녀'에 붙이는 접두사)

못(맏) *못형님 돌아가구{맏형님(伯兄)이 돌아가고}1

몰(마을) *방우 아래 집몰루 한덩하구{바위 아래 마을로 한정하고}1
　　　　집모리 아닙니{마을이 아니에요.}1

몰(馬) *몰으 내려셔 갔소{말에서 내려서 갔소}1

무둥(문중 門中) *무둥에 아: 하내 있어{문중에 아이가 하나 있어.}1

무섭다(무섭다) *기나가기 참 무섭단 말이{지나가기가 참 무섭단 말이
요.}3

무수, 무꾸(무) *동삼에는 무수 같은 거{겨울에는 무 같은 거}3

배채{배추}3

고치{고추}3

마늘{마늘}3

파{파} *너름에는 풋나무새 배채, 마늘, 고치, 파{여름에는 풋나물로 배
추, 마늘, 고추, 파}3

무슨{무슨}

무시기(무스개) {무엇} *무스개 타던가?{무엇을 타던가?}1
농군이디 무슨 부재:하는 사람이{농사꾼이지, 무슨 부유한 사람이}3

무스거(무엇)1

묵밭(묵은 밭) {묵밭, 묵정밭} *묵밭에 심습니다{묵밭에 심습니다.}3

물뱅:(물방아) *물뱅:라는 거 있소{물방아라는 게 있소.}3

물함박(쌀함박) {이남박}5

묶다(束) *우리 사름이 삭으 받구 묶어두 주구{우리 사람이 삯을 받고 묶
어도 주고}2

미명(무명)1

매( ) *매랑거 종자 없습니다{□□□ 종자 없습니다.}3

매다(매다) *네벌 매구사{네 벌 매고야}1

매밀(모밀) {메밀} *매밀 국슈르 맨들구{메밀국수를 만들고}3
매밀으 심으믄 델 돟다는데{메밀을 심으면 제일 좋다는데}3

맷돌(매돌) {맷돌} *맷돌에다 갈아서{맷돌에다 갈아서}3

맨드다(만들다) *호미르 해서 맨드구{호미를 해서 만들고}2

멧도티{멧돼지}3

노르{노루}3

범{범}3

시내:이(승냥이)

여수(여우) *시내: 같은것두 있구 여수두 있습디다{승냥이 같은 것도 있
고 여우도 있습디다.}3

시내:(승냥이)

묏도티(맷돼지) { 멧돼지}

맷제(산제) *맷젤 기냅니{산제를 지내요.}1

메드레(바께쯔) {바께쓰, 양동이}5

메커리(삼으로 삼은 초신) {미투리} *메커리, 도래기 삼아 신었다.{미투
리, 다로기를 삼아 신었다.}3
메커리두 신구{미투리도 신고}1

백지총 메커리{시집가는 신부가 신는 초신}3

메커리(초신) {미투리}1

메우다(무치다) *나물 메우다{나물을 무치다}5

바그(밖) {바깥} *바그트르선 우리베기냐?{바깥으로는 우리 벽이냐?} 1

바닥(바다) *웅기나 해진 그 곳두 바댁인데…{웅기나 해진 그 곳도 바다
인데…}3

바당(부엌 바당) {부엌바닥}5

바름(바람) *바름이 확 분단 마리:{바람이 확 분단 말이요.}1

바티다(바치다) *뉵등해서 쌀이 여러말 바티는데{6등을 해서 쌀을 여러
말 바치는데}2
쌀으 바티디, 식구는 여러이디{쌀을 바치지, 식구는 여럿이지.}2

바쁘다(急) *바쁜 때오{급한 때요.}2

박(박) *도에르 심으구 박두 심으구{호박을 심고 박도 심고}1

박다(밝다) *박소 박구말구{밝소, 밝고말고.}3

박자:(우박) *장하던겐데 박자:테서 통갈⋯{한창 자라던 것인데 우박이
　　　쳐서 모두⋯}1

밤자다(밤이 깊다) *밤잔 두에⋯{밤이 깊은 뒤에⋯}1

밥푸기(밥죽) {밥주걱}5

밭(밭) *바티 돟은 밭은 없구 온통 망던을 가지구 살아가는데{밭이 좋은
　　　밭은 없고 죄다 박토를 가지고 살아가는데}2
　　밭 갈이르 하구{밭갈이를 하고}2

방우(바위) *방우 아래 집몰루 한정하구{바위 아래 마을로 한정하고}1

버슷(버섯) *고사리, 도라지, 버슷을 뜯어 말리우구{고사리, 도라지, 버섯
　　　을 해서 말리고}3

버주기{버치}5

가매(솥)5

상(상) {밥상}5

박죽(나무박죽){나무밥주걱}5

밥푸기(박죽) {밥주걱}5

번드시(반듯이) *네그(네모) 번드시 즐거서(묶어서){네모 반듯이 묶어서}5

보구(보다) *제네 보군 어바:업수꾸{이전보다 어림없습니다.}1

보댑이(보드랍게) *보댑이 해서{보드랍게 해서}2

보드랩이{보드랍게} *두엄이라구 보드랩이 해서{두엄이라고 보드랍게
　　　해서}2

곡식들:

피낮{피}2 *구밀, 피낮이라, 구이밀이라 싸두 먹구(귀리, 피랑 귀리랑 사
　　　서도 먹고}2

조이{조}2

콩{콩} *보리, 콩, 수수=수꾸{보리, 콩, 수수}2

　　　노루는 코: 먹어두{노루는 콩을 먹어도}2

　　　콩두 잘 매문 다스, 여스 블…{콩도 잘 매면 다섯, 여섯 벌…}2

보리(보리)

바리(보리) *보리바리: 조이 코 보리라{보리, 조, 콩, 보리랑}2

보리쌀{보리쌀}

강냉이{옥수수}2

누룩{누룩} *보리쌀이나 강냉:루 싹으 내서 누룩으 맨들어 잰단말이{보
　　　리나 옥수수로 싹을 내서 누룩을 만들어 물에 푼단 말이요.}

보섭(보섭)1

버션(버선)3

보꾸다(보꾸다) {볶다} *나물 보꾸다{나물을 볶다}3

뙊다(닦다) {볶다} *콩 뙊다{콩을 볶다}3

복인(상복을 입은 사람) {복인 服人} *송재: 있구사 복인이 있디{송장이
　　　있(사람이 죽)고야　복인이 있지.}1

볼디(매우) *예, 볼디 왔소{예, 많이 왔소.}1

　　　볼디 덥습니{매우 더워요.}1

봄{봄} *봄이믄 낭그 하디{봄이면 나무를 하지.}2

부대(포대) *한 부대라능게…{한 포대라는 게…}2

　　　몇 부대씩 해서{몇 포대씩 해서}2

부서 놓다(부리워 놓다) {부려놓다} *갱번에다 부서 놓구선{강변에다 부
　　　려놓고는}1

부스께질(부엌일) *부스께질 할꺼 없소{부엌일을 할 게 없소.}5

부술기(기차) *부술기 타 보갔다구{기차를 타보겠다고}3

부슬기 없다{기차가 없다.}3

브스깨(부엌아궁) {아궁이}5

부재하다(부유하다) *다 농군이디 무슨 부재하는 사람이…{다 농군이지

　　　무슨 부유한 사람이…}3

　　　넷날에 부재하는 사람보문{옛날에 부유한 사람을 보면…}3

북(북) *서, 동, 북문{서문, 동문, 북문}1

비늘(비늘) *고기비늘{물고기 비늘} 1

빈(빚) *빈으 제서 해뱅되니{빚을 져서 해방되니}2

　　　비들내서 가져 갔슴메{빚을 내서 가져갔어요.}2

　　　죽드마자구 빈으 지구{죽지 말자고 빚을 지구}2

　　　남으 돈 맡아 쓰다나니 빈으 안썼겠슈{맡겨둔 남의 돈을 쓰다보니

　　　빚을 안 졌겠소.}2

비재이(날아다니는 장수) {飛將}1

배(베) *배:르 해가지구서 댱샤르 하구{베를 해서 장사를 하고}3

배내다(베 낳이 하다) {베틀로 베를 짜다}

　　　*네자 분덜이 배난다는 것이…{여자들이 베 낳이한다는 것이…}3

배채{배추}

무스{무} *배채, 파하구 무스두 집이서 심그{배추, 파하고 무도 집에서

　　　심고}2

고치{고추}

파{파}

마늘{마늘} *고치, 마늘, 파 심그구{고추, 마늘, 파를 심고}2

백성(百姓) *백성덜이 살디 못했슈{백성들이 살지 못했소.}2

베(벼) *베가 한 사십프로구 한던입니다{벼농사가 한 40프로고 (그밖에

　　　다)한전입니다.}3

베질(벼농사)1

벵사리(병) *벵사리에 꽂았는데 폇습데{병에다 꽂았는데 폇데요.}4

벵(병) *몸이 벵이 많소{몸이 병이 많소.}2

뷈(범)1

사들게(진퍼리) {진펄}

진흐레(진퍼리) {진펄} *뻬리랑게 사들게 않있소{뻘이라는 풀이(섬 만드
는데 재료로 쓰이는 일종의 풀) 진펄에 있지 않소.}1

사들개(진펄) *사들개서 나디{진펄에서 나지.}1

사름(人)) *사름 차즈라 갔다 왔소{사람 찾으러 갔다 왔소.}1

　　　　소런으 사름 일두 했소{소련 사람의 일도 했소.}1

　　　　그때 사름 둘 죽어…{그때 사람이 둘 죽어…}3

　　　　우리 사름이 삭으 받고{우리 사람이 삯을 받고}2

　　　　사름이 댓…{사람이 댓…}3

사람(人) *일본 사람덜이 와셔{일본 사람들이 와서}5

　　　　일분 사람이 왔다{일본 사람이 왔다.}1

　　　　부자 하는 사람덜이{부유한 사람들이}

　　　　사람두 죽었습니다{사람도 죽었습니다.}3

삭(쌌) {삯} *우리 사람이 삭으 받구 묶어두 주구{우리 사람이 삯을 받고
묶어도 주고}2

곽쟁이(곽쟁이) {괭이}5

살귀(살구)4

왜지(오얏, 벗나무){자두} *살귀꽃, 왜지꽃 이래 피나?{살구꽃, 자두꽃 이
렇게 피나?}4

배(배) *배꽃이든지 꽃은 다 핍늬{배꽃이든지 꽃은 다 펴요.}4

살다(살다) *제원에서 살았소{경원에서 살았소.}2

　　　　잘 살구 못 사능게 아니 있었갔소{잘살고 못사는 게 있지 않았겠

소.}2

　　가난 항거 법에서 내살구라그 아니하오{가난한 걸 법에서 살리라
　　고 하지 않소.}2

샥년(작년) *샥년에 원래 여기서 못 심었소{작년에 원래 여기서 못 심었
　　소.}1

샥년(작년) *샥년에라 크럭게라{작년이랑, 재작년이랑}1

서넛(3, 4) *아들이 서넛 됩니다{아들이 서넛 됩니다.}3

서른(설흔) {서른} *서른날 가리르 심었니{한 달 갈이를 심었니?}1

서방(신랑) *서배: 서방 가구 그랬디{신랑이 장가가(결혼하)고 그랬지.}1

서방가다(장가들다) *서바: 못 가갔습니다{장가를 못 가겠습니다.}3

　　셔방: 가자믄 대자:함이라구 있지 않았습니까?{장가를 가자면 예
　　장함이라고 있지 않았습니까?}3

시집가다(시집가다) *새기 시집가구{처녀(여자)가 시집가고}1

서방가다(장가가다) *서배: 서방가구 그랬디{신랑이 장가가(결혼하)고 그
　　랬지.}1

서이(셋)1

설{설} *델 큰거사 설입디오{제일 큰 명절이야 설이지요.}3

설쇄다(설새다) {설 쇠다} *설으 쇄는…{설을 쇠는…}2

셔(서) *서문은 워니 자주 출입하구{서문은 (고을의) 원이 자주 출입하
　　고}1

셕매(연자망) {석마} *셕매다 찌쿠{석마에다 찧고}1

　　셕매라구{석마라고}3

셰(혀)3

셋디(혀)3

소건(베 두건, 상제들이 쓰는 두건) {두건}1

소곰(소금) *술기 가믄 소곰으{수레가 가면 소금을}1

소나기(소나기)1

소런(쏘련) *더 소런에 갔다온 이얘기를{저 소련에 갔다 온 이야기를}2

    소런에르?{소련에를?}2

    그때느 소런에 돈은…{그때는 소련의 돈은…}2

속치(속아지) {속대} *사므 베게서 속치르…{삼을 벗겨서 속대를…}1

손비(손자며느리) *손비: 말기드라우{손자며느리가 말리더라오.}1

손자(손자) *손자:ㄹ 봤습니다{손자를 봤습니다.}3

손씻꾸(싹 걷어치우다) *손씻구 논단 말이{싹 걷어치우고 논단 말이요.}3

솔아지(松枝) *갈나무 솔아지두 티구{가을나무로 소나무가지도 치고}3

송군(손자) *기리다 나니 하내이 있구 송군이 없소{그러다보니 하나가 있
    고 손자가 없소.}1

송애(송어)3

쇼(소) *츄셕(秋夕)은 숄: 잡았습니다{추석은 소를 잡았습니다.}3

    쇼만 잡갔소?(소만 잡겠소?)

쇠(소) *쇠르 운두루 맡아{소를 임소를 맡아}1

수탈(수탉)1

수꾸(숯) *수꾸 굿거나{숯을 굽거나}3

수꾸(수수) *맷도티 수꾸 결단 내지비{멧돼지가 수수를 결딴내지.}3

숙끄(수수)1

술(숟가락) *술이 다슷 가락 박께 없었…{숟가락이 다섯 가락밖에 없
    었…}1

    술두 넉갇이던게{숟가락도 네 가락이던 게}1

술기(수레) *한 술기 가믄 소고므 네가마스…{한 수레 가면 소금을 네 가
    마니…}1

기슴 매구선 칠월에 푸낭기 랑거 서른 댓 술기하구…{김을 매고서
　　　는 7월에 풋나무라는 걸 서른 댓 수레 하고…}3
　　　한 술기 다 못실었소{한 수레에 다 못 실었소.}2
　　　두 술기 해서 한술길{두 수레를 해서 한 수레를}2

숫궁기(숫가매) {숫구멍}3

스늬비(시누이) *안깐이 있구 스늬비 있구{아내가 있고 시누이가 있고}2

스므(20) {스물} *스므 말이구{스무 말이고}2

스물넷(24) *스물 네살이 됐구{스물네 살이 됐고}3

스애비(시아버지) *스애비는 야든 하냉기 속뼝이 있어{시아버지는 여든
　　　　하나인데 속병이 있어.}2

시곡(끼니) *요샌 시고그 끓인다는 게 억질루{요새는 끼니를 끓인다는 게
　　　　억지로}5

시내: (승냥이)3

시름(씨름) *남녀 다 모다서 구리두 뛰구 시름하구{남녀가 다 모여서 그
　　　　네도 뛰고 씨름도 하고}3

식솔(식구) *식솔두 많아서 몇해르 돈이 있어사 나옵디{식구도 많아서 몇
　　　　해 동안 돈이 있어야 나오지요.}3

신다리(넓적다리)3

실개미(실패)5

심다(植)3

싱그다(심다) *낙엽송으 심는단 말이오{낙엽송을 심는단 말이요.}3
　　　　묵밭에 심읍니다{묵밭에 심습니다.}3
　　　　담배야 텐디개벽부터 싱거먹디{담배야 천지개벽 때부터 심어 먹
　　　　었지.}3

새(乾草) *새르 쳐서 눕혔다가…{새나무를 쳐서 눕혔다가…}2

새:기(신부) *새:기르 구겨: 나 할 수 있소{신부 구경이나 할 수 있소}3

새납(새납) {태평소} *나발부러 새납 부러 오랬습니{나발을 불고 태평소
　　　를 불며 오라고 했습니다.}1

새치(미꾸라지) *새치랑개 요렁게 있슴{미꾸라지라는 게 요런 게 있습니다.}3

새파랑(초록) *조고린 새파랑게{저고리는 새파란 게}6

새원(시동생)

색깔(색) *먹색(灰色)

　　　검은, 흰, 검뎅이, 초록{검은색, 흰색, 검정색, 초록색}

　　　붉은, 퍼렝이, 푸른{붉은색, 퍼런색, 푸른색}

　　　부모가 돌아가믄 검은 게란 못부텟소 모두 흰게디{부모가 돌아가

　　　면 검은 것을 못 붙였소. 모두 흰색이지.}3

　　　먹색이란 먹 갈아 디리디{먹색은 먹을 갈아서 들이지.}3

　　　너자덜은 검뎅이, 초록, 푸른 거나 붉은 거…{여자들은 검정색, 초

　　　록색, 푸른색이나 붉은 색…}3

세셍(세상) *세셍 그러우{세상이 그러오.}2

세규(석유)1

쇠줄(쇠줄) *두에다 쇠줄으 느린 게…{뒤에다 쇠줄을 늘인 것이…}1

쇄(소) *쇄르 네짝으 부링게…{소를 네 마리를 기르는 게…}1

쇄지(송아지)1

쉬천(수천 놀이) {그네뛰기}*밤낮 쉬천 놀이나 한단 말이…{밤낮 그네뛰

　　　기나 한단 말이요.}3

쉬천(그네) *쉬천 놀이두 하구{그네뛰기도 하고}

자구리(자구) *자구리느 드디구{자귀는 던지고}2

　　　자굴 드디구{자귀를 던지고}2

자개미(겨드랑)3

작뒤(작두) *작뒤에…{작두에…}1

잘기(자루, 쌀자루)5

장물(국)5

굿배(끝방)	방(가운데 방)	정지
안 빠:(안방)	고배:ㅇ(광)	

저낙(저녁) *저낙에는 덕수리덜이 저기와 자구{저녁에는 독수리들이 저기
에 와서 자고}1

한식은 아적이구 다느는 경심이구 추서기 저내기라구{한식은 아
침이고 단오는 점심이고 추석은 저녁이라고.}1

정되다(잘되다)1

졀(절가락) {젓가락} *졀우 이런 놋쇄저르 마흔…{젓가락을 이런 놋쇠젓
가락을 마흔…}1

즈고리{저고리}

조구리{저고리}

처마(치마)

바디(바지)

속적삼{속적삼}

좨끼(조끼)

브션(보선) {버선} *바딜 떡 해 닙였단 말이{바지를 떡 해 입혔단 말이요.}

좨끼랑거 모르우{조끼라는 걸 모르오.}

즈고리 하나 입으믄 되디{저고리 하나를 입으면 되지.}3

보션 신는거 보션으신디{버선을 신는 사람은 버선을 신지.}

누덕저구리(느비즈고리) {누비저고리} *잔뜩 눼서 입었디{많이 누벼서
입었지.}

조이(조) *□□에 조이 한말이구{□□에 조 한 말이고}1

조이 서말씩 거더 갔디{조를 서 말씩 거두어 갔지.}1

조이찰떡(조찰떡) {조차떡}1

족팀(발방아) {디딜방아} *발루서 띃는거 족팀이라구{발로써 찧는 걸 디
딜방아라고}3

지게방{물방아}3

지게바:에{물방아}3

주패(酒牌) {주류 판매영업 허가증} *주패 있는 집이서는 문데 없구{주류
영업허가증이 있는 집에서는 문제가 없고}3

즈금(지금) *즈금 녯날보구사 아주 태평이유{지금은 옛날보다야 아주 태
평하오.}3

즈금 돟은 때:ㅂ니다{지금 좋은 때입니다.}3

즘승(짐승) *큰 즘승: 혹시 만난 분두 있습디다{어쩌다가 호랑이를 만난
분도 있습디다.}3

증손(증손) *증손이 있어{증손이 있어}1

증편(증편, 제지낼 때 찰떡 위에 꼭 하나만 고이는 떡.) *증편이라는 거느
닙쌀 단그띠어 가지구 거기다 보리 길금으 만들어 괘우군 가마에
다 보 폐구 띠:믄 음식이 탈이 안 납니다{증편이라는 건 입쌀을
담갔다가 찧어 가지고 거기다 엿기름을 넣어 발효시킨 다음 가마
솥에다 보를 펴고 찌는데 이 음식은 탈이 안 납니다.}3

송편(송편)

지다(나다) *베티 지믄 녹겠수{볕이 나면 녹겠소.}1

지슴(김) *하부차믄 기슴으 맸소{혼자면 김을 맸소.}2

지지다(지지다) *기름에 지진단 말이오{기름에 지진단 말이요.}3

짐(밭면적을 재는 단위) *□□ □□□□

할가리 열짐 쳰평{하루갈이 열 짐, 열 짐은 천평}2

백평: 한짐 열지미 천평{백 평이 한 짐, 열 짐이 천 평}2

집(집)1

재놓다(쥐어놓다) {재 놓다, 쌓아 놓다}*무데기루 재:놓그…{무더기로 재 놓고…}

재다(물에 풀다) *누룩으 만들어 잰단 말이오{누룩을 물에 푼단 말이요.}3

제테리(남비) {냄비}5

재빨가타(새빨갛다) *재빨간 거{새빨간 것}1

제매기(겨울 두루마기) {겹두루마기} *보통 제매기지{보통 겹두루마기지.}4

제지끔(지각금) {제가끔} *제지끔 두엄해서 제 밭에 내구{제가끔 두엄을 해서 자기 밭에 내고}2

제비{제비} *것두 사월에 옵니다{제비도 4월에 옵니다.}3

젠년(작년) *젠년엔 많이 왔습니{작년에는 많이 왔어요.}1

재:비(제 아비) {아버지}1

죄곰 하다(조고맣다) {조그마하다} *죄금 함메{조그마해요.}1

차니(찬찬히) *우리: 차니 아니 봤소{우리는 찬찬히 안 보았소.}1

차니떡(이찰떡) *지금은 차니떡두 하구{지금은 이찰떡도 하고}1

차니ㅂ쌀(찹쌀) *차닙쌀으 넣가지구 가는데…{찹쌀을 넣어가지고 가는데…}3

참대(참대) *참대 쪼각…{참대 조각…}1

참새(참새) *참새랑게 많습니다{참새라는 게 많습니다.}2

차사가다(찾아가다) *그집 차사 가시우{그 집을 찾아가시오.}3

창문(창문) *창문이랑게 하나두 성한게…{창문이란 것이 하나도 성한 게…}1

창옷(여름 두루메기) {홑두루마기} *여름에사 창옷으 입디{여름에야 홑

두루마기를 입지.}4

청애(청어) *마반에 청애 고등애 연애 송애에…{마반냄물(남쪽으로 흘러
가는 바닷물)에 청어, 고등어, 연어, 송어에…}3

처암(처음) *처암 왔슴{처음 왔어요.}2

청훈(청혼) *청훈하디{청혼하지.}1

초매(치마)5

처마(치마)5

배지:(등거리)4

가웃저:리(갓저고리) {겉저고리}5

제매기(두루마기) {겹두루마기}5

조고리{저고리}

동정{동정}5

깃{깃}5

초하루(초하루) *초하룻날인가?{초하룻날인가?}3

챔밀(참밀) *챔밀 심으구 메밀 심으구{참밀을 심고 메밀을 심고}21

챔멘(당면) **챔멘 해왔디**{당면을 해왔지.}1

체네(처녀)1

챤(배 舟) *챤을 타구{배를 타고}1

취석(추석) *취석은 숄:잡았습니다{추석은 소를 잡았습니다.}3

칼(칼) **투줴칼 작두두 보구**{도재(屠宰)칼 작두도 보고}1

켜다(켜다) *불을 켠다{불을 켠다.} 1

큰집(큰집) *큰집을내 종종 대니디 못하우{큰집을 내가 종종 다니지 못하
오.}1

탈나다(탈나다) *보 페구 때문 음석이 탈이 안 남니다{보를 펴고 찌면 음
식이 탈이 안 납니다.}2

택, 택사리(턱)3

가구명:

게울(거울)

실개미(실패)

가새(가위)

잘기(자루 袋)5

테장간(대장간)1

텐디 꼬지(진달래) *텐디 꼬지 피지{진달래가 피지.}3

톱(톱) *토브르 밖께 쎄일쉬 없다{톱으로밖에 켤 수 없다.}1

통군(軍) *통군 사십오명이 나와서{군대가 사십오 명이 나와서}1

툭끼(토끼)1

투기지다(퉁기지다) {부르트다} *(목이안테 물려서)아:덜 막 퉁기진다
  메?{(모기한테 물려서) 아이들이 막 부르튼다며?}3

틍{層} *사령 관로 틍이 닐굽 틍인데…{사령(使令)에서 관료까지 층이 일
  곱 층인데…}2

티다(가꾸다) 삼을 □에너서 팁디{삼을 □□□□ 가꾸지요.}1

티바다 보다(올려다보다) *티바다보디 눌러 못 본단 말이오{올려다보지
  내려다보지 못한단 말이요.}3

보구(보다) *즈금 옛날보구사 아주 태평이유{지금 옛날보다야 아주 태평
  하오.}

티갈하다(거두다) *지브 티갈 못해서 어띠 티갈하겠소?{집을 거두지 못
  해서, 어찌 거두겠소?}

파(파) {葱}1

파리(파리) *파리 많아두 관티 않구{파리가 많아도 괜찮고}1

팔(팔 臂)3

폴(팔 臂)3

포기(포기) *포기 포기 □□□ 나믄{포기 포기 □□□ 나면}1

포쉬(포수)

푸낭그(풋나무: 칠월에 잎이 있는 草木을 말려서 묶은 섶)

　　　*칠월에 푸낭그 하구{칠월에 풋나무를 하고}3

가구병(풍로)

풋나무새(숨은 소채 푸사구) {밭에서 숨은 푸성귀}

　　　*채소 같은 거 풋나무새{채소 같은 것은 풋나물}3

풀기다(풀리다) *그때 대동강이 풀겠으라우 닙춘에 대동강이 풀겠다니

　　　{그때 대동강이 풀렸소. 입춘에 대동강이 풀렸다니.}1

하내(하나) *하내이 없소{하나가 없소.}1

하내비(할아버지)1

하부차(혼자) *벌어서 비드츠구 하부차사는데{벌어서 빚을 물고 혼자 사

　　　는데}2

하월(여름)1

학슬이(무릎뼈)3

한식(한식) *다느르 취□: 한식두 쇠구{단오, 추석, 한식도 쇠고}1

한판(중심)1

할랄(하루)1

헐기다(헐리다) *집이 많이 헐겠소.{집이 많이 헐렸소.}1

헝겄(천) *각디라는 것 헝겄트르 만등게{허리띠라는 것을 천으로 만든

　　　게}3

헝겊(천) *쑥수? 첸이랑거 헝겊{□□(천의 이름)? 천이라는 건 헝겊}3

헝데분(형제분) *텔□ 씨와 헝데 분인데(철□ 씨와 형제가 되는 분인데.}1

흐미(호미) *흐미루 해서 맨두구{호미로써 맨다고}2

호믜(호미)1

후치질(후치질) {극젱이질}

흙(흙) *흙이 들어간다구{흙이 들어간다고}1

해자브리(해바라기) *가을에 해자브리⋯{가을에 해바라기⋯}2

헤프다(헤프다)*헤퍼 그렇디야?{헤퍼서 그렇지?}3

화륜(배) *화륜 타구{배를 타고}1

환샹(환상) *환샹 바티던 내:기{환상(還上) 바치던 이야기}2

아이(좀) *막: 와 아니 먹었슴{□□ 안 먹었어요.}2

친척 관계:

아들(아들) *아들이 서넛 됩니다{아들이 서넛 됩니다.}3

맏아들{맏아들}3

둘째{둘째아들}3

셋째{셋째아들}3

딸{딸}3

애기네(며누리){며느리}

큰애기네{큰며느리}

둘째애기네{둘째며느리}

셋째애기네{셋째며느리}3

형님(올케){손위올케}3

애기(시누이) {아래 시누이}3

손부{손자며느리}3

아즈미(고모, 이모)3

아즈마니(몯아매) {큰어머니, 백모}

큰아바:니(伯父)3

몯아바:니(伯父)3

몯아매(伯父妻)3

몯아즈마니(伯父妻)3

아매(아마) *목장에션 아매 기르는 겁데{목장에서는 아마 기르는 것 같아
요.}1

아적(아침) *한식은 아적이구 단으는 경심이구 추쉐기 저내기다구{한식은
아침이고 단오는 점심이고 추석은 저녁이라고}1

아즈까리(피마주) {피마자} *아즈까리 누벤데…{피마자 누에인데…}

친척 관계:

아제(姨母)3

새원(시애끼, 시동생){시동생}3

아즈바니(시형)3

누베(누이)3

아끄(동생)3

오래비(오빠)3

조카{조카}3

스느비(시누이)3

애기(시누이) {아래 시누이}3

당손(長孫)3

손자{손자}3

아프다(痛) *허리 아파 요통이 나구{허리가 아파 요통이 나고}2

아끄(동생)2

안팩(안팎) *안팩이 없이 일으 더 많이 하우{안팎이 없이 일을 더 많이
하오.}2

안깐이(안해) {아내} *안깐이 있구 스늬비 있구{아내가 있고 시누이가
있고}2

암탈(암닭)1

야든다슷(85) *야든다스시유{여든 다섯이요.}1

야든하내(81) *스애비 야든 하냉기 속벵이 있어{시아버지 (연세가) 여든
　　　하나인데 속병이 있어}2

야들ㅂ(여덟) *지비 야들ㅂ호 있었스 □□□□□□□□.{집이 여덟 호가
　　　있었소.□□□□□□□□.}1

야드레(8일) {여드레} *야드렐 갓디{여드레를 갔지.}1
　　　어제 야드렛나리 경테비니{어제 여드레 날이 경칩이니}1

야채(채소) *야채됩니다 채소같은것두 잘됩니다{야채가 됩니다. 채소 같
　　　은 것도 잘됩니다.}3

양(양) {羊}1

염소(염소)1

툭귀(토끼)1

닭(닭)1

오리(오리)1

쇄지(송아지)1

양초(초)

대초{大燭}2

어른(成人) *웃어른이 여그서…{웃어른이 여기서…}2

어마니(어머니)1

엄채이(엄청나게) *바르 방인데 엄채이쿠우{바로 방인데 엄청나게 크
　　　오.}1

업(직업) *그게 업이였소{그것이 직업이었소.}2

여서히(여럿) *여서히 쇠때르 메구서{여럿이 □□를 메고서}

여라이(여럿) *식구 여라이 살아가는데{식구가 여럿 살아가는데.}2

여수(여우)3

역(가장자리) *이 두이 길역에{이 뒤 길 가장자리에}1

연듸(煙臺) *연듸라는 것 내굴이 크믄 큰일 났다구{연대라는 것은 연기가
　　　　　많이 나면 큰일이 났다고}3

연애(연어)3

열(열) *열짐은 천평이구{열 짐은 천 평이고}1

열야듭(18) *입북이 열야듭 대:ㄴ데…{입북이 18 대인데…}2

염지(부추) *염지두 심으구{부추도 심고}1

엿댓말(15升) *엿댓말 가저가야 무능게{열댓 말을 가져가야 무는 게}2

영기 *영기 그리 머디 아닙네다{여기서 그리 멀지 않습니다.}3

영그게(여기) *영그게 한고데 이스레믄{여기 한 곳에 있으려면}1
　　　　　□□□말이 영그게 상레이구{□□□말이 여기 상례이고}

예서(여기서) *예서 사다나니{여기서 살다보니}1

여그(여기) *웃어른이 여그서{웃어른이 여기서}2

옘(수염)2

오금(종아리)3

허티(종아리)3

오라다(오래다) *간디 오랐다{간 지 오랬다.}2

오래비(오빠)2

산열매:

오머지(오미자)5

매지(아가위)5

오시(망 함지) {망을 앉혀놓고 쓰는 큰 함지}5

옥수끄(옥수수)1

(산이) 유하다{밋밋하다} *여긴 산이 원체 강한 산이 없습니다. 다 유하디

{여기는 워낙 가파르고 험한 산이 없습니다. 다 밋밋하지.}3

음석(음식) *음석이 탈이 안 납니다{음식이 탈이 안 납니다.}3

음식물:

고치장(고추장)

장물(국)

두비(두부)

지지미(지짐이) {부치게}

이복(의복) *이복두 깨끗히 입구{의복도 깨끗이 입고}3

이불(요)

벼개{베개}

요(포단)

일등{1등}

이등{2등}

삼등{3등}

사등{4등}

오등{5등}

늑등{6등} *늑등해서 쌀이 여러 말 바티는데{6등을 해서 쌀을 여러 말 바치는데}.

칠등{7등}

팔등{8등}

구등{9등}

십등{10등}

일분(日本) *일분 사람들이 와서{일본 사람들이 와서}2

일꾼{일꾼} *일군으 두믄 살구구{일꾼을 두면 살리고}2
일군덜이 벌어서 사다{일꾼들이 벌어서 살지.}2

애기(시누이)3

애기네(며느리)3

에미(母)3

애비(父) *애비 돌아가믄…{애비가 돌아가면…}3

생인(상인) *생인이라능게 에미나{상인이라는 게 여자}

왠(最) {맨, 가장} *왠 부재(富者) 있으믄{가장 큰 부자가 있으면}3
　　　왠 못사능게 십드에 갓소{가장 못사는 게 십 등에 갔소.}2

완으르(完) {옹근} *완으르 사년 했는둥 함늬{옹근 사년을 했는지 그렇
　　　습니다.}

왜(오이) *왜드 심으구{오이도 심고}

까티(價值) *우리 같은 사람 까티 없단 말이오{우리 같은 사람은 가치가
　　　없단 말이요.}1

까치(價值) *사람의 까치 안 한단 말이오{사람 가치를 안 한단 말이요}1

깔(갈) *깔노전{노점}3

꺼지(까지) *겅그게 삼년꺼지드 호적…{거기에 삼년까지도 호적…}2

꼬기(거치지 않고 곧바로) *꼬기 가겠소?{곧바로 가겠소?}5

꼬다(꼬다) *새끼사 꼬겠소?{새끼야 꼬겠소?}5
　　　나꼬게 프른 꼬구 안꼬게 프른 말구{내가 꼬고 싶으면 꼬고 안 꼬
　　　고 싶으면 말고.}1

꿀(꿀) *여기서 꿀 거저 섭은 냅늬{여기서 꿀은 그저 10원을 내요.}3

깨끗티(깨끗이) *이북두 깨끗티 입구{의복도 깨끗이 입고}3

꽈리(꼬아리) {꽈리}5

꽉꼬리(꾀꼬리) *꽉꼬리 음녁 오월 단으 밑이구사 옵늬{꾀꼬리가 음력 단
　　　오 밑에야 와요.}

꿩:이(꿩) *꿩:이 그리 만텝니다{꿩이 그리 많지 않습니다.}2

따(땅) *따:파구서{땅을 파고서}2

딸{딸}2

누비{누이}2

네펜네{아내} *딸, 누비, 네펜네들이 풀 안 뽑았단 말이…{딸, 누이, 아내
들이 풀을 안 뽑았단 말이요…}2

떡(떡) *떡해먹구 도투 잡아먹구{떡을 해먹고 돼지를 잡아먹고}2

찰떡{찰떡} *거방 찰떡이디{거반 찰떡이지.}

홍탕(찹쌀엿)

엿{엿}

해식(　) *홍탕이라능거 엿두 하구 해식두 하구{홍탕이라는 찹쌀엿도
하고 □□도 하고}

술(酒)

토주(土酒) *술두 있습디오 맨든술이디오 토주디오.{술도 있지요. 만든 술
이지요. 토주지요.}

뜨다(늦다) *갈누빈 너무 뜨더라구{산누에(柞蠶)는 너무 늦더라고}3

띠다(찌다) *가매에다 보 페구 띠문 음석이 탈이 안 납디다{가마솥에다
보를 펴고 찌면 음식이 탈이 안 납디다.}3

띠다(찧다) *닙쌀 갈그 띠어가지구…{입쌀을 찧어 가루를 내어가지고…}3

뗘서(찧어서) *뗘서 밥해 먹디{찧어서 밥 해먹지.}1

뗴다(내다) *포를 떼구사 증며:내구사{표를 사고 증명서를 내고야}1

삐리(匹) *두단이믄 네 삐리구…{두 단이면 네 필이고…}

　　　　닐야들삘 열한삘 된단 말이오{일여덟 필, 열한 필 된단 말이요.}3

뻴(섬 만드는 풀의 일종) *뻬리랑게 사들게 않있소?{뻴이라는 것이 진펄
에 있잖소?}

뻬다(베다) *취석이라능거 산에 풀 뻬기 위해{추석이라는 건 산소의 풀을

베기 위해}1

말으멕이게 풀으 뻽늬{말을 먹이게 풀을 베요.}

싸리꼬지{싸리 꽃}3

피나무꼬지{피나무 꽃} *싸리꼬지나 피나무꼬지나{싸리 꽃이나 피나무
꽃이나}3

매밀{메밀} *매밀 심으믄 데일 돟은데{메밀을 심으면 제일 좋은데}3

싸다(사다) *먹다 모자라면 싸두 먹구{먹다가 모자라면 사서도 먹고}3

항시 더리 개오니 쌉디{항시(늘) 저렇게 가져오니 사지요.}1

싹{싹} *보리쌀이나 강냉:두 싹으 내서 누룩으 맨들어 낸단 말이오.{보리
나 옥수수도 싹을 내어 누룩을 만든단 말이요.}3

쌀(米) *쌀으 바티디 식구는 여레이디{쌀을 바치지 식구는 여럿이지}2

쎄다(켜다) *톱을루 박께 쎄일쉬 업다{톱으로밖에 켤 수 없다.}1

썩달고기(썩은 고기) *작년에 썩달고기 오구{작년에 썩은 고기가 오고}1

쑥수(숙수-천 이름) *쑥수랑거 가지구 갔디{숙수란 천을 가지고 갔지.}3

쓰다(틀어 올리다) *머릴해 쓰구{머리를 틀어 올리고}3

짜재기(자작나무)1

가슬(가을) *기나간 가슬에 매토티 어띠…{지나간 가을에 멧돼지가 어
찌…}11

가주(最近까지) *먹어두 옥수꿀 가주 쎄우 먹었슴{먹어도 옥수수를 최근
까지 많이 먹었습니다.}11

가지(最近까지){갓, 금방} *일분이 가지 들어오구{일본이 갓 들어오고}11

가디(갓) {雪菜, 雪里蕻} *가디라는게오{갓이라는 것이오.}11

가닥( ) *넷날에사 가닥이라능거 해가지구{옛날에야 □□이라는 걸 해가
지고.}12

가축:

쇄{소} *기둥 쇄 많이 길렀스{기중 소를 많이 길렀소.}12

말{馬} *쉘루두 하구 말루드 하구{소로도 하고 말로도 하고}12

염소{염소}

돼지{돼지}

토끼{토끼}

개{개} *염소두 기르구 토끼, 돼지르 기르구{염소도 기르고 토끼, 돼지를
기르고}12

쇼(소) *쇼루 합디{소로 하지요.}11

쇄(소) *옥수꾸란 쇄르 멕인다구{옥수수는 소를 먹인다고.}11

도트(돼지) *도트 치는 집에…{돼지를 치는 집에…}11

강치(안금) {찌꺼기, 앙금} *강치르 받아서 등때: 주물거서{앙금을 받아
서 등잔에 주물러서}11

곽지(농기구) {괭이} *따: 파능거는 곽지루 해가지구서…{땅을 파는 것으
로는 괭이로써…}12

광창우(농기구) {삽} *광창우?{삽을?}12

가을(가을) *하월에 채시(채소)르 심구 가을 채시두 심구 동삼에 먹슴{여
름에 채소를 심고, 가을 채소도 심어서 겨울에 먹습니다.}14

가래(가래) *낭글라서 가래라구…{나무로 (만든 것을) 가래라고…}11

건툭(건축) *니애: 길 들어두 건툭이 대단합데{이야기를 들어도 건축이
대단하데요.}12

걸금(거름) *내 처음에 물 걸금 내구서{내 처음에 물거름을 내고서}11

겅게(거기) *겅게루 올루 내리능기…{거기로 오르내리는 게…}12

겨울(겨울) *겨울에느 냉기나 해 팔구{겨울에는 땔나무나 해서 팔고}13

결(절) *결에서 초파일 새지{절에서 초파일을 쇠지.}14

겸심(점심) *두 때씩 겸심에 먹습니다{두 때씩 점심에 먹습니다.}13

곰추다(감추다) *독립꾼덜이 일분놈덜으 다 곰추어 있어서{독립군들이

일본 놈들이(모르게) 다 감추고 있어서}11

고개(고개) *새기사 고개나 숙이구 있다{신부야 고개나 숙이고 있지.}13

고분(고운) *고분게라구 사다 싱겠디{고운 거라고 사다 신겼지.}13

고공살이(고용살이) *남이 고공살이르 했슴{남의 고용살이를 했어요.}14

곡식:

보리{보리}

조이{조}

피낮{피} *보리, 조이, 피낮 그게 주낟이였소.{보리, 조, 피 그것이 주곡
　　　이었소.}11

옥수수{옥수수} *옥수수 감자 조이두 심구{옥수수, 감자, 조도 심고}11

고이(고기) *고이 잽일 이제…{고기잡이를 이제…}11

고치(고추)

마늘(마늘)

배채(배추) *고치, 마늘, 배채 오분 너름 했음{고추, 마늘, 배추를 온 여름
　　　했습니다.}3

곡지(망울이) *곡지 여무니 진을 땁니다{(양귀비) 열매가 여무니 유액을
　　　수집합니다.}14

굽어서(구워서) *흘그르 그릇으 맹글어서 불에 굽어서{흙으로 그릇을 만
　　　들어 불에 구워서}14

구이하다(귀하다) *물이 좀 구이했슴{물이 좀 귀했습니다.}14

구들(구둘) {방바닥} *구들에 똥 떨구지{방바닥에 똥을 떨어뜨리지.}13

구이(그네) *구이 뎃스{그네를 뛰었소.}12

구리(그네) *구릴 매구 뛰디{그네를 매고 뛰지.}

기슬다(묵다) *밭이 아니 기슬겠수{밭이 안 깃겠소.}11

길거서(길러서) *길거서 개가죽으루 옷으 해 닙었슴{길러서 개가죽으로

옷을 해 입었습니다.}13

기르다(飼養) *기르다 다 잡아먹었스{기르다가 다 잡아먹었소.}12

길그다(飼養) *기등 쇄 많이 길겄스{기중(其中) 소를 많이 길렀소.}12

기(귀) *기: 이렇게 크우{귀가 이렇게 크오.}11

기름(기름) *기름에 네서(넣어) 지진단 말이오{기름에 넣어서 지진단 말이요.}11

기름{기름(芽)}*콩기름, 열기름이디{콩나물, 엿기름이지.}13

기나다(지나다) *기나간 가슬에 매도티이 어띠…{지난 가을에 멧돼지가 어찌…}11

기내다(지내다) *청진으 가니깐 기내보니깐 집으 다 져서 주디 돈이 필요 없디비{청진을 가서 지내보니까 집을 다 지어서 주지 돈이 필요 없지.}13

기와 {기와} *기와집이 있었슴 지금 영게서 맹그는 것은 보디 못했슴{기와집이 있었습니다. 지금 여기서 만드는 기와는 보지 못했습니다.}14

기슴(김) *기슴으 소용 없다{깃으면 소용없다.}13

기슴 메는 데 앵:간한 청년보다 낳슴{김을 매는 데는 엔간한 청년보다 낫습니다.}13

기슴은 호밀가지구 매디{김은 호미로 매지.}12

기슴 매는 데서 호미 주관이지{김을 매는 데는 호미가 주로지.}11

기지(등분의 단위: 가령 되가 10량짜리라면 그의 10분의 1이 한 기지다.) *한 기지르 다 못 먹었슴{10분의 1을 다 못 먹었습니다.}11

괘실{과일}

밤{栗}

배{梨}

사과{사과} *괘실이랑 사오디{과일이랑 사오지.}13

　　　　배, 사과, 과자두 사오디{배, 사과, 과자도 사오지.}13

　　　　밤두 구이함{밤도 귀합니다.}13

과실:

왜지{자두}

앵두{앵두}

살귀{살구}

뜰배(돌배)

멀귀{머루}

싸리꼬지{싸리 꽃} *동:애 꼬지라든지 싸리꼬지라든지 버두개 하얀거라

　　　　는 거{호박꽃이라든지 싸리 꽃이라든지 버들개지는 하얀 것이라

　　　　는 것}13

사과{사과}

멀구{머루}

살구{살구}

좀배{똘배} *좀배 쫴꼬마:한게{똘배는 조그마한 게}12

배{배} *배라는 게 사과는 종재: 없었슴{배와 사과는 모종나무(묘목)가

　　　　없었어요.}14

왜지{자두}

앵디{앵두}

살귀{살구} *왜지, 앵디두 새로 나딘게 살귀는 지금 종재 없슴{자두, 앵

　　　　두도 새로 나온 것이고 살구는 지금 모종나무(묘목)가 없어요}14

날개짐승{날짐승}

독수리{독수리}

까마기{까마귀}

까치{까치}

참새{참새}

제비{제비}

구제비{칼새}

꽁{꿩}

가무기{갈까마귀}

게레기{기러기} *구제비라는 건 바깥에 집으 짓슴 거저 제비는 집안에
　　　들어옴 절로 만듬{구제비라는 건 밖에 집을 지어요. 일반 제비는
　　　집안에 들어와요. 집을 자체로 지어요.}13

참새{참새}

비들기{비둘기}

가막가치{까막까치}

가무기{갈까마귀} *기둥 참새와 가막가치와 비들기라는거 있구{그 가운
　　　데 참새와 까막까치와 비둘기라는 게 있고}12
　　　가무기라능거요{갈까마귀라는 것 말이요.}12

나무샛(터밭) {남새밭} *여기 나무샛 잘 됨메{여기 남새밭이 잘돼요.}11

나할갈이{나흘 갈이}

니래갈이{이레 갈이} *녹디밭이 니래갈이, 나할갈이…{녹두밭이 이레 갈
　　　이 나흘 갈이…}11

나지다(나다) {생기다} *군재 나진거 오래지 않슴.{□□가 생긴 지 오래
　　　지 않습니다.}14

나좨(밤, 저녁) *나좨 짰슴{저녁(밤)에 짰습니다.}14

나쁜 *나쁜 거 물어와서 흘망했디{나쁜 걸 물어 와서 허무했지.}13

남포등(석유등) *남포등 세다가서{석유등을 켜다가서}11

낭구(남ㄱ){나무}

나무{나무} *뽕냉기, 느름나무, 과실나무, 배나무두 있구 사과나무두⋯
{뽕나무, 느릅나무, 과실나무로 배나무도 있고 사과나무도⋯}11

너름(여름) *너름에 무시: 안 나갔소{여름에 무엇이 안 나겠소?}12

너비(넓이) *너비루 두라하구⋯{너비로 □□하고⋯}11

넘새(염소)

퇴끼(토끼)

도트(돼지) *넘새드 치구 퇴끼 치구 도트 치구{염소도 기르고 토끼도 기르
고 돼지도 기르고}11

뉵례(六禮) *끼레기 놓구 뉵레르 함{□□□ 놓고 육례를 해요.}13

니(齒) *니 반반 다 빠짐{이가 모조리 다 빠져요.}13

니른닐급(77) {일흔일곱} *파딘한지 니른 닐급해되오.{파진한 지가 일흔
일곱 해 되오.}12

닙다(입다) *우티르(솜옷) 입었소{솜옷을 입었소.}11
미영: 닙었디{무명을 입었지.}12

닛다(잇다) *다리 불거진 거 니:서 보냈거든{다리가 부러진 걸 이어서 보
냈거든}13

냉기(낡) {나무} *지금보군 냉기 파능거 없었습메{지금보다 나무를 파는
게 없었어요.}12
겨울에 냉기나 해 팔구{겨울에 땔나무나 해서 팔고}13
싸리냉김{싸리나무입니다.}13

달비 *달비르 가지구 맨듭디{(큰머리를) 다리를 가지고 만들지요.}14

달리(달래) *집집마다 맨 달리겠수다{집집마다 모두 달래겠소.}13

더분(더운) *더분때느 공기 썩⋯{더운 때는 공기가 썩⋯}13

덜구이(절구) *덜구이디{절구이지.}12

덕대(선반) *영게느 사발덜 덕대에 주르르 놓은 멋으 따느르라구⋯{여기

는 사발들을 살강에 주르르 놓는 멋을 따느라고…}11

억그제 우리 덕때 멜때{엊그제 우리 선반을 맬 때}

도리깨(도리깨) *가슬에 도리깨루 두들기믄…{가을에 도리깨로 두드리면…}11

도둑(도적) *도둑으 막느라구{도적을 막느라고}11

됴흔(좋은) *둏기는 사람으게 록영이 됴흔게니{좋기는 사람에게 녹용이 좋은 것이니}11

도료기(도럭 月玉) {다로기} *쇼가죽으루 도료기라구{소가죽으로 만든 걸 다로기라고}11

동셔냄북(동, 서, 남, 북) *냄이 이리 되우{남쪽이 이렇게 돼요.}11

북이구 동이구 셔이구{북쪽이고 동쪽이고 서쪽이고}11

동삼(겨울) *동삼에 양식이 없을 때{겨울에 양식이 없을 때}13

도깨 짐승(가축) *도깨 짐슴두 잘 길르지 못했디{가축도 잘 기르지 못했지.}11

두들기다{두드리다} *가슬에 도리깨루 두들기믄{가을에 도리깨로 두드리면}11

더부지(덜미) *더부지르 물어서 모가지르 따노브니다{덜미를 물어서 목을 떼놓습니다.}13

두어닢{뒈 입}

뒈시{뒈 입} *두어닢 자시믄 흥흘하지 살살 녹디{한 뒈 입을 자시면 □□하지 살살 녹지.}13

샛노랗게 뒈:시 먹음사…{샛노랗게 (된 걸) 뒈 입 먹는다면야…}13

드비다(두비다) {뒤집다} *드비두 안구{뒤집지도 않고}12

드레{두레} *드레르, 바가지 드레 나무드레루{두레로 바가지두레, 나무두레로}12

디나다(지나다) *닙해(立夏) 메칠간 디내구서…{입하가 며칠간 지나고

서…}11

딮(짚) *딮우 가지구두 하구{짚을 가지고도 하고}11

마련(마련) *에그, 마련 있소{에그, 마련이 있소}11

마등(마다) *집마등 다 있소{집마다 다 있소.}11

마우제(로씨야인) {러시아, 러시아인} *마우제 청국이…{러시아와 청국
이…}11

머커리(초신) {미투리} *곱총 머커리라구 꽈서 삼슴{□□ 미투리라고 꽈
서 삼아요.}13

메투리(초신) {미투리} *논:꽈서 신으 삼았디 메투리라구{노를 꼬아서 신
을 삼았지. 미투리라고.}11

모기(모기) *모기라구 혹간 있슴{모기라고 혹간 있어요.}14

몯(못) {池塘} *넌모디가 있소{연못이 있소.}11

모시칸(외양'간) *예, 모시칸이오.{예, 외양간이요.}12

물동이(물동이) *물동이라구 함{물동이라고 해요.}13

명슬(명절) *명슬이라구느 단오 명슬으 데일 크게 텟스{명절이라고는 단
오 명절을 제일 크게 쳤소.}12

명주(명주) *명주가 도비디{명주가 좋지요.}14

모듐이' 때(회합기) *모듐이때 썩 돟슴.{회합 때 썩 좋아요.}13

몯(맏) {큰} *우리 서방: 갈 때는 우리 몯아방:네 모두 나가서{내가 장가
갈 때는 우리 큰아버지네 모두 나가서}13

　　　몯손재: 자강도: 가서 군관이오{큰손자가 자강도에 가서 (지금) 군
관이요.}13

몰리다(말리다) *국슈르 누르구서 해볕에 몰리우{국수를 누르고서 햇볕
에 말리오.}13

미녀:(무명) *남에 나가서 미녀: 바까다가…{남에 가서 무명을 바꾸어다
가…}11

미끄러바(미끄러워) *미끄러바 허물이디{미끄러워 흠이지.}11

맨들다(만들다) {만들다, 드리다}*바:맨드우{밧줄을 드리오.}11

메츨(며칠) *세짝골에 메츨 갈이 쫌 있슴메.{서쪽 골짜기에 며칠갈이 땅
　　　이 좀 있어요.}11

메쿠리(초신) {미투리} *메쿠리라구 했소.{미투리라고 했소.}12

바름(風) *바름이 슬하우{바람이 덜하오.}11

바(繩) *바르 메구서{바를 메고서}13

발(밭) *하루 백 발으 못꼬우{하루에 백 발을 못 꼬오.}12

발방애(발방아) {디딜방아} *발방애 없음메{디딜방아가 없어요.}12

박씨(박씨) *박씨르 물어왔네{박 씨앗을 물어왔네.}13

법게(아궁) *더 디그릇으 법게 굽어서{저 질그릇을 아궁이에 구워서}13

보르(바로) *요 보르 앞집이디{요 바로 앞집이지.}15

보르다(바르다) *홍탕: 우에다 보르구서…{물엿을 위에다 바르고서…}11

보쁘다(바쁘다) *어찌 안 보쁘겠슴{어찌 안 바쁘겠어요.}13

보군(보다) *소캐드 그□ 즈금 보군 흔했소{솜도 그때 지금보다는 흔했
　　　소.}11

볼디(벌레)

벌디(벌레) *사탕무 볼디 들어 찼겠디{사탕무에 벌레가 들어찼겠지.}13
　　　벌디 잡슴{벌레를 잡아요.}13

보고리(三日장) *보고리라는 겜{3일장이라는 것입니다.}13

보고리(결혼 후 三日만에 처가에 가서 지내는 잔치)13

보금(다음) *그 보금에 섹유가 나댔스{그 다음에 석유가 나왔소.}11

불거지다(부러지다) *다리 불거진거 니:서 보냈거든{다리가 부러진 걸 이
　　　어서 보냈거든}13

불때리다(부러뜨리다) *다리르 불때래서 니서 보냈거던{다리를 부러뜨리

고서 다시 이어 보냈거든.}13

부끄러바서(부끄러워서) *□□ 부끄러바서{□□ 부끄러워서}12

비드름한(비슷한) *냉이 뿌리랑거 시금치 비드름한 것…{냉이 뿌리란 건
    시금치 비슷한 것…}12

배채{배추}

다드배채{양배추}

가시{갓 (雪菜, 雪里蕻)}

무꾸{무} *배채, 다드배채, 가시, 무꾸 심것슴{배추, 양배추, 갓, 무를 심
    었어요.}12

백년{백년}

백예년{백여 년}

뉴레{六禮}

세 번{세 번} *석방재: 가서 뉴레르…세번 서서 세번 절했디{석방자에
    가서 육례를… 세 번 서서 세 번 절했지.}14
    딘이 백예년이 남습디. 솔(松) 덜 심었디 백년이 남디 {□이 백여
    년이 넘지요. 소나무들을 심었지. 백년이 넘지.}14

배자(바자) *즉금 새:기덜이 그 집 배자 밑에{지금 처녀들이 그 집 바자
    밑에}11

사름(사람) *사름이 밥 먹다 죽먹는 거…{사람이 밥을 먹다가 죽 먹는
    거…}13
    사름이라구사 쌀이 많구사{사람이야 쌀이 많아야}13

놀기{노루}

싱냉:이{승냥이}

사슴{사슴}

범{범}

매도티{멧돼지} *놀기 있슴. 사슴이두 있구{노루가 있어요, 사슴도 있고}11

기나간 가슬에 매토티 어띠…{지난 가을에 멧돼지가 어찌…}11

싱냉:이라구 있구 범두 있었음{승냥이라고 있고 범도 있었어요.}11

놀가지{노루}

여끼{여우}

슬기{삵}

승냉이{승냥이} *놀가지(노:가지)라구 있었소{노루라고 있었소.}12

놀가지, 여끼라구 경게루 올루 내리능기{노루, 여우라고 거기로
오르내리는 게}12

슬기라능거 있구 승냉이라는거 있구{삵이라는 게 있고 승냥이라
는 게 있고}12

산나물:

우덩거미{□□□□}

져러지{□□□}

짝지{□□}

취{취}

가시{갓}

도라지{도라지}

백도라지{백도라지}

미나리{미나리}

쇄투리{명아주}

비찌구{□□□}

서러지{□□□}

냉키뿌리{냉이뿌리}

염지{부추}

시금치{시금치}

소채{채소}

배채{배추}

무꾸{무} *소채두 배채르 심으구 무꾸 심으구{채소도 배추를 심고 무를 심고}11

삭넨(작년) *삭넨에 세째 손재:왔다 갔는데{작년에 셋째손자가 왔다 갔는데}11

　삭년 배차르…{작년에 배추를…}11

삼다(삶다) *가마에 살마서{가마솥에 삶아서}11

삼정 니불(삼 이불) *서방갈때는 니부자리 없어서 삼정 니불이라구 해 가지구 왔슴{장가갈 때는 이불이 없어서 삼 이불을 해가지고 왔어요.}13

서방 보내다(장가보내다) *세째 손재: 왔으믄 서방 보내겠는데{셋째 손자가 왔으면 장가를 보내겠는데}11

소낙비(소낙비) *이래 짜스믄 소낙비 오는 소리 납디다{이래 자으면 소나기가 오는 소리가 납디다.}13

소캐(솜) *소캐두 없어서 셔방갈 때 미영:밖에 없었슴{솜도 없어서 장가갈 때 무명밖에 없었어요.}13

소우티(솜옷) *그때두 소우틸 닙었슴{그때도 솜옷을 입었어요.}11

소곰(소금) *즉금 소곰은 승거바서{지금 소금은 싱거워서}12

술기(수레) *술기바: 맨드우{수레 밧줄을 드리오.}11

　한 술게 한 이원 씩이나 받아 오지{한 수레에 한 2원씩이나 받아 오지.}13

스부모(시부모) *스부모 니복까지 해감{시부모 의복까지 해가요.}13

스집(시집) *너자라는 거… 스집이나 가믄 다디{여자는…시집이나 가면 다지.}13

슬하다(덜하다) *바람이 슬하우{바람이 덜하오.}11

바람이 슬맞수{바람을 덜 맞소.}11

시기다(시키다) *조금 시기믄…{조금 시키면…}11

시월{10월}

이삼월{2, 3월} *시월달 이삼월까지 치비…{추위가 시월부터 (다음 해) 이
　　삼월까지…}11

심으다(심다)

심그다(심다) *코: 심으능게…{콩을 심는 게…}11
　　옥수수, 감재, 조이두 싱그구{옥수수, 감자, 조도 심고}11

심(힘) *여간 심 좀 써봤스{여간한 힘 좀 써봤소.}11

승겁다{싱겁다} *즉금 소금은 승거바서{지금 소금은 싱거워서}12

새:기(처녀) *즉금 새:기덜이 서루 그 집 배자 밑에…{지금 처녀들이 서
　　로 그 집 바자 밑에…}11

세다(켜다) *남포르 세다가서…{석유등(남포등)을 켜다가…}11

세우(세차게) {세게, 몹시, 세차게}

쎄우(세차게) {세게, 몹시} *먹어두 옥수꿀 가루 쎄우 먹었슴{먹어도 옥
　　수수가루를 몹시 먹었어요.}11
　　총소리 세우나니…{총소리가 세차게 나니…}11

쉬천(그네) *쉬천으 매놓고 뛰디{그네를 매놓고 뛰지.}11

자다산거(작다산거) {자잘한 것} *과실 자다산게 있었슴 큰 게 없었슴
　　{과일이 자잘한 게 있었어요. 굵은 게 없었어요.}14

자비 농사(개인 농사)11

가옥 구조

모시칸 (외양간)	정지깐 (정주)	큰 방	마끝방(끝방)
		안방 (고방)	(11)

절기(계절) *절기 느디여{계절이 늦어}12

조카{조카} *나두 조카 있으끄마{나도 조카가 있습니다.}11

조이찰떡{조차떡}

닙쌀{입쌀} *조이찰떡, 닙쌀 흔텛ㅁ{조차떡, 입쌀이 흔치 않아요.}13

주물거서(주물러서) *등대에 주물거서{등잔에 주물러서}11

지렁이(간장) *간자: 지렁: 만드오{간장이라고 지렁을 만드오.}11

지슴(지음) {즈음} *이 지슴에 물이 간데 있구{이즈음 큰물이 간 데 있
　　　고}11

쯔슴(쯤) *개둑따:이 요쯔슴 있음매{□□□이 요쯤에 있어요.}11

처암(처음) *처암에 헌병대에 다가서…{처음에 헌병대에다가…}11
　　　처암 심으기르 보릴 심구{처음에 심기를 보리를 심고}11

처마{치마}

저골{저고리}

바디{바지} *대장함에서 처마깸이나 저골 깸이나 넣어 가지구 감{예장함
　　　에 치맛감이나 저고릿감을 넣어가지고 가요.}13
　　　바디, 저고리까지 해감{바지, 저고리까지 해가요.}13

추렴하다(추렴하다) *도투고기르 추렴하자…{돼지고기를 추렴하자…}11

치베(추위에) *치베 안 되능게 아니라…{추위에 안 되는 게 아니라…}11

치비(추위)11

취천(그네) *취천 널으 뛰지{그네와 널을 뛰지.}14

콩쩩(콩짝) {콩짜개} *콩쩩이라구 없음메{콩짜개라고 없어요.}11

큰머리{큰머리} *머리는 큰머리하구 달비르 가지구 맨듭디{머리는 큰머
　　　리를 하는데 다리로 만들지요.}14

톨{톨}*소곰으느 제 먹을 거느 한 톨이나…{소금은 자기가 먹을 건 한
　　　톨이나…}11

툭산(축산) *툭산이 위주로다{축산이 위주이다.}13

퉁재(통) *과즐드 떡으 몰리와 가지구 가매다 기름으 한 퉁재 붓구 불어
　　　서 늘어나믄 참 맛있드구마{과줄도 떡을 반죽해가지고 가마솥에
　　　다 기름을 한 통 붓고 (튀겨) 불어나면 참 맛있더구먼.}13

포대기 *얼라덜이 포대기나 해주구{어린애들의 포대기나 해주고}13

포리(파리) *포리만 한 개 싹 날아갑니다{파리 한 마리가 싹 날아갑니다.}

폴(팔) *잉게두 폴이 끊어진 사름이 둘 있스{여기도 팔이 끊어진 사람이
　　　둘 있소.)13

풍대기(겨울에 로인들이 갓 밑에 받쳐 쓰는 쓰개) {풍뎅이} *풍대기르 나
　　　먹은 사름이 바람 부는 날 나가믄…{나이 많은 사람이 바람 부는
　　　날 나가면 풍뎅이를…}11

풀(草) *풀 이렁거 밭이 아니 기슬겠소{풀이 이런데 밭이 안 깃겠소.}1

한술게{한 수레} *겨울에는 냉기해 팔구 한 술게 한 2원씩이나 받아 오
　　　지{겨울에는 땔나무를 해서 팔아 한 수레에 한 2원씩이나 받아오
　　　지.}13

이원{의원}

섭년{10년} *쏘련에 가서 섭년만에…{소련에 가서 십년 만에…}13

오유월{오뉴월} *금덤(금점)을 했거든 오뉴월에도 가 있었디{금점을 했
　　　거든, 오뉴월에도 가 있었지.}13

한디(斗) {한 되} *열아홉디, 니아홉디{열아홉 되, 일아홉 되}12
　　　술이 한 되 되문{술이 한 되 되면}13

하나바니(할아버지) *하나바니 □ 운건데{할아버지가 □은 것인데}11

할기(흙) *여긴 할기 아주 돟소{여기는 흙이 아주 좋소.}11

협동(협동) *협동이 된 후부터 합디{협동조합이 된 후부터 하지요.}13

헝겇(천) *그때부터 헝겇이 흔해져서{그때부터 천이 흔해져서}12

호부차(혼자)

호분자(혼자) *여름에는 쇼르 호부차 □{여름에는 소를 혼자 □.}13

　　더 호분자 자란 것처럼{자기 혼자서 자란 것처럼}13

호미(농기구) *지슴은 호미르 가지구 매디{김은 호미를 가지고 매지.}12

후치(농기구) {극젱이} *후치라구 그렇지 뭐{(극젱이를) 후치라고 그러지

　　뭐.}11

흙(흙) *흙으르 그릇으 맹그러서 불에 굽어서{흙으로 그릇을 만들어서 불

　　에 구워서}14

힘(힘) *스므살꺼지두 □선이 힘들었슴{스무 살까지도 □선이 힘들었어

　　요.}13

　　힘들디 아니 하겠소{힘들지 않겠소.}12

햄{반찬} *햄이야 지금과 같디{반찬이야 지금과 같지.}14

까래(깔개) *까래라구…{깔개라고…}11

꼬다(꼬다) *하루 백발으 못 꼬오{(새끼를) 하루에 백 발을 못 꼬오.}12

참깨(참깨) *참깨두 지:믄 참깨르 붙이오{참깨를 심으면 참깨도 (떡에) 묻

　　히오)11

뜸(틈) *고뜸만 있으믄{고 틈만 있으면}13

싸다(사다) *싸라 가디{사러 가지.}12

썰다(켜다) *톱으루서 마주 썰어서{톱으로써 마주 켜서}12

　　그저 비지개루 썰어두{그저 성냥으로 켜도} 12

짝(쪽) *세짝 골에 메츨 갈이쯤 있음메{서쪽 골에 며칠갈이 쯤 있어

　　요.}11

찧다(찧다) *석매에다 찧:메{석마에다 찧으며}11

아은둘(92) {아흔둘} *노할아바지 아은 둘에 상세났스{증조할아버지가

　　아흔둘에 돌아가셨소.}3

알으키다(가르치다)13

알쾌주다{알려주다}13

야든(80) {여든} *야든으 먹다나니 두퉁이 무데서{나이 여든을 먹고 나니 머리가 무뎌서}14

어부러(아울러) *도트느 여라집 어부러 추렴하구{돼지는 여러 집 함께 추렴하고}14

어리바서(어지럽다) {어지러워서} *어리바서 서서 댕기지 못하구{어지러워서 서서 다니지 못하고}14

얼라(어린애) *얼라덜이 포대기나 해주구{어린애들의 포대기나 해주고}13

영게(여기) *경게 곡석이 다 영게르 나와서{거기 곡식이 다 여기로 나와서}11

영게 나무샛 잘 됨메{여기 남새밭이 잘 돼요.}11

엮다(엮다) *이거 담밸 내다 엮우{이 담배를 내다 엮소.}11

쉰넷(54) *넨치 쉰넷이군{연세가 쉰넷이군.}13

오십(50) *오십 푼푼한데 정정하다{오십이 잘되는데 정정하지.}12

오분(온) *오분 너름 했슴{온 여름을 했어요.}13

푸른것{푸른색}

누른것{누른색}

붉은것{붉은색}

흰것{흰색}

검은것{검은색} *오색이 푸른것, 누른것, 붉은것, 흰것, 검은것이다.{오색이 푸른색, 누른색, 붉은색, 흰색, 검은색이지.}14

우티(옷) *소:우틸 닙었소.{솜옷을 입었소.}12

우돗(웃옷) *미영:루 우돗디란{무명으로 웃옷이랑}12

우시(상객) *우시두 후처 얻은 사람은 못감{후처를 얻은 사람은 상객으로
　　　도 못 가요.}13

　　　우시'군이라구 함{상객이라고 해요.}13

움물(우물) *움물으 파서 먹는데 물이 구이했음{우물을 파서 먹는데 물이
　　　귀했어요.}14

이색(이삭) *이색이 길죽하구{이삭이 길쭉하고}11

일은아홉(79) {일흔아홉} *일은 아홉입디{일흔아홉이지요.}14

일(早) {일찍} *일 심은게 안 되오{일찍 심은 게 안 되오.}11

일찍(일찍) *일찍 싱간거느 가슬…{일찍 심은 것은 가을…}11

이십{20} *한번 잔치르 하믄 한 이십예 가마니…{한 번 잔치를 하면 한
　　　이십여 가마니…}13

왠(最){맨} *왠 마감 마끝이오{맨 끝에 있는 방은 마끝이오.}11

잉게(여기) *채소사 잉게무 배채밖에{채소야 여기는 배추밖에}13

5.1. 동포리

지대특성: 철도로부터 60리 떨어진 곳이다. 전기는 최근에 자체로 약간 발전한다. 스피카도 최근에 놓였다. 중학교가 있다.

대상자 명단

번호	지대	성명	성별	년령	지식정도	경력
6	동포리	김진국	남	?	한학	토배기다. 한문을 안다. 다른 곳에 가서 살아본 일이 없다.

[어음]

ㄱ의 보존

곕쇼?{계십니까?}

김응세는 펴안도 용광 따에 있구…{김응서(金應瑞)는 평안도 용광 땅에 있고…}9

내굴구 기름내 나구{내고 기름내 나고}6

야뚜사ㄹ부트 기스므 맸스끄마{열두 살부터 김을 맸습니다.}6

무슨 김씬둥?{무슨 김 씨입니까?}6

야든 하나이 기나두루(지나도록){여든하나가 지나도록}5

제 기내능거 밖에사 받응기 있겠스{제를 지내는 것밖에야 이어받은 게 있
겠소?}6

다 기내므 음섹이 축이 나능게 있습데?{다 지내고나면 음식이 축나는 게
있어요?}8

ㄱ 〉 ㅈ

접쇼?(계십니까?)

지슴이나 매왔으므 좋겠습데{김이나 매게 했으면 좋겠어요.}7

저울버터…{겨울부터…}8

ㄱ의 탈락

동녀 동짜 보럼 풍자 동푸이요{동녘 東자, 바람 風자 동풍이요.}8

주뜬지 사든지…{죽든지 살든지…}7

ㄴ+ㄴ 〉ㄹ+ㄹ

걸레 가구 걸레 오구{건너가고 건너오고}8

ㄴ 〉 ㄹ

예린(레닌) 선새이…{레닌 선생이…}9

ㄴ 〉 ㅇ

긔리구 우리 되선 사람이 망킨 많아{그리고 우리 조선 사람이 많기는 많
아.}9

나라(날아) 댕기는 때 구경으 모타구…{날아다닐 때(펄펄할 때) 구경을 못
하고…}9

웡간이 풍수화느 이들이(풍수하는 이들이){워낙 풍수를 하는 이들이}9

왠 구차항기 구드이(九等){맨 못한 것이 9등이}9

농가서(논가서) 메기구 이렀써줘아{나누어서 먹이고 이랬습니다.}9

혀울 강기 지새 모탱기 업꾸…{서울 간 사람이 진사를 못한 게 없고…}8

총꺼느(촌것은) 궵이 나서 못 보…{촌사람은 겁이 나서 못 보…}8

구거이(구경을) 항기 업쓰끄마{구경을 한 게 없습니다.}8

아, 피야이 수퇴(水土) 영게 보구 다릉 게여{아, 평양의 수토가 여기보다

다른 모양이어.}8

아깨두 내 앙그럽던둥?{아까도 내가 안 그럽디까?}8

제일 빠릉기 원디바께 업서유{제일 빠른 게 완두밖에 없어요.}8

아브 나이 되능거느 아바이라구 하그 할아브 나이 되능거느 할아바이라하

그{아버지 나이 되는 분은 아바이라 하고 할아버지 나이 되는 분은 할아

바이라 하고.}7

천운이라능게 있긴 있에유{천운이라는 것이 있기는 있어요.}8

둥학교느 장여이 섰…{중학교는 작년에 섰…}7

버디 못하고 사능기 죽어 아깝소{벌지 못하고 살던 게 죽어 아깝소.}6

ㄴ 〉 ㅇ

스끔두 그르 아느 양바이 많다드끄마{지금도 글을 아는 양반이 많다고 합

디다.}9

나이 이제 야드닐구브 먹으쓰끄마{이제 나이 여든일곱을 먹었습니다.}9

그래 성씨느: 무슨 성씸둥?{그래 성씨는 무슨 성씨입니까?}9

그래 보이(보니) 청주꾸마{그래 보니 청주입니다.}9

훌륭하: 서(姓)이꾸마{훌륭한 성입니다.}9

백세(百姓)이야 구차한 백세이 아이겠씀둥?{백성이야 가난한 백성이 아니

겠습니까?}9

소끔이 훌륭하오{손금이 훌륭하오.}8

되선 뿌이라므 재저이 모자라오{조선뿐이라면 재정이 모자라오.}8

삼녀 동안(三年間) 댕겠슴{3년 동안 다녔어요.}6

아브 나이 되능거느 아바이라구 하그 할아브 나이 되능거느 할아바이라하

그{아버지 나이 되는 분은 아바이라 하고 할아버지 나이 되는 분은 할아

바이라 하고.}7

지금이야 유무상간에 공부하이 아이 좋소{지금이야 유무에 관계없이 다
공부하니 좋지 않소?}7
재가이 있습죠{재간이 있지요.}7
그전에 헤천, 통강으 가이까{그전에 허천, 통강을 가니까}7
금여네(今年) 야뿌자므 탄광으 고티 오라구{금년에 자칫하면 탄광을 다시
오라고}7
둥학교느 장여(昨年)이 섰…{중학교는 작년에 섰…}7
큰 아이 있는데 가 보이까이[큰아들이 있는데 가보니까}
둥국에 다 개 갔으이 그렇지{중국에 다 가져갔으니 그렇지.}

ㄷ 〉 ㄱ

사람이 맹글어 가지구서{사람이 만들어 가지고서}8

ㄹ 〉 ㄱ

빙 둘거 서서{빙 둘러서서}6
이저느 대동가이 풀겼슴?{이제는 대동강이 풀렸어요?}6
갈기(가루)
사람이 돌굴게 아님둥?{사람이 돌리는 게 아닙니까?}6
이래 살과(살려) 주니 티사르 해야 한다{이래 살려주었으니 치사를 해야
한다.}6
아 법에서 살과주니 아슴채인타구{아, 법에서 살려주니 고맙다고}8

ㄹ 〉 ㄷ

올래 바다보니{올려다보니}6
내바다 보문{내려다보면}6

어두 ㄹ 〉 ㅇ

양식 챙고가 이셔서{양식창고가 있어서}6
예린 선생이{레닌 선생이}9
시끔두 글으 아느 양바이 많다드끄마{지금도 글을 아는 양반이 많다고 합
디다.}9

ㄹ 〉 ㄴ

눅드(六等)이{육 등이}8

눅진(六鎭)으?{육진을?}

님시로 메기기 대세지요{임시로 먹이기가 큰일이지요.}7

니씨요(李氏)?{이 씨요?}7

녜의지국이라그 하지 않슴?{예의지국이라 하지 않아요?}7

부부가네 렉깍 니혼두 말구{부부간에 재깍 이혼도 말고}7

ㄹ의 탈락

무꾸르 심으구{무를 심고}7

저 생하르 변연하다그{저 생활을 □□하다고}7

이제 통일으ㄴ 불가치 머지 안으께우{이제 통일은 불 보듯 훤해 그날이

멀지 않을 거요.}7

나라댕기는 때 구경으 모타구…{날아다니는 때(펄펄할 때) 구경을 못하

고…}7

나이 이제 야드닐굽으 먹으쓰꾸마{나이 이제 여든일곱을 먹었습니다.}7

훌륭하: 서(姓)이꾸마{훌륭한 성입니다.}7

제고르(제골을) 보지 못하그 죽으 늙으니{□□을 보지 못하고 죽은 늙은

이}7

야듭까지(여덟까지}7

야뚜사르부트 기스므 맸스끄마{열두 살부터 김을 맸습니다.}6

너름에느 노지 않음네다{여름에는 놀지 않습니다.}7

몰개르 실어온다{모래를 실어온다.}9

어두 ㄹ 〉 ㄴ

그래 넬레지{그래 열녀(烈女)지}9

ㅁ 〉 ㄱ

냉기 업셨끄{나무가 없었어요.}8

감재나 좀 싱거 보구{감자나 좀 심어보고}8

사탕무꾸 싱그는데{사탕무를 심는데}8

냉기 마낫사{나무가 많아야}8

잣냉기 약깐씨: {잣나무가 약간씩}6

ㅸ 〉 ㅂ

구벘쓰끄(구웠습니다)8

내 눈이 어두버서…{내 눈이 어두워서…}8

아두 가채비 있쑤와?{아주 가까이 있어요?}8

치불 날이 안즉 멀었쓰{추울 날이 아직 멀었소.}9

ㅅ 〉 ㄷ

신목두 핸 곧에 가서…{신목도 한 곳에 가서…}8

세 고디던거{세 곳이던 게}6

ㅿ 〉 ㅅ

무스거 층양함둥?{무엇을 측량합니까?}

선생님들이믄사 채비 있겠슴둥마느…{선생님들이면야 □□ 있겠습니까마는…}

조팝보구사 낫지{조밥보다야 낫지.}

오래사 살구 안 살구 업다{올해야 살고 안 살고가 없다.}

남보구사…{남보다야…}

제 기내능거 밖에사 받웅기 있겠쓰{제를 지내는 것밖에야 이어받은 게 있겠소.}8

굼끼사{굶기야}

소려느 첸이나 무새기나…{소련의 천이나 무엇이나…}

남북센이 통일되므사 격뎅드레 아이 되겠는데… {남북이 통일된다면야 격정이 안 되겠는데…}

아무래사 고톄사 오기야 안 돼지…{아무래야 다시 오게야 안되지…}7

마잣뜸사 즉사 안하겠소{맞았다면야 즉사 안하겠소.}6

우리사 여기 토배기지{우리야 여기 토박이지.}6

빨리 되는 곡석이구사…{빨리 여무는 곡식이고야…}9

ㅅ의 탈락

덴설해 쓴 거느…{전설(傳說)에 의해 쓴 것은…}9

△ 〉 ㅇ

올라야 못 가디{올라가지는 못하지.}8

아무래사 고톄사 오기야 안 돼지…{아무래야 다시 오게야 안되지…}7

ㅅ의 탈락

첫꺼이 일드이구 버금꺼이 이드이구{첫째 것이 1등이고 다음 것이 2등이고}8

넷날 디세 그러쓰끄마{옛날 지형이 그렇습니다.}8

춘추래 이제 니른 세살이지{연세가 이제 이른 세 살이지.}

우리 아이 때 딤작이 해봐두 넷날이쓰끄마.{생각해보면 우리가 아이 때만 해도 옛날입니다.}9

강끼 있꾸 녁꾸(역고)…{깡다구 있고 역고}7

니예기{이야기}7

모 아페 상보그 닙구서{묘 앞에서 상복을 입고서}7

넨나레두 대동강에서 밸 타는걸 데일 티는 건데{옛날에도 대동강에서 배를 타는 걸 제일로 치는 건데}

넨날에 그 넙쩍끄르{옛날에 그 넓적 글을}7

시나가 님금을 잘 성기구{신하가 임금을 잘 섬기고}6

넨마레 구만니 당텨니라구{옛말에 구만리장천이라고}6

넷날부터 이게 동포꾸마{옛날부터 이것이 동포입니다.}6

너름에느 노지 않음네다{여름에는 놀지 않습니다.}8

ㅇ ⟩ ~

버리(보리) 버금에는 코~이구{보리 다음에는 콩이고}

꿩~이든디 놀가지든지 잡디 말라구{꿩이든지 노루든지 잡지 말라고}6

너무 황소~해 그랬슴마{너무 황송해 그랬습니다.}

이저느 대동가~이 풀겼슴?{이제는 대동강이 풀렸는가요?}

아, 드끔 조은 세사~에…{아, 지금 좋은 세상에…}

구겨~이 항기 업스끄마{구경을 한 것이 없습니다.}8

페야~이두 나머으ㄴ 사람이 있슴둥?{평양에도 남은 사람이 있습니까?}

종세~이 입뿍으느 열일굽때끄마{종성으로의 입북은 (세대수로) 17대입니다.}

동녀 동짜 보럼 풍짜 동푸~이요{동녁 '東'자 바람 '風'자 동풍이요.}

왠 구차항기 구드~이…{맨 못한 것이 9등이…}

첫 꺼이 일드~이구 버금꺼이 이드~이구…{첫 번째 것이 1등이고 다음 것이 2등이고…}

백세~(百姓)이야 구차하ㄴ 백세~이 아이겠슴둥?{백성이야 가난한 백성이 아니겠습니까?}

멧짐스~이야 많습디{산짐승이야 많지요.}8

천도~(천동=진동)이 업따뜨꼬마{진동이 없다고 합디다.}

고듀~(高中)이 없서지구 기술학교된다더그마{고중이 없어지고 기술학교가 선다더구면.)7

김응세는 펴~안도 용광 따~에 있구{김응서는 평안도 용강 땅에 있고.}

되선이 금수강산 덕에 메~인이 많이 나구 헨인이 많이 났지{조선이 금수강산 덕에 명인이 많이 나고 현인이 많이 났지.}

삼국디에 제갈랴~이 많이나 꾀이 있어{삼국지에 제갈량이 꾀가 많이 있어}

겨~워느 없었쓰끄{경원은 없었습니다.}9

ㅇ의 출현

서해바당 짝으로{서해바다 쪽으로}

영게 안변이라구{여기 안변이라고}

영거 와 들으나…{여기에 와 들으나…}

긍게 공부하므 어떻게 함둥?{거기에서 공부하면 어떻게 합니까?}8

ㅈ 〉 ㄷ

데방 공사{제방 공사}

던길 빨리 봐야 되겠는데{전기(傳記)를 빨리 봐야 되겠는데}

빠디는데{빠지는데}

던길 대구 그리구{전기(電氣)를 놓고 그리고}

데일 피난처느{제일 피난처는}6

현물센 면데 됫스{현물세는 면제됐소.}

마니 뿌럿디{많이 불었지.}

마니 개갔디{많이 가져갔지.}

던람관{전람관}

도살하는데{조사를 하는데}

게비 낫띠{겁이 났지.}

그때 더 짜게서 건너 왔끄던{그때 저쪽에서 건너왔거든}6

인민 학교느 선디 오라요{인민학교는 선지 오래요.}

듕학교느 장여이 섰…{중학교는 작년에 섰…}

고듀이 업서지구 기술 학교 된다드그마{고중이 없어지고 기술학교가 선다
더구먼.}

돈으 하내두 등대해지두 애이유{돈은 하나도 중요하지 않아요.}

듕국에 다 개 가쓰이 그렇지{중국에 다 가져갔으니 그렇지.}7

그럼 둥셍(中星)으 못 달앗드꼬마{그럼, 중성(中星)을 못 달았습디다.}

아듀 보쁘드라이{아주 바쁘더라.}

남북센이 통일되므사 격뎅드레 아이 되겠는데{남북이 통일된다면야 걱정
이 안되겠는데.}

예, 남북이 열리는 길입디{예, 남북이 열리는 길이지요.}

대일 동포들이 둉셩드 오더랍뜨꼬마{재일 동포들이 종성에도 오더라고 합
디다.}

도선으 때 보겠다그{조선을 떼어보겠다고}7

동무 도와 그래{동무가 좋아 그래.}

해삼으 멀대이우{해삼은 멀지 않소.}

말끔 우리 사람이였디 머{죄다 우리 사람이었지 뭐.}

됴조 둥국으 차지하그…{조조가 중국을 차지하고…}

그러기 허물이 없디 뭐{그러기에 허물이 없지 뭐.}

되선이 금수강산덕에 메인이 많이 나구 헨인이 많이 났지{조선이 금수 강
산 덕에 명인이 많이 나고 현인이 많이 났지.}

어떻게 예산했든디 개오능게 용해요{어떻게 생각했던지 가져오는 것이 용
해요.}9

그래 메구합띠{그래 메고 하지요.}

듕국 힘 마니 닙었디{중국의 힘을 많이 입었지.}

질구배라구 잇띠{아가위라고 있지.}

데일 티겟꾸만{제일로 치겠구먼}

생강주 돕쑵떼{생강술이 좋데요.}

모가니 써: 마니 도트라{목안이 썩 많이 좋더라.}

꿔이든디 노가지든디 잡디 말라구{꿩이든지 노루든지 잡지 말라고.}

됴와하는 사름{좋아하는 사람}

할라레(할랄레) 네 다슷뻔 고생했디{하루에 네다섯 번 고생했지.}

넨나레두 대동강에서 밸 타는 걸 데일 티는 건데{옛날에도 대동강에서 배
를 타는 걸 제일로 치는 건데}

댜 누비 열한살이구{저 애 누이가 열한 살이고}

데 나그네 한데 도라시찌해라.{저 손님과 악수를 해라.}

세규 어디서 오디요?{석유가 어디에서 오지요?}

디구(地球)가 가티{지구와 같이}6

도흔 때우(好時){좋은 때요.}

버디 못하그 사능기 죽어 아깝소{벌지 못하고 살다가 죽어 아깝소.}

되선에 와…{조선에 와…}

옛날에느 둥국과 부자집으 맺았지요{옛날에는 중국과 父子관계를 맺었지요.}

아 그 일분 놈들이 우리 되서느 먹기보다 둥국으 먹자그 했지{아, 그 일본 놈들이 우리 조선을 먹기보다 중국을 먹자고 했지.}

되선 뿌이라므 재전이 모자라으{조선뿐이라면 재정이 모자라오.}

골은 도은(好) 안데…{머리는 좋은 아이인데…}6

해는 어띠 공듕에 댕기유?{해는 어찌 공중에 떠다녀요?}

구만니 당텬이라구 하더니{구만리장천이라고 하더니}

그 놈드리 됴션 나와서…{그 놈들이 조선에 나와서…}

둥국 힘 마니 니벗디{중국의 힘을 많이 입었지.}

비금주수 [飛禽走獸] 마나뎃띠{비금주수(飛禽走獸)가 많았었지.}

내래했디{□□했지}6

씨족으느 둥국써 나와ㄴ…{씨족은 중국에서 나온…}

뎌기 뎌기다…{저기 저기에다…}

넷날 디세(地勢) 그러쓰끄마{옛날 지세가 그렇습니다.}

산딤스이?{산짐승이?}

예끼라구 있그 투기라그 있그 메찜스이 만습디{여우라고 있고 토끼라고 있고 산짐승이 많지요.}

마렌이 없습디{마련이 없지요.}8

그럽디?{그렇지요?}

도키느 도은 때 아님둥?{좋기는 좋은 때가 아닙니까?}

그게 디도에 있디 불근 바우 디도에 업쓰{그것이 지도에 있지. 붉은 바위는 지도에 없소.}

칩구 말구 기찹디{춥고 말고 기차지요.}

영게? 던해 내려오느 얘기 업쓰끄마{여기요? 전해 내려오는 이야기가 없습니다.}

즈끔 그럴바께 업디{지금 그럴 수밖에 없지.}8

드금 봐서… 내 그럼 드금두…{지금 봐서… 내 그럼 지금도…}

덩기뿔이? 어떤 날이므 오구 어떤 날이므 아이 옵떠꾸마{전등불이? 어떤 날은 오고 어떤 날은 안 옵디다.}

아, 드끔(지금) 조은 세사에{아, 지금 좋은 세상에}

드금으 다리르 놨스뭐이{지금의 다리를 놓았습니다.}

무스ㄴ 도사르 옵셨든지…{무슨 조사를 오셨던지…}

돌연채인데(졸연치 않은데)

올라야 못 가디, 아래서 티다나 보아야…{올라 가지야 못 하지, 아래에서 쳐다나 보아야…}8

우리 다 같은 되선말…{우리 다 같은 조선말…}8

댠티르?(잔치를?)

드금 됴혼 세사이…{지금 좋은 세상이…}

둑재인는 것두(죽지 않는 것도) 대사이끄마{죽지 않는 것도 큰일입니다.}

피양서 더 으원 공부르 시키는데…{평양에서 저 의원 공부를 시키는데…}

아두 가채비 있쑤와?{아주 가까이 있어요?}

아, 그 대주이 훌류하이{아, 그 재주가 훌륭하네.}8

소련 사람이 다 됬디{소련 사람이 다 됐지.}

천디 개벽하오{천지개벽하오.}

그레니 여기서 살디{그러니 여기에서 살지.}

우리 아이 때 딤작이 해봐두 넷날이쓰끄마{(생각해보면) 우리가 아이 때만 해도 옛날이었습니다.}

삼국디에 제갈랴이 많이나 꾀이 있어{삼국지에 제갈량이 꾀가 많이 있어.}

그 연광뎅에 쇠셉이 들엇지요{그 연광정에 □□이 들었지요.}

당진 발전소…{장진 발전소…}

던서해 쓴 거느(전설에 의해 쓴 것은)9

ㅈ의 탈락

싸(ㄹ) 개구(가지고) 갔다가…{쌀을 가지고 갔다가…}

어떠케 개다 먹겠슴?{어떻게 가져다 먹겠습니까?}

둥국에 다 개 갔으 그렇지{중국에 다 가져가서 그렇지.}7

어떻게 예산했든디 개 오능게 용해요{어떻게 생각했던지 가져오는 것이
용해요.}9

마니 개 갔디{많이 가져갔지.}6

ㅈ 〉ㅅ

스끔두 글으 아느 양바이 많다드끄마{지금도 글을 아는 양반이 많다고 합
디다.}

스끔두 있기사 있지{지금도 있기야 있지.}9

ㅊ 〉ㅌ

것뚜(그것도) 창 부테서 신엽지{그것도 창을 붙여서 신지요.}

튝음기(축음기)9

여슷 고드 타디했스끄마{여섯 곳을 차지했습니다.}

손재와 가티 있능게…{손자와 같이 있는 게…}

올라야 못 가디, 아래서 티다나 보아야…{올라 가지야 못 하지, 아래에서
쳐다나 보아야…}

턀씰히 살겠슴둥?{착실히 살겠습니까?}

댠티르?(잔치를?)

이래 살과주니 티사르 해야한다.{이래 살려주니 치사를 해야 한다.}8

시방 시국에 필요태인타구…{지금 시국에 필요치 않다고…}

금여네 야뿌자므(자칫하면) 탄괌으 고테(고쳐=다시) 오라구 애이할게요
{금년에 자칫하면 탄광을 다시 오라고 하지 않을 거요.}

아무래사 고테사(고쳐=다시) 오기야 안 돼지{아무래야 다시 오게야 안 되지.}7

두둑 한데(듬직한데) 배티(配置)되것쓰{듬직한 데 배치되겠소.}

우수 경텹에 대동강 물이 풀린다는데{우수 경칩에 대동강이 풀린다는데}

구만니 댱텬이라구 하더니{구만리장천이라고 하더니}

데일 티겠구만{제일로 치겠구먼.}6

ㅎ 〉 ㅅ

석꺼세(혁거세) 그 하나바이…{혁거세 그 할아버지…}

심이 대단해요, 원수님 심이 대단하디요{힘이 대단해요, 원수(元首)님 힘
이 대단 하지요.}9

ㅎ의 탈락

그럼 골만 조으믄사 공부(ㄹ) 할 때우{그럼, 머리만 좋다면야 공부를 할
때요.}

마은 두 살 먹은 체내래 머 하겠슴둥?{마흔 두 살을 먹은 처녀가 뭘 하겠
습니까?}7

ㅆ 〉 ㅅ

소련 사람이 다 됬디{소련 사람이 다 됐지.}9

ㅉ 〉 ㄸ

올라가 띠것껫는가?{올라가 찍었겠는가?}6

ㅏ 〉 ㅑ

원샨서부터 서울까지{원산에서부터 서울까지}6

· 〉 ㅗ

아듀 보쁘드라이{아주 바쁘더라.}

탕광이서 일이 보뿌그 나이{탄광에서 일이 힘들다보니}7

보름 바틴데(바람받이인데)9

ㅏ 〉 ㅜ

봄이므 불으 발가 노므느 도두나기 조타구{봄에 불을 놓으면 돋아나기 좋
다구}8

ㅏ 〉 ㅐ

나래 있구서 효재 있지{나라가 있고서 효자가 있지.}9

혼새르 지낸다든디{혼사를 치른다든지}

선생님들이믄사 채비 있겠슴둥마느{선생님들이면야 □□ 있겠습니까마는}8

신목두 핸 곧에 가서…{신목도 한 곳에 가서…}

감재나 좀 싱궈 보구…{감자나 좀 심어보고…}

손재와 가티 있능게 일으ㄴ 말라구 하나…{손자와 같이 있는 게 일은 하지 말라고 하나…}

샘{삼}

이거 맨드는데 나 못가봤쓰끄마{이걸 만드는 데 나는 못 가보았습니다.}

팔재 독켔씀{팔자가 좋겠습니다.}

아깨두 내 앙그럽던둥?{아까도 제가 안 그럽디까?}

아주 가채비 있쑤와?{아주 가까이 있어요?}8

우리 두 맹글겟찌{우리도 만들겠지.}

잭네네 돕빼 마니{작년에 돌배 많이}

그럼 그건 챙피한 노릇임{그럼 그것은 창피한 노릇입니다.}

학꾜, 인민 학꾜느 선디 오라요{학교, 인민학교는 선지 오래요.}

돈으 하내두 둥대해지두 애이우{돈은 하나도 중요하지 않아요.}

옐이(10) 나와드 멜(話)이 다 그렇습데{열 명이 나와도 말이 다 그렇데요.}7

탱광으 개광하문서{탄광을 개광하면서}

그럼 지쟁이르 하라!(그럼 지장을 치라!) {그럼 손도장을 찍어라!}

아주 퇴랙(퇴락)이 되구{아주 퇴락이 되고}

삼녀(三年) 동안 댕겠슴{3년 동안 다녔어요.}

해는 어띠 공듕에 댕기유{해는 어찌 공중에 떠다녀요?}6

ㅑ 〉 ㅒ

범, 승냉이랑 그런 것두{범, 승냥이 그런 것도}

사냉이 할 새 있소{사냥을 할 새가 있소.}

행교가 있는데{향교가 있는데}6

행교(향교)8

ㅓ 〉 ㅕ

슈션 잘 하라구 했는데{수선(修善) 잘하라고 했는데}

관리재: 이셔야 되지{관리자가 있어야 되지.}

셔른 시가니…{서른 시간이…}

그놈드리 됴션 나와서{그놈들이 조선에 나와서}

ㅓ 〉 ㅔ

체에미야(처음){처음이야}

이레키 잘 할 쭈르(른){이렇게 잘할 줄은}

게비 낫띠{겁이 났지.}

넹게미라구(령감){영감이라고}

나 이런 건 체:민데{나 이런 건 처음인데}

세규(석유) 어디서 오디요?{석유가 어디에서 오지요?}

원셍, 부령은…종셍{온성, 부령은…종성}

우리 되세니라구{우리 조선이라고}

엘마나 되는가?{얼마나 되는가?}

덴셀으?{전설을?}

의무데그르 공불 하데만{의무적으로 공부를 하더구먼.}

ㅓ(ㅕ) 〉 ㅔ(ㅖ)

나이 이제 야드닐구브 먹어쓰끄마{나이 이제 여든일곱을 먹었습니다.}

종세이 입뿍으느 열 일굽 때끄마{종성으로의 입북은 (세대수로) 17대입니다.}

예게 종세이 아님둥?{여기가 종성이 아닙니까?}

선우라구 두 개 세(二字姓)이 있으끄마{선우라고 두자성이 있습니다.}

백세이야 구차한 백세이 아이겠슴둥?{백성이야 가난한 백성이 아니겠습니까?}

결젠(結錢)이라능게 절반으 물어라{결전이라는 걸 절반을 물어라.}

예끼라구 있그 투끼라구 있그 멧즘스이 많습디{여우라고 있고 토끼라고 있고 산짐승이 많지요.}8

몇 굴이 없쓰꾸왜(굴이 몇이 없다){굴이 몇 개 없어요.}

크레니(그러니) 여기서 살디{그러니 여기서 살지.}

김응세는 펴안도 용광따에 있꾸{김응서는 평안도 용강 땅에 있고}

되선이 금수강산 덕에 메인(명인)이 많이 나구 헨인(현인)이 많이 났지{조선이 금수강산 덕에 명인이 많이 나고 현인이 많이 났지.}

그 연광뎽애 쇠셉이 들었지요{그 연광정에 □□이 들었지요.}

그래 넬레지(렬녀지){그래 열녀(烈女)지.}

마렌이 없습디{마련이 없지요.}

총꺼느(촌것은) 겝이(겁이) 나서 못 보…{촌사람은 겁이 나서 못 보…}

꽉지나 베뤄 가지구서…{괭이나 벼려 가지고서…}

걸레 가구 걸레오구…{건너가고 건너오고…}

다 기내므 음섹이 축이 나능 게 있습데{다 지내고나면 음식이 축이 나는 것이 있더라고요.}

저 해 업스으므 벨이 뵈웁데다{저 해가 없으면 별이 보입디다.}8

천운이라능 게 있긴 있에유{천운이라는 게 있긴 있어요.}

마은 두 살 먹은 체내래 머 하겠슴둥?{마흔두 살 먹은 처녀가 뭘 하겠습니까?}7

그럼, 둥셍으 못 달았드꼬마{그럼, 중성(中星)을 못 달았습디다.}

이제 통일으느 불가치 머지 안으께우{이제 통일은 불 보듯 훤해 그날이 멀지 않을 거요.}

남북셴이 통일되므사 격뎅드레 아이 되겠는데{남북이 통일된다면야 걱정

이 안되겠는데.}

님시로 메기기 대세지요{임시로 먹이기가 큰일이지요.}

젤약합데{절약하데요.}

소려느 첸(布)이나 무새기나…{소련의 천이나 무엇이나…}

그전에 혜천(허천), 통강으 가이까…{그전에 허천, 통강을 가니까…}

아무래나 고테사 오기야 안 돼지…{아무래도 다시 오게야 안 되지…}7

ㅓ 〉 ㅔ

드금 뻡이 서울로서부터 내려 오능겐데{지금 법이 서울로부터 내려오는 건데}8

ㅕ 〉 ㅏ

제낙 먹구 이내 자는 거{저녁을 먹고 이내 자는 거}6

ㅕ 〉 ㅑ

야듭까지…{여덟까지…}

얄 말(열 말)으 바칠 때…{열 말을 바칠 때…}

얄 두 말(열두 말)

야든 하나이 기나두르…{여든하나가 지나도록…}

ㅕ 〉 ㅖ

헹페니 업는데{형편이 없는데}

행주헹(行舟形)인데{행주형인데}

겡계(경계)서 내레 오니{경계에서 내려오니}

잭네네 돕뻬 마니{작년에 돌배 많이}

ㅕ 〉 ㅔ

뇌레기 부텨서(로력){노력(勞力)을 붙여서}

볘(벼)

메테간(몇 해간)

뇌레기 적어{노력(勞力)이 적어}

나두 예리틀마네 왔스{나도 열이틀 만에 왔소.}

넴녜(념려) 말라구{염려 말라고}

댜 누비 열한 사리구 야 헹이…{저 애 누이가 열한 살이고 이 애 형이…}

곙계선이라드그{경계선이라더군.}

왜국(外國)에서 방조하느 힘이 예간하인{외국에서 방조하는 힘이 여간치 않지.}

옐이(10) 나와드 맬(話)이 다 그렇습데{열이 나와도 말이 다 그렇데요.}7

어젠(이젠) 오배예녠 되는데{이제는 오백 여년이 되는데}

온셍 부령은…{온성, 부령은…}

해과 다리가…베리가{해와 달이…별이}6

ㅕ > ㅜ

탱광으 개광하문서{탄광을 개광하면서}

헌병에게 붇뜰리문…{헌병에게 붙들리면…}6

ㅕ > ㅡ

그럼 골만 조으믄사 공부르 할 때우{그럼, 머리만 좋다면야 공부를 할 때요.}

아마 눈이 왔으므(ㄴ) 조금 불겠습죠{아마 눈이 왔으면 조금 불겠지요.}

남북셴이 통일되므사 격뎅드레 아이 되겠는데{남북이 통일된다면야 걱정이 안 되겠는데}7

ㅕ > ㅒ

해삼이 왜기서(여기서) 한 삼뱅 리 되꾸마{해삼이 여기서 한 삼백 리 됩니다.}

ㅗ > ㅏ

그 때 더 짜게서(쪽에서)…{그때 저쪽에서…}6

ㅗ > ㅓ

버리 버금에는 코이구{보리 다음에는 콩이고}6

ㅗ > ㅜ

부부가네 텍깍 니혼두 말구{부부간에 재깍 이혼도 말고}

우리두 맹글겟찌{우리도 만들겠지.}

아 식귀 일굽이지{아, 식구 일곱이지.}

범, 승내이랑 그런 것두{범, 승냥이랑 그런 것도}

대울 받구 새우르 대다나드만{대우를 받고 □□□ 대단하더구먼.}

던길 대구 그리구{전기(電氣)를 놓고 그리고}

모 아페 상보그 닙구서{묘 앞에서 상복을 입고서}

내굴구 기름내 나구{내고 기름내 나고}

시나가 님금을 잘 성기구{신하가 임금을 잘 섬기고}6

ㅗ〉ㅡ

오늘드 비행기 뜹더구마ㄴ{오늘도 비행기가 뜨더구먼요.}

ㅗ〉ㅚ

뇌레기 부텨서(로력){노력(勞力)을 붙여서}

쇠, 퇴끼{소, 토끼}

왼셍, 부령은…{온성, 부령은…}

우리 되세니라구{우리 조선이라고}

여기두 뇌렉이 없는 때문에 다…{여기도 勞力이 없기 때문에 다…}6

저 해 업스므 벨이 뵈웁데다{저 해가 없으면 별이 보입데다.}8

족뵈 있씀둥?{족보가 있습니까?}

겨러지르다 괴사리르다 나물이 많쓰끄{겨러지(산나물 이름)에다 고사리에다 산나물이 많습니다.}

왼셩(온성)

아마 피야이 수퇴(水土) 영게보구 다릉게여{아마 평양의 수토(水土)가 여기보다 다른 모양이여.}

그러길레 영게 수퇴가…{그러기에 여기 수토(水土)가…}

우리 다 같은 되선 말…{우리 다 같은 조선말…}

긔리구 우리 되선 사람이 망킨 많아{그리고 우리 조선 사람이 많기는 많아.}

되선이 금수강산 덕에…{조선이 금수강산 덕에…}

그 연광뎽에 쇠셥이 들었지요{그 연광정(練光亭)에 □□이 들었지요.}9

쇠시(小時) 때부터 화석(火食)으 알압지{소시 적부터 화식을 할 줄 알았지요.}

쇠(牛)르 보냈슴?({소를 보냈어요?}

ㅛ 〉 ㅗ

애비 모 아페다{애비 묘 앞에다}6

ㅜ 〉 ㅗ

이래 고핍쇼(굽히십시오){이래 굽히십시오.}8

ㅜ 〉 ㅠ

슈상드 저 중국 땅에서 고생하드니{수상(首相)도 저 중국 땅에서 고생하더니}7

슈션 잘 하라구 했는데{修善을 잘 하라고 했는데}6

ㅜ 〉 ㅣ

칩구 말구 기찹다{춥고 말고 말도 못해요.}8

ㅜ 〉 ㅟ

전에 군쉬랑 그거 신었지{전에 군수랑 그걸 신었지.}

그 때는 밀쉬(密收) 업었스{그때는 밀수(密輸)가 없었소.}

칠 형제 패 다 장쉬였꾸마{칠 형제 패가 다 장수였습니다.}9

멀귀 있꾸{머루가 있고}

개살귀 있띠{개살구가 있지.}6

아, 식귀 일굽이지{아, 식구가 일곱이지.}

하는 쉬 있어야 말이지{하는 수가 있어야 말이지.}7

밥쉬끼라그 있쓰그{수수라고 있어요.}

다 기내므 음섹이 췩이 나능게 있습데?{다 지내고나면 음식이 축이 나는 게 있더라고요?}

뉘기 봤능구? 귀신으?{누가 봤는가? 귀신을?}8

ㅡ의 탈락

나 이런 건 체:민데{나 이런 건 처음인데}

ㅡ〉ㅓ

아:덜 간나(갔나)?{아들이 갔나?}6

ㅣ〉ㅓ

곡석이 븨자(곡식을 비자){곡식을 베자.}

ㅣ〉ㅠ

윤두{인두}6

ㅣ〉ㅡ

그게 다 빈 즛이우.{그게 다 헛짓이요.}

보기 슬흥 거 어찌게이{보기 싫은 걸 어찌하겠니}8

ㅒ〉ㅏ

황하도{황해도}

아주 광장이 참 잘 했다뜨그마{아주 굉장히 참 잘 했다고 하더구먼.}6

ㅒ〉ㅓ

평성(平生) 망하구 갓찌{평생을 망치고 갔지.}6

ㅚ〉ㅙ

왠 구차항기 구드이{맨 못한 게 9 등을}8

왜국(外國)에서 방조하느 힘이 예간하인{외국에서 방조하는 힘이 여간치 않지.}7

ㅚ의 나타남

긔리구 머 우리 되선 사람이 망킨 많아{그리고 뭐 우리 조선 사람이 많기는 많아.}9

산듬스이?{산짐승이?}

곡석으 븨자(곡식을 비자){곡식을 베자}8

ㅓ〉ㅡ

기자(箕子)으 후자ㄲ마{기자의 후세입니다.}8

ㅓ〉ㅡ

아브 나이 되능 거느 아바이라구 하그 할아브 나이 되능 거느 할아바이라
고 하그{아버지 나이 되는 분은 아바이라고 하고 할아버지 나이 되는 분
은 할아바이라고 하고}7

5.2. 풍계리

　종성읍에서 약 30 리 상거한 산'골 부락. 종래 풍계면에 속하여 있
었는바, 조사지는 리 소재지에서 15 리 떨어진 산 속 진동이라는 자연
부락. 전통적으로 재가승들이 사는 부락으로 현재도 재가승들이 많다.
부락에는 학교도 전기도 없다.

대상자명단

번호	지대	성명	성별	년령	지식정도	경력
20	진동	구씨	녀	60	문맹	본동 태생. 재가승.
21	진동	최문경	남	75	문맹	3대 농업, 재가승 아님.
22	진동	강문백	남	61	문맹	7대 농업, 재가승.
23	진동	신병옥	남	57	문맹	서간도 출생. 3 세시 경원, 16세시 본동으로 이주. 재가승.
24	진동	강영백	남	53	국문해득	강문백 동생.
25	진동	박금녀	녀	51	문맹	종성읍에서 14 세시 출가.
26	진동	구병남	남	64	문맹	본지태생, 30 세시 동북에 가 15년. 표준어 영향 큼.
27	진동	김만동	남	51	국문해득	경원 태생, 이주한지 10년.

-이 (주격)

　　뉘기 가게 됬는가?{누가 가게 됐는가?}24

　　그게 갈기 드러 가네{거기에 가루가 들어가네.}24

-이가 (주격)

　　막 거저 골 뽀래미가 세:ㅁ{막 그저 골바람이 세요.}23

　　일이가 아주 크:우{일이 아주 크오.}23

-가 (주격)

　　방위가 보름뻭 가탄데{바위가 바람벽 같은데}24

-으 (속격)

　　나므 쇠 윤두르: 갔다 메기구{남의 소를 임소로 가져다 먹이 고}24

　　우리 처나므 집이 공게 인능데{우리 처남의 집이 거기 있는데}24

-이 (속격)

　　증산이 방위 뚜에 쿵길이 거더:{증산의 바위 뒤에 큰길이거 든}21

-르 (대격)

　　솔고두에:르 했지{솔방울을 했지.}23

-으 (대격)

　　하꼬 역새:르 갔다 포르 꺼껏찌{학교 짓는 일을 갔다가 팔을 꺾었
지.}24

-:ㄹ (대격)

　　하꼬 역새:르 갔다 포르 꺼껏찌{학교 짓는 일을 갔다가 팔을 꺾었
지.}24

-르 (조격)

　　나므 쇠 윤두르: 갔다 메기구{남의 소를 임소로 가져다 먹이 고}24

- **ㄹ루셔** (조격)

　나들루셔 이레 베:셔{낫으로 이렇게 베서}21

- **에** (위격)

　발궤, 술궤: 시:찌{발구에, 수레에 싣지.}21

- **(으)루** (위격)

　북으루 넘으사 경기 윈세:지{북으로 넘어야 거기가 온성이지.}23

　지르께사 지블루 가지{길을 알아야 집으로 가지.}24

- **에**(위격)

　셥도:이 돼서 국가 세태게{협동조합이 돼서 국가 혜택에}24

- **에서**(위격)

　읍에서 공게서 금생도:라구{읍 바로 거기에서 금생동이라고}24

- **에:셔**

　바가테:셔 그래:ㄴ다{바깥에서 그런다.}23

- **ㄹ**(위격)

　여길 가문 각쳐:ㄹ 가라{여기를 가면 □□를 가라}21

　아프:ㄹ두 나가구{앞(남)으로도 나가고}21

- **셔**(위격)

　잉게서 해마두 용새지:르 하다 늘거쑤다{여기에서 해마다 농사일을 하다 늙었소.}23

- **에**(위격형−시간)

　에레스 쌀에 셔바: 갔소{열여섯 살에 장가를 갔소.}23

- **가**(구격)

　죠장 선새:가 그런 애:길 했다{교장선생에게 그런 얘길 했다.}26

- **과**(구격)

　우리 형님과 내 이스니 그러티(우리 형님과 내가 있으니 그렇지.)21

　다르과 돼지 밖에 제것은 없다{닭과 돼지밖에 제 것은 없다.}20

조이과 보리르 성대이 싱겄다우{조와 보리를 많이 심었다오.}20

-과(비교격)

아빠르느 사르므 송과 항가지(앞발은 사람의 손과 한가지.)21

0(주격)

용사 잘 되는 고디니까{농사가 잘 되는 곳이니까}23

보래미 분다 쏘리 나무{바람이 분다는 소리가 나면}

0(속격)

셉도:이 돼서 국가 세태기{협동이 돼서 국가의 혜택이}24

0(여격)

선생: 죠재 좀 해야지{선생이 교장직을 좀 해야지.}24

내 담배 어깨:쇼?(나에게 담배가 없겠소?)21

0(대격)

글 모루능게 사르미겠쏘{글을 모르는 게 사람이겠소.}23

0(강조의 형)

밥 얼매 해 메게:쓰메{밥을 얼마나 해먹였어요.}24

0(위격-방향)

공산주의: 쑥 드러가문 네 것 내 것이 업시{공산주의에로 들어가
면 네 것 내 것이 없이.}24

0(위격)

잉기 사는 사람 거저 사라꺼디{여기 사는 사람 그저 살았겠지.}23

한데 모다 노쿠 주길라구 그리:능기다{한데 모아놓고 죽이려고 그
러는 게다.}24

0(비교)

보름빽 가탄데{바위가 바람벽 같은데}24

0(호격)

어째 매뷔 인제 드러 오능거구{어째 매부가 이제 들어오는 가고}24

-보군(비교)

일두 거기보군 여기 거저 머거리라구{일도 거기보다는 여기가 거저먹는다고}21

-보구(비교)

큰 둥그리보구 더 크우{큰 황소보다 더 크오.}21

-처럼

당신처럼 □□한 게 없소{당신처럼 □□한 것이 없소.}24

-보다:ㄴ(비교)

전에 보다:ㄴ 좋소{전에 보다는 좋소.}20

직끔보다:ㄴ 조금 마넸습니다{지금보다는 조금 많았습니다.}20

-보다(비교)

남보다 더 자 사자는 게 아니다{남보다 더 잘 살자는 것이 아니다.}26

여그보다 나나 모르디(여기보다 나은지 모르지.)21

-야(강조)

중요한 공자:야 다 봤지{중요한 공장이야 다 보았지.}24

-느(주격형)

해느 그냐: 나멘서두 마르 제속한단 말이{해는 그냥 지는데도 말을 계속한단 말이요.}24

-두(도움토-포함)

나두 해방 전부터 고새: 많이 했소{나도 해방 전부터 고생을 많이 했소.}24

-나(강조-포함)

어디나 갈 쉬 있단 마리오{어디나 갈 수 있단 말이요.}24

-가서(군말)

우리 아버지 시저레 종서:셔 사다가서 잉게 올라 와서{우리아버지

대에 종성에서 살다가 여기로 올라와서}24

- **은**(도움토-강조)

　저 숫끼 이만은 하우{저 수수 이만큼씩은 해요.}24

- **만**(도움토-제한)

　포리만 쥐기:꾸{파리만 죽여요.}21

- **사**(도움토-군말 '-야')

　골골이 읍에 있띠 촌에사 무스:{골고루 읍에 있지, 촌에야 무슨}21

- **ㄴ**(강조)

　잉게느 에레스 쌀에 와쑤다{여기는 열여섯 살에 왔소.}23

　우린 옌날 싸:름{우리는 옛날 사람}21

- **두**(도움토-포함형)

　잉게두 야든 다슷인가 야든 여슷인가 나는 늙으니 더러 잇서: 쏘
{여기도 나이가 여든 다섯이나 여든 여섯이나 되는 늙은이가 더러
있었소.}24

　울 형님두 엉가 영게 토배기:ㅁ네{우리 형님도 원래 여기 토박이
에요.}24

- **은**(절대격)

　장쉬 낫딴 말은 없어{장수가 났다는 말은 없어.}24

- **에는**(위격-시간)

　전에 옛날에는 공부시키기 힘 들었쏘{예전에는 공부시키기 힘들
었소.}24

- **:ㄴ**(도움토)

　어저:ㄴ 주거쓤두?{이제는 죽었습니까?}23

- **으느**(도움-강조)

　지금 아드르느 문맹자 없소{지금 아이들은 문맹자가 없소.}24

- **서**(종속)

　시지브 저서 기가차게 고사:을 했소(시집을 보냈기 때문에 고생했

다){시 집을 보내 모진 고생을 했소.}

- 꾸마(직설-존대)

보르미 세우꾸마 영게{여기 바람이 셉니다.}20

용게루 나가 공게루 떠러지므 종게 좨:지비꾸마{요기로 나가 고기

에 닿으면 저기가 제 집입니다.}23

- 꾸(직설-존대)

피야: 나두 따리 이셔 갔다 와:쓰꾸{나도 평양에 딸이 있어 갔다

왔습니다.}20

머그게 억꾸 고생핵꾸{먹을 것이 없어서 고생했습니다.}20

- 쓰꾸(ㅁ)(직설-존대)

아니 이쓰꾸(ㅁ){아니, 있습니다.}21

- ㅁ두(의문-존대)

어저:ㄴ 주거쓰두{이제는 죽었습니까?}24

- 둥(의문-존대)

게옵심둥?{계십니까?}33

- 쓰떼(직설-존대)

사람이 사란지 오라:께쓰떼{사람이 산지 오래겠어요.}22

- 습데(직설-존대)

사시민 있단 말이 업습데{사슴은 있다는 말이 없데요.}20

- 답데(직설-존대)

어디라둥가 머:답데{어디라든가 멀데요.}21

- 답더(직설-존대)

전에 아래 관두~:서 그래맙더{전에 아래 관동(關東)에서 그랬다고

하데요.}21

- :ㅂ지(직설-존대)

그러구 셰워:ㄹ 보내다나니 거저 그러:ㅂ지{그러고 세월을 보내다

나니 그저 그렇지요.}21

알아사 내 고담 하:ㅂ지{알아야 내가 고담을 하지요.}21

-ㅁ니다(직설-존대)

이보구 더 너르:ㅁ니다{이보다 더 넓습니다.}23

-ㅁ니까(의문-존대)

불 여기 세우 땜니까?{여기 불을 세게 땝니까?}20

-ㅂ디다(직설-존대)

메츨씨 잇다 간다: 그러:ㅂ디다{며칠씩 있다가 간다고 그럽디다.}23

-:ㅁ네(직설-존대)

보래미 기차:ㅁ네{바람이 대단해요.}23

경기 무:도 인능거 묘:함네{거기 □□ 있는 게 참 묘해요.}23

-:ㅁ니(직설-존대)

체:ㄴ 하:ㅁ니{□:□ 해요.}

살 방우라구 이쓰:ㅁ니{□ 바위라고 있어요.}22

돼:지르 거두야:ㅁ니{돼지를 길러요.}

지비 여라 호 이쓰:ㅁ니{집이 여러 호 있어요.}

이림셍미야: 고하구 그래:쓰니{이름 성명이야 알리고 그랬어요.}

부기(北) 그리 칩쓰:ㅁ니{북쪽이 그렇게 춥습니다.}

남자:ㄴ 더:ㄹ 이써:매{남자는 덜 있어요.}

-:ㅁ(직설-존대)

엉가 보드라구 못하:ㅁ{원래보다 못합니다.}20

예슈:ㄴ 여스:시:ㅁ{예순 여섯입니다.}

손재 서애 손네 서애 여스심{손자 셋에 손녀 셋에 여섯입니다.}20

-ㅁ?(의문-존대)

혼새:(ㄹ) 하:ㅁ?{혼사를 합니까?}20

-소(직설-하오)

새피 부는 날이문 칩소{동풍이 부는 날이면 춥소.}20

그뜩 어지리구 이런 베니 잇쏘?{가득 어지르고 이런 변이 어디 있소?)

이젠 하나바께 업쏘{이제는 하나밖에 없소.}

집이 그쩍에:ㄴ 만채:쏘{집이 그때는 많지 않았소.}22

저 쇄:지 이태꺼지 살과:ㄴ데 이제 쥐기게:쏘?{저 송아지를 여태까

지 (애써) 살려놓았는데 이제 죽이겠소?}

-오(직설-하오)

갓따 완지 어전 오년이오{갔다 온지 이젠 5년이요.}20

내 니른 다스시오{내 나이 일흔 다섯이요.}21

-우(직설-하오)

쓰러 내문 자꾸 어지리구 어지리구 하우{쓸어내면 자꾸 어지르고

어지르고 하오.}20

식귀들이 굿뜩 찬양 잇길래 쓰러 몬 내우{식구들이 가득 차 있어

서 방을 못 쓸어내오.}20

-요(직설-하오)

그리그네 말이요{그러기 말이요.}22

사르미 포르 쭈 펜 셩구:기요{사람이 팔을 쭉 편 □□:□□.}22

-디우(직설-하오)

학세:ㄹ 바다 먹디우{□□:□ 받아먹소.}21

-쑤(직설-하오)

잉게 와 늘거 가:쑤{여기에 와 늙어갔소.}23

-수다(직설-하오)

잉게느 에레스 쌀에 왓쑤다{여기는 열여섯 살에 왔소.}23

잉게서 해마두 용새지:ㄹ 하다 늘거 갓쑤다{여기서 해마다 농사일

을 하다 늙어가오.}23

-다우(직설-하오)

섭서도 들어서두 아니 이랫따우{□□□ 들어서도 이러지 않았다오}20

가린여네 맷 돼:지가 홀 뚜진다우{가린 후에 멧돼지가 홀 뒤진다
오.}23

- :(직설-하오)

안자 가메: 쓰:{□□ □□: □:}

- i(직설-하오)

닐구재:n'ji(일구지 않으면) {일구지 않소}1

- 소?(의문-하오)

아바지네 왓쏘?{아버지네 왔소?}

일 보쁘다나니 가 볼 새: 있소?{일이 바빠서 어디 가볼 새가 있소?}22

- 스?(의문-하오)

낭그 하자구사 싸:께쓰?{나무를 하려고야 쌓았겠소?}22

- 쇼?(의문-하오)

내 담배 업깨:쏘?{나에게 담배가 없겠소?}21

- 요?(의문-하오)

구새 잇때 말이요?{□□ □□ □□□?

쇠 메길 새 있다 말이요?{소 먹일 풀(꼴)이 있단 말이오?}22

- 유(의문-하오)

꼬이유?(꿩이요?)21

- 다(직설-해라)

부메네 언약하구 저:두 어디가 실타 못하구 한 닐 살았지 {부모네가
언약하고 저도 어디가 싫다 못하고 그래 같이 한 평생을 살았지.}20

- ㄴ다(종결토-현재)

모쓴 녀네느 비 온다구{모를 꼽은 뒤에는 비가 온다고}20

바까테:셔 그래:ㄴ다{바깥에서 그런다.}23

- ㄴ다(전달-해라)

자라:ㄴ들 새진다 있등기 업따:ㄴ다{어른들 사진이 다 있던 게 지

금 없어졌단다.}20

- 가(의문-해라)

한 이십 찝 돼:까?{한 20 집이 될까?}22

- ㄴ가(의문-해라)

잉게두 야든 다슷인가?{여기도 여든 다섯인가?}23

- 라등가(의문-해라)

어디라등가 머:답데{어디라든가 멀데요.}21

- ㄴ냐구(의문-해라)

됴:ㄴ데서 왜 와:ㄴ냐구?{좋은 데서 왜 왔느냐고?}21

- 냐(의문-해라)

이게 무스게냐?{이것이 무엇이냐?}20

- 니(의문-해라)

그래 또 가니?{그래 또 가니?}20

- 라(명령-해라)

홍세바: 네 무느 여러 놔:라{홍서방, 네 문을 열어 놓아라.}20

- 디 (직설-반말)

여그보다 나니 모르디{여기보다 나으니 모르지.}21

- 티(직설-반말)

감지두 거저 이러티{감자도 그저 이렇지}21

- 지(직설-반말)

셔바: 가자능기 이서사 보내:지{장가를 가자는데 있어야 보내지.}20

돌꾸냐: 들어가 비둘기 새끼:(ㄹ) 치지{돌구멍에 들어가 비둘기가
새끼를 치지.}22

농새:르 그 때사 짐재기 업시 져:찌{농사를 그때야 생각 없이 지
었지.)

바티 도:면 만이 나지{밭이 좋으면 산량이 많이 나지.}

- **지**(의문-반말)

　　사영꾼덜이 이서사 하지?{사냥꾼들이 있어야 하지?}21

- **~:**(직설-반말)

　　이게사 두문도~: {여기야 두문동이다.}21

- **어**(직설-반말)

　　소:이 업따이 소:이 업서{손이 없다니 손이 없어.}22

- **여**(직설-반말)

　　다 어들 간는둥 업셔{다 어디로 갔는지 없어.}22

- **다이**(직설-반말)

　　씨로즈르 아니 먹는다이{□□□를 안 먹는다고.}22

- **구**(병렬-대등)

　　도채닝거는 거저 뒤:아지두 나구 서너 아지두 나구{좋지 않은 것
　　은 그저 한 뒤 가지도 나고 서너 가지도 나고.}21

　　밤반 다 털기구{모조리 다 털리고}

　　호믈 가지구 매구{호미를 가지고 매고}

- **구사**(종속)

　　부모네 시게 주구사 하능기지{부모가 시켜야 하는 거지.}23

　　낭그 하자구사 싸:께쓰?(나무하려고야 쌓았겠소?)22

- **구서**(병렬)

　　아드르 이러 버리구서(아들을 잃어버리고서)26

- **기**(종속)

　　페양서 왔다기 내 찬차니 봅네{평양에서 왔다고 하기에 내가 찬찬
　　히 봐요.}

- **길래**(상황어)

　　식귀들이 굿뜩 찬양 있길래 쓸어 못 내우{식구들이 가득 차있어서
　　못 쓸어내오.}20

- 게(종속)

　　그러게 벨 심으지 않소{그러기에 벼를 심지 않소.}20

- ㄴ데(종속)

　　배재쑤게 맨 냉기:데(울바자 곁에 맨 나무인데)21

- 나니(병렬-분리)

　　그러구 세워:르 보내다나니 거저 그러:ㅂ지{그러고 세월을 보내다
보니 그저 그렇지요.}21

- 냐:느(병렬)

　　그것뚜 그러퀜냐:느(그것도 그렇거니와)22

- 니깐(종속)

　　잘 되자이니깐 싹 페해 데지구{잘 되지 않으니까 모조리 폐해버리
고}26

- 내서(종속-원인)

　　즈츠믈 내서 꼼짝 못하우{기침으로 인해서 꼼짝 못하오.}25

- 다(병렬)

　　차암엔 도멘으루 보냈다 청지늘루{처음에는 도, 면으로 보냈다가
청진으로}20

- 두(병렬)

　　그거 싸 먹재두 업쓰꾸마{그것을 사먹으려고 해도 없습니다.}25

- 두(의문)

　　맛스레 먹었슴두?{맛있게 잡수셨습니까?}25

- 둥(의문)

　　야든 닐굽인둥 그렁기(여든 일곱인가 그런 게)21

　　다 어들 간능둥 업셔{다 어디로 갔는지 없어.}

　　어떠키 물어 가는둥 아즈두 모태:쓰{어떻게 물어 가는지 알지도
못했소.}22

오느리 어떠켄둥 내:리 어떠켄둥 모르우{오늘이 어떻겠는지 내일
이 어떻겠는지 모르오.}26

-디(병렬)

작자:르 드러가 일을 한다든디…(직장에 들어가 일을 한다든지…)26

-ㄹ다(렬거)

전찰다 당클다(전차라든가 땅크라든가) 가뜩 나왔는데{전차라든가
탱크라든가 많이 나왔는데}24

-ㄹ라구(종속)

한데 모아 놓구 주길라구{한 곳에 모아놓고 죽이려고)24

-라

비:올라구 그랬는지(비가 오려고 그랬는지.)24

-무(종속)

메니리 나가 일 아니 하무(며느리가 나가서 일하지 않으면)
일하다나무(일하다나면){일하다보면}

-문(종속)

쓸어내문 자꾸 어지리구{쓸어내면 자꾸 어지르고}
홀 일하레 나가문 놀 쌘 없소{다 일하러 나가면 놀 사이는 없소}20
지키재이문 없어{지키지 않으면 없어.}
이번하문 {입원하면}

-므(종속)

고미 부:르 노:래므 노픈델 노츠마구(곰에게 불을 놓으려면 높은
데다 놓지 말고)21
바트 닐꺼 노:므(밭을 일궈놓으면)
정기 올라 서므 셔우리 가마귀 대갈마:이 하게 보인다구{저기 올
라서면 서울이 까마귀 머리만 하게 보인다고.}23
보래미 분다 쏘리 나므(바람이 분다는 소리가 나면)

쯔이:민능거 바르므(틈이 있는 것을 바르면)

- 므사(종속)

도르 구냐: 뚜구서 퍼다 부므사{돌을 구멍을 뚫고서 (거기에 물을) 퍼붓는다면야}23

- 믄(종속)

그만 보름질 해 노믄 새타:우{그만 매질해놓으면 새하얗소.}

그래 차즈믄 다른 데다 갔다 파무두{그렇게 찾으면 다른 곳에 가져다 파묻어}

가덜 머라믄{그것들이 뭐라고 하면}

- 믄사(종속-가정)

가더리 올라 온다믄사{그것들이 올라온디면야}24

- 미(종속)

저기 오미 주긴단데(저 놈들이 오면 죽인다는데)24

- 멘(병렬)

낭그 자꾸 부르 네멘{나무를 자꾸 불에 넣으면서}20

- 바서(상황어)

산이 가차바서 새피 부는 날이면 춥소(산이 가까워서 동풍이 부는 날이면 춥소.)20

- 비(상황어)

가차비 지끔 큰 아들 한나 뱎에 없소{가까이에 지금 큰아들 하나 밖에 없소.}20

- 셔(상황어)

피야: 나두 따리 이셔 가따 와:쓰꾸{나도 평양에 딸이 있어 갔다 왔습니다.}20

- 지(의문)

비:올라 그랬는지{비가 오려고 그랬는지.}24

- **지만**(병렬)

베라능거 싱것지만(벼라는 것을 심었지만)26

- **꽈디**(종속)

모까는기 왜 모까는가 하니꽈디(못 가는 게 왜 못 가는가 하니까)22

- **아**(상황어)

대르 곰추아 가지고 다닌다(대를 감추어가지고 다닌다.)21

- **어야**

내 나가서 벌어야 버니마니 먹구 사는데(내가 나가서 벌어야 번만큼 먹고 사는데.)26

- **기**(피동)

막 떨기윗쏘{막 떨렸소.}21

- **기우**

막 떨기윗쏘.{막 떨렸소.}21

- **우**(피동)

셔울이 가마구 대갈마:이 뵈운다구{서울이 까마귀 머리만 하게 보인다고}23

- **i**(피동)

셔울이 가마구 대갈마:이 뵈운다구{서울이 까마귀 머리만 하게 보인다고}23

- **우**(피동)

뱅오리 만이 깨완등기{병아리를 많이 깨웠던 게}22

- **이**(상−사동)

돼지 메기:ㅁ{돼지를 먹여요.}20

- **이**(사역)

돼:지르 거뒤아:ㅁ니{돼지를 길러요.}22

- **이**(상−피동)

그뜩 어지리구 어지리구 하우{가득 어지르고 어지르고 하오.}20

- **구**(상-피동)

저 쇄:지 이태꺼지 살과:ㄴ데{저 송아지 여태까지 (애써) 살려놓
았는데}22

- **겠**(미정)

글 모르능 게 사르미게:쏘{글을 모르는 게 사람이겠소.}23

- **0**(현재시칭)

가치 자라든 분네 업소{같이 자라던 분들이 없소.}20

한 뉘르 용세 바께 모르우{한 평생을 농사밖에 모르오.}20

- **았겠**(과거미정)

사라미 사란지 오라:께쓰떼{사람이 산 지 오래겠더라고요.}22

- **is**(과거시칭)

그래 무세: 고사을 햇쏘{그래 고생을 몹시 했소.}20

- **았**(과거시칭)

열 다스쌀 쩍에 시갈 왓쏘{열다섯 살적에 시집을 왔소.}20

페양서 왓다기 내 찬차이 봄네.{평양에서 왔다고 하기에 내 찬찬
히 봐요.}20

- **엿**(과거시칭)

그렇게 풍넌이 아니엿소{그렇게 풍년은 아니었소.}22

- **?**(과거시칭)

갓다 오냐: 내 하내배께 못 갓쏘{갔다 온 후로 내 하나밖에 못 갔
소.}20

차:ㅁ엔 도메느루 보내:ㅅ따{처음에는 도, 면으로 보냈다.}20

- **겠**(미래시칭)

우리 딸두 아: 다스싱게 어찌 헤 보겟쏘?{우리 딸도 아이가 다섯
인 게 어찌하겠소?}

무스 세사: 아라 절호: 하겟쏘{무슨 세상 물정을 알아 결혼하겠소}20

저 쇄:지 이태꺼지 살과:ㄴ데 이제 쥐기게:쏘{저 송아지를 여태까지 (애써) 살려놓았는데 이제 죽이겠소.}22

－:ɦ(규정어형－현재시칭)

게 조:홍고지 애니요?{그것이 좋은 꽃이 아니 요?}23

－을(규정어형－미래시칭)

버리꾸니 마느믄 먹을 게 퇴낫쏘{먹을 것이 많으면 질려서 버립니다.}20

－앙(규정어형－현재시칭)

싸르 죠:항거 가져다가서리{좋은 쌀을 가져다가}22

－ㄹ(규정어형－미래시칭)

꼭 그사램이 쓰랴으루(쓸 양으로) 맨드라:ㄴ는데{꼭 그 사람이 쓸 양으로 만들었는데}22

－ㄴ(규정어형－과거시칭)

사람이 사란지 오라:께쓰떼{사람이 산 지 오래겠더라고요.}22

－ʔ(규정어형－미래시칭)

머그께 억꾸 고생 핵꾸{먹을 것이 없어 고생을 했고}20

－ㄹ(규정어형－미래시칭)

여르메 포리르 어쩔 수 업다우{여름에 파리를 어쩔 수 없다오.}20

구새 있따 말이요. 쇠 멕일 새 있다 말이요.{구유 가 있단 말이요. 소 먹일 풀(꼴)이 있단 말이요.}22

－듣(규정어형－과거시칭)

가치 자라든 분네 업소 다 상새 나구{같이 자라던 분들이 없소. 다 죽고.}20

－ㄴ(규정어형－과거시칭)

저 쇄:지 이태꺼지 살과:ㄴ데 이제 쥐기게:쏘{저 송아지 여태까지 (애써) 살려놓았는데 이제 죽이겠소.}22

-는(규정어형-현재시칭)

새피: 부는 날이문 칩소{동풍이 부는 날이면 춥소.}20

-ㄴ(규정어형-과거시칭)

갔다 완지 이전 오년이오{갔다 온 지 이제는 5년이요.}20

-ㄴ(규정어형-현재시칭)

용세사 어떤 때 얍작한 게 여무지 못하구{농사야 어떤 때는 낟알이 납작한 게 여물지 못하고}20

-는(현재시칭)

메니리 나가 일 아니 하무 고사: 아니 하게:능기{며느리가 일을 나가지 않으면 고생을 하지 않겠는 게}

셔바: 가자능기 이서사 보내:지{장가를 가자는 게 있어야 보내지.}20

바트 해 머거:꾸래 도르 모다 싸:ㄴ 깍때미 있지 낭그 하자구사싸:께쓰?{밭을 해 먹으려고 돌을 모아 쌓은 각담이 있지. 땔나무를 하려고야 쌓았겠소?}

-:ㄴ

일궈: 도:ㄴ 바트느 대:닐구바지우나{일구어 좋은 밭은 5, 7□□□□}21

-ɦ

도채닝거는 거저 뒈:아지두 나구⋯{좋지 않은 것은 그저 한 뒈 가지도 나고⋯}21

-ㄴ(규정어형-현재시칭)

그뜩 어지리구 이런 베니 잇쏘{가득 어지르니 어디 이런 변이 있소.}20

즈끔 전에보다 아문 일이나 다 조킨 조쏘{지금은 이전보다 아문 일이나 다 좋기는 좋소.}

가차비 지금 큰아들 한내배께 업소.{가까이에 지금 큰아들 하나밖
에 없소.}

아, 기가 찬 세월이지 도트새끼랑…{아, 기가 찬 세월이지. 돼지새
끼랑…}

사라미 사란지 오라:께쓰뗴{사람이 산 지 오래겠더라고요.}22

- ㄹ(규정어형-현재시칭-형용사)

집이 이리 어즈러블 때 와셔{집이 이렇게 어지러울 때 와서}20

- 쓰(존칭-접미사)

피야: 나두 따리 이셔 가따 와:쓰꾸{나도 평양에 딸이 있어 갔다
왔습니다.}20

[어휘]

가대기(연장) {쟁기} *가대기루 갈구{쟁기로 갈고}21

구시(구융) {구유} *잘 바찌 앙쿠 쇠구시 업찌{잘 □□ 않고 소구유가 없
지}24

구새(굴뚝) *구새 없지{굴뚝이 없지.}24

긍게서(거기서) *긍게서 가저:르께 만치(거기서 가져올 것이 많지.)24

팔리사병(독립군)24

낭기(나무) *잉게서도 나무 없소{여기에도 나무가 없소.}21

낭그 실어다{나무를 실어다}

배재쑤게 맨 냉긴데{울바자 곁에 온통 나무인데} 21

놀가지(노루) *놀가지 멧돼지나 있고{노루, 멧돼지나 있고}(20

뉘(세상, 평생) *한 뉘를 용세 밖에 모르우{일생을 농사밖에 모르오.}20

한 뉘를 살았지{한 평생을 살았지.}20

우리사 한 뉘:르 농새르 하니{우리야 평생을 농사를 하니}20

미후리(반작하는 터) *미후리 여리:등기{반작 농지가 여러 개던 게}21

밥쉬(수수) *밥쉬 엿 꺼습데{수수엿 같데요.}25

보름질(매질) *그만 보름질 해 노믄 새타:우{그만 매질을 해놓으면 새하
얗소.}20

살가지(살기) {삵} *살가지 그런 짐승도 없소{삵 그런 짐승도 없소.}24

서방 가다(장가가다) *열네 살에 다 셔바:으 보내구{열네 살에 다 장가를
보내고}

셔바: 가자능기 이서사 보내지{장가를 가자는 게 있어야 보내
지.}20

솔고두에(솔방울) *솔고두에:르 했지{솔방울을 했지.}23

새피:(동풍) *산이 가차바서 새피: 부는 날이문{산이 가까워서 동풍이 부
는 날이면}20

새피: 셍고디요{동풍이 센 곳이요.}23

자브라미(졸음) *자브라미 아느 와서 그럭커니{졸음이 안 와서 그렇습니
다.}23

정기(저기) *정기 올라서문{저기에 올라서면}23

주관(주로) *주관 보리과 코:으 조끔 심으구{주로 보리와 콩을 좀 심
고}20

지우다(살다가, 보내다가) *한 시오년 지우다 왔소{한 15년 살다가 왔
소.}20

통새나다(종처나다) {통증이 나다}24

하나바니(할아버지)

하나반(할아버지) *하나반네두 이꾸{할아버지네도 있고}20

하나부(할아버지) *우리 하나부 시절에두{우리 할아버지 대에도}20

쪽지게(지게) *쪽지게:르 가추라:구 해서{지개를 갖추라고 해서}21

아브재기(고함) *아브재기가 아이 갑데{고함 소리가 안 나가데요.}25

안까이(안해) {아내} *우리 안까:는 팔십 공술 겨우 벌었소{우리 아내는 80 공수를 겨우 벌었소.}24

양(후 後) *갔다 온 양 내 하나밖에 못 갔소{갔다 온 후로 나 하나밖에 가지 못했소.}20

어시(부모) *그기 어시 못 만난 건{거기 부모를 못 만난 건}24

어전(이제는) *어전 주거씀두?{이제는 죽었습니까?}23

엉치(엉덩이) *제구 엉칠 뜨재이우{자리에서 겨우 엉덩이를 떼잖소.}25

연에는(후에는) *모 쓴 연에는(모를 꼽은 후에는)20
　　　　비 앤 온 연에는 비우제를 지내우{비가 오지 않을 때는 우제를 지내요.}20

열쾨(당콩) {강낭콩} *열쾨나 파치랑 있스무{강낭콩이나 팥이랑 있으면}20

영게(여기) *영게 산꼴에서 농세: 짓구{여기 산골에서 농사를 짓고}24
　　　　거저 영게서 산 분이 한 육십 세{그저 여기서 살은 분이 한 60 세}24

옥쉬(옥수수) *옥쉬, 콩, 조이{옥수수, 콩, 조}23

올찌스미(올케, 형님) *올찌스미 해 먹으라구{올케가 해먹으라고}25

용게(요기) *우리 지비 용게 가따가서리{우리 집이 요기로 갔다가}24

우뿌다(우습다) *우뿌지 애이쿠{우습지 않고}25

웃티(옷) *지름 실레 갔다 온 게 웃틴 저렇게 됐소{기름을 실러 갔다가 온 게 옷이 저렇게 됐소.}20

유끄(윷) *유끄 치:지{윷을 치지.}24

잉게(여기) *잉게서 아들 공부시키지 못했소{여기서 아들을 공부시키지

못했소.}24

잉게와 놀거가:쑤{여기 와서 놀고 갔소.}24

잉게서 해마다 용새지:르 하다{여기서 해마다 농사일을 하다

가}24

애싹하다{싫증나다, 짜증나다} *집이 엇찌 복잡한지 애싹:하므{집이 어

찌나 복잡한지 짜증나요.}20

있다 나니 얼마나 애싹한지{있다나니 얼마나 싫증이 나는지.}20

영게서 싫다구 애싹하다구 하지만{여기가 싫다고 싫증이 난다고

하지만}20

엠네(처, 부인) *엠네:르 얼우아 쓰겐는데{부인을 □□□ □□□□.}21

완을루(완전히) *완을루 심이 조라서{완전히 힘이 줄어서}25

원가(원래) *원가 보드라구 못 하우{원래보다도 못하오.})20

지비 원가 그리 어지럽구{집이 워낙 그렇게 어지럽고}20

이게 원가 우리 하나바이 때부터 있소{이것이 본래 우리 할아버지

때부터 있었소.}20

6.1. 무산리

　무산령 정점에 있는 산간 부락으로 철도 연변에 위치. 쏙새골 갈매 덕 안전거리 등 유명한 산골로 이름이 있으며 재가승들이 전통적으로 살던 곳임. 특히 안전거리나 쏙새골은 리 소재지에서 각각 10~15리씩 떨어져 있으며 전기도 없음. 리 소재지에는 중학교가 있음.

대상자 명단

번호	지대	성명	성별	년령	지식정도	경력
16	쏙새골	박정학	남	78	국문해득	아버지 대에 옴. 농업에 종사 (재가승).
17	쏙새골	김분옥	녀	49	문맹	18세 시 석막에서 출가.
18	안전거리	라성윤	남	75	문맹	4대 농업(재가승).
19	안전거리	리호석	녀	65	문맹	부친 대에 이주, 농업.

ㄱ 〉 ㅈ

지:르 다끄메{길을 닦으면서}16

일본놈덜아페 절따이지{일본 놈들 앞에서 결딴나지.}16

져:렌 치바서{겨울에는 추워서}16

셥똥 절사 하므{협동조합을 결사하면}18

꼬리 지재:오{꼬리가 길잖소.}18

지지개 푸푸케우{기지개를 푸푸 켜오.}18

ㄱ의 탈락

지스:ㅁ 타:ㅇ 밀긴 저그느{김이 막 밀릴 적에는}17

ㄴ 〉 ~

도~:이 자가 노이까{돈이 적으니까}16

싹 셥또: 들어 노~:이{모두가 협동조합에 드니}16

일본놈덜 아페 절따~이지.{일본 놈들 앞에서 결딴나지.}16

셍메:으 나셍유~:(라성윤){성명은 라 성윤}18

어두 ㄴ 〉 ㅇ

여자 두:레 남자 함분 왔다구{여자 둘에 남자 한 분이 왔다고}17

ㄹ 〉 ㄹ + ㄱ

곰, 놀가지두 자꾸{곰, 노루도 잡고}16

놀기 찡찡 넝궈 뛰는데{노루가 씽씽 뛰어넘는데}18

어두 ㄹ 〉 ㄴ

떠 몬난 내레기 지서: 씀.{□ □□ □□□ □□: □}16

셍메:으 나 셍유:{성명은 라 성윤.}18

뇌레기 마:나사되지{노력(勞力)이 많아야 되지.}18

어두 ㄹ 〉 ㅇ

여관두 이꾸{여관(旅館)도 있고}16

ㄹ의 탈락

서: 쇠느라구{설을 쇠느라고}16

ㅸ 〉ㅂ

저:렌 치바서{겨울에는 추워서}16

야: 누비두 가서 매태 뒝거뚜{이 애 누이도 가서 몇 해 된 것도}17

즐거바 하재이구{즐거워하지 않고}17

아까브 일꾸놔:쓰꾸마{아까운 일꾼을 놓쳤습니다.}18

심사가 고바사 돼우{심사가 고와야 되오.}18

그래 구브리구사{그래 구부리고야}19

ㅅ 〉ㄷ

나디 따:지{낫이 다르지.}16

ㅿ 〉ㅅ

시아스네 지비{시아우네 집이}17

발뜨이 이러케 부서서{발등이 이렇게 부어서}17

너: 내보구나사 그럴게 아이라{네가 내보다 나아 그럴 것이 아니라}18

어쉬 엄느 자시그{부모가 없는 자식을}18

싸그 나스 쒸두 업꾸{싹 나을 수도 없고}18

우리:르 나사두 나쿠{우리를 □□□ □□}18

ㅊ 〉ㄲ

수끈 아이 타우{숯은 아니 타오.}17

ㅎ 〉ㅅ

성제 뿌이오{형제뿐이요.}16

쌱 셥또: 드러노:이{모두 협동조합에 가입하니}16

셥또ㅇ 절사: 하므{협동조합을 결사하면}18

셩폐니 업더라구{형편없더라고}18

쉬양쇼: 여:르 때{휴양소에 들어갈 때}18

·〉ㅗ

뵵소 여기서두 쎄게 뵵쏘{밟소, 여기서도 세게 밟소.}16

보름 부는대루 쪼차서{바람 부는 대로 좇아서}18

보르미 하지꺼지 부:ㅁ{바람이 하지까지 불어요.}18

·〉ㅡ

여기 싸르므 고사:ㅇ 심하움{여기 사람은 고생이 심해요.}16

흘그 바르우{흙을 바르오.}17

ㅗ〉ㅜ

다누라구 쇠:우{단오라고 쇠오.}16

ㅘ

이차: 왔쏘{이내 왔소.}16

철과: 하다 나재: 다 거더 치와:쓰{철광을 하다가 (광석이) 나지 않아 다 걷어치웠소.}16

ㅙ

돼돼:지두 자꾸(잡고){멧돼지도 잡고}16

ㅝ

웡골(地名) {원골}

놀기 찡찡 넝궈뛰는데{노루가 씽씽 뛰어넘는데}18

ㅟ

냉기 귀하드라우{나무가 귀하더라오.}16

귀먹재:우{귀머거리요.}18

쥐새끼 처리{쥐새끼처럼}18

ㅢ〉ㅣ

그래그 이:벼이라구{그리고 의병이라고}16

ㅡ〉ㅣ

임세기래두 깨끄탕 임서그 못 먹구{음식이라도 깨끗한 음식을 못 먹고}16

ㅗ 〉 ㅚ

쇄쭈리 벰베채:서{쇠줄이 변변치 않아서}16

뇌레기 마:나사 되:지{노력(勞力)이 많아야 되지.}18

회꺼지 불러:쏘{회에까지 불렀소.}18

위원재: 최봉가:이구{위원장이 최봉강이고}18

[형태]

– 이(주격)

　　도:이 자가 노이까{돈이 적으니까}16

　　너: 누까리 내보구 낫따{네 눈이 내보다 낫다.}18

　　앙까이 다스시므{아낙네들이 다섯이면}18

　　색씨하내이 내레오:ㄴ데{색시 하나가 내려온데}18

　　유월 베치 하루 베치 새롭다구{6월 볕이 하루가 새롭다고}18

– : (주격)

　　즘메: 이꾸사 보지{증명서가 있고야 보지.}18

– 으(속격)

　　토끄지브 진는다{토끼집을 짓는다.}18

　　버:므시미 그러타:ㅁ{범의 힘이 그래요.}18

– 르(대격)

　　베 농사르 다 시기따:ㅁ네{벼농사를 다 시켰답니다.}18

– 으(대격)

　　인부 두:서 싸르 거두라 달그 자브라{인부 둘이서 쌀을 거두라 닭을 잡어라}16

　　흘그 바르우{흙을 바르오.}17

－ :(대격)

철과: 하다 나재: 다 거더치와:쓰.{철광을 하다가 (광석이) 나지 않아 다 걷어치웠소.}16

셉또: 조지한거 가마이 보시우{협동조합을 조직한 걸 가만히 보시오.}18

－께(여격)

우리 솜비께 모:ㅁ 믈기니라{우리 손비에게 못 물리니라.}18

－ㄹ루

밸루 드러와서{배로 들어와서}16

아바:이 일루 나사 안쏘{아바이, 이리로 나와 앉소.}18

－루

기계루 하는데두{기계로 하는 데도}18

－ㄹ루서(조격－자격)

□□□□ □□□□ 샹점 보게 되:쓤{□□□□ □□□□ 상점을 와 보게 되었습니다.}18

내이불루서 해결해두{내 입으로써 해결해도}18

－ :(위격)

쌱 셉또: 들어노:이{모두 협동조합에 가입하니}16

쉬양쇼: 열:ㄹ때(휴양소에 들어갈 때)18

－에(위격)

하나 바께 업쏘{하나밖에 없소.}16

－서부터

셉또: 되메서부터 또쉬 업스{협동이 되면서부터 □□ 없소.}16

－서(위격)

인부 두: 서 싸르 거두라{인부 둘이서 쌀을 거둬라}16

－으(위격)

취서기 저그느 떠그 해서{추석일 적에는 떡을 해서}16

-아페(위격)

　　일본놈덜아페 절따이지{일본 놈들 앞에서 결딴나지.}16

-느(는)

　　다뉘에느 자:ㄹ 쇠우{단오는 잘 쇠오.}16

　　취서긴적그느 떠그 해서{추석일 적에는 떡을 해서}16

-두

　　야: 누비두 가서 메태 됑꺼뚜{이 애 누이도 가서 몇 해가 된 것도}17

-래두

　　임석이래두 깨끄탕임서그 모: 먹꾸{음식이라도 깨끗한 음식을 못
　　먹고}16

-보구

　　너: 누깔이 내보구 낫다{네 눈이 내보다 낫다.}18

　　너: 내보구나사 그럴게 아이라{네가 내보다 나아 그럴 것이 아니라}18

-꾸마(직설-존대)

　　어제 와:쓰꾸마{어제 왔습니다.}17

-꾸(직설-존대)

　　양철 지비:꾸{양철집입니다.}18

-둥(의문-존대)

　　조씀둥?{좋습니까?}17

-:ㅁ네(직설-존대)

　　베농사르 다 시기따:ㅁ네.{벼농사를 다 시켰답니다.}16

　　그마: 또이 나오리라:ㅁ네{그만 똥이 나오겠어요.}18

-ㅁ니(직설-존대)

　　조선 역사: 거저 그래:ㅁ니{조선 역사가 거저 그렇습니다.}16

-메(직설-존대)

　　조선 사람덜 빠께느 모타더라메{조선 사람밖에 못하더래요.}17

-ㅁ메(직설-존대)

　　다 소채:음메{다 채소입니다.}16

-ㅁ(직설-존대)

　　보르미 하지까지 부:ㅁ{바람이 하지까지 불어요.}18

　　여기싸라므 고사:ㅇ 심하움{여기 사람은 고생이 심해요.}16

-ㅁ(의문-존대)

　　호분차 가:ㅁ?{혼자 가요?}18

-소(직설-하오)

　　낭그 베:메 해:쏘{나무를 베면서 했소.}16

　　내바께 심 쓰께 업쏘{나밖에 힘 쓸 사람이 없소.}18

-스(직설-하오)

　　셥또: 되메서부터 또쉬 업쓰{협동조합이 되면서부터 □□ 없소.}16

-오(직설-하오)

　　셩제 뿌이오{형제뿐이요.}16

-우(직설-하오)

　　소캐꺼지 다: 주우{솜까지 다 주오.}18

　　쉬양쑈: 여:르 때 기로:(ㄹ) 뜨:우{휴양소에 들어갈 때 체중을 다오}18

-수(직설-하오)

　　고르 제:구 들구 이러 낫수{머리를 겨우 들고 일어났소.}18

-요(직설-하오)

　　정까르 매이 육심마너:이요{정가를 매기니 60만원이요.}18

-라우(직설-하오)

　　짐재:기 업드라우{짐작이 없더라오.}16

　　냉기 귀하드라우{나무가 귀하더라오.}16

-요(의문-하오)

　　이 말이요? 뭐요?{이게 말이요? 뭐요?}18

- **스**(의문 – 하오)

　　부스께부:르 아이 여:므 구새영기 나게:쓰?{아궁이에 불을 안 때면 굴뚝에 연기 나겠소?}18

- **소**(명령 – 하오)

　　아바:이 일루 나사 안쏘{아바이, 이리로 나앉소.}18

- **우**(명령 – 하오)

　　셥또: 조직 항거가마:이 보시우{협동조합을 조직한 걸 가만히 보시오.}18

- **다**(직설 – 해라)

　　네레스시 섰따{□□□□ □□}18

　　더수기끄서가지구 드러온다{저 수레를 끌고 들어온다.}18

- **니라**(직설 – 해라)

　　우리 솜비께 모:ㅁ 물기니라{우리 손비에게 못 물리니라.}18

- **지**(직설 – 반말)

　　나디 따지{낫이 다르지.}16

　　시아즈비아:지{시아주버니네 아이지.}17

0(직설 – 반말)

　　옌날 버브느 도동노:ㅁ 버비{옛날의 법은 도적놈의 법이다.}18

　　저네사 여기 구양처{전에야 여기가 귀양지이다.}18

0(의문 – 반말)

　　무쉬: 배고파 죽게? 버:지{뭐, 배고파 죽겠어? 벌지.}18

- **구**

　　쏙새골이라구{속새골이라고}16

　　옌날일두 잘알구{옛날 일도 잘 알고}18

- **는데**

　　□장 간는데{□장 갔는데}

-느라구

　　서: 쇠느라구{설을 쇠느라고}

-메(며)

　　나무두 베:메 지:르 다끄메{나무도 베며 길을 닦으며}16

　　낭그 베메 해:쏘{나무를 베면서 했소.}16

-므(면)

　　쇠르: 메우므 잘 잡으끼오{소를 메우면 잘 끌 거요.}16

- 이까(니까)

　　도:이 자가 노이까{돈이 적으니까}16

- 서

　　쇠쭈리 벰베채:서{쇠줄이 변변치 않아서}16

-우(피동)

　　쇠르: 메우므 자:르 자브끼오{소를 메우면 잘 끌 거요.}16

　　말리와:ㅅ따가서리 퍼지와 노:므{말리었다가 불려 놓으면}16

　　싹 내리와 가서{싹 내려가지고 가서}17

-j

　　□□ 보므 쥐기꺼 가태:서 모때:ㅅ찌{□□ 보면 죽일 것 같아서 못 뛰었지.}16

-기

　　우리 솜비께 모:ㅁ 믈기니라{우리 손비에게 못 물리니라.}18

-구

　　함범마 살과 주:ㅂ소{한번만 살려주십시오.}18

　　놀기 찡찡 넝궈 뛰는데{노루가 씽씽 뛰어넘는데}18

- 리(미래)

　　그마: 또이 나오리라:ㅁ네{그만 똥이 나오겠어요.}18

-는

　　기계루 하는데두{기계로 하는 데도}18

-던

노국에 갔떠: 사람두 온다우{러시아에 갔던 사람도 돌아온다오.}16

-았

이차: 왔쏘{이내 왔소.}16

지슴(김) *지스:ㅁ 타: 밀긴 저그느{김이 콱 밀릴 적에는}17

그 이듬해두 싹찌슴 매:지{그 이듬해도 샀김을 매지.}18

재(새) *재빠가지{새빨갛지.}17

브스께(부엌아궁이) {아궁이} *브스께 부:르 아이 여:므{아궁이에 불을
넣지 않으면}18

득(得): *협동조합에서 분배 몫 중 자기가 실제로 받을 수 있는 몫.(부채
기타를 공제한 나머지)

다뉘(단오) *다뉘에느 자:르 쇠우{단오는 잘 쇠오.}16

다누라구두 쇠:우{단오라고도 쇠오.}16

6.2. 사을리

사을리는 탁상리와 직접 련결 하고 있으며 회령군 소재지와 (철도)
40 리 떨어짐. 국도는 회령에서 행영을 거쳐 종성으로 가는 길이 있
다.(주민들은 이 버스로 리용) 인민학교, 중학교가 있다. 리내 주민은 보통
토착민이나 이주민도 적지 않다. 주민들은 회령 시장을 많이 리용. 리

중심에서부터 가깝게 몇 개 부락으로 상대함.

[형태]

-가(주격)

그런 아이가 묻겠다구{그런 아이가 묻혔다고} 14

-이(주격)

폴이 한짝 없음매{팔이 하나 없어요.}11

-이가(주격)

리 좌수 딸이가 몸이 둔해진단 말이요{이 좌수 딸이 몸이 둔해(뚱뚱해)진단 말이요.}14

조이가 데일이지{조가 제일이지.}11

-이(속격)

노전이 깃이: 아홉자 반인데{깔개의 길이가 아홉 자 반인데}11

-에(속격)

집에 메느리 가리는게 {집의 며느리가 가리는 게}12

-르(대격)

소구시르 내놔서{소구유를 내놓아서}11

-으(대격)

결으 파쇠하다 나니꿔디{절을 파쇄하다 보니}11

-르(대격)

니예기르 차차 드러보니{이야기를 차차 들어보니}11

-루서(조격)

돌루서 만들어 썼다두만{돌로써 만들어 썼다고 하더구먼.} 14

- **으루서**(조격)

　　　속으루서 내 그러지{마음속으로 내가 그러지.}11

- **을루셔**(조격)

　　　밤을루셔 들구 또 오분해르…{밤으로 들고 또 온종일 을…}12

- **ㄹ루셔**(조격)

　　　찰루서 왔소?{차로 왔소?}14

- **ㄹ루**(조격)

　　　삼대채 효잘루…{3대째 효자로…}11

- **서**(위격)

　　　산'골서 살던 집이셔…{산골에서 살던 집에서…}

　　　여기서 났소{여기서 태어났소.}11

- **루**(위격)

　　　어디루 갔는가 보니{어디로 갔는가 보니}14

- **으루**(위격)

　　　물역으루 나가면서{강가로 나가면서}14

- **에셔**(위격)

　　　물에셔 풀쑥 슀아서 집으루…{물에서 불쑥 솟아서 집으로…}14

- **에**(위격)

　　　겨슬에 모지리 칩지{겨울에 몹시 춥지.}14

　　　이 집에 기르는 아이 있다니{이 집에 기르는 아이가 있다고 하니}14

　　　군인에 나갔슴메{군대 나갔어요.}12

- **과**(구격)

　　　어만과 녜기해셔…{어머니에게 얘기를 해서…}14

　　　친구과 앉아서…{친구와 앉아서…}11

　　　술기과 낭그 한데 걸머지구서…{수레와 나무를 한데 걸머지고
　　　서…}11

절대격(주격)

감기 떨어지우{감기가 떨어지오.}11

오래미 너이더니 다 상새나구 없소{올케가 넷이더니 다 죽고 없
소.}13

절대격(속격)

저 나라에서 만들어사 풍족하지{자기 나라에서 만들어야 풍족하
지.}14

리 좌수 딸이가 몸이 둔해진단 말이요{이 좌수의 딸이 몸이 둔해
(뚱뚱해)진단 말이요.}14

절대격(대격)

도섭 잘 쓰는 사위 삼았노니{거짓말을 잘 하는 사위를 삼아 놓았
으니}11

뱀(범)이 하나 가져다 먹었디{범이 하나를 가져다 먹었지.}11

절대격(위격)

동네 놀러 나갔다…{동네에 놀러 나갔다가…}11

-두(도움토)

손며느리두 마흔 세 살이요{손자며느리도 마흔 세 살이요.}12

-은(도움토)

슈상님은 그러케 안 했을 거다{수상님은 그렇게 안 했을 것이다.}12

-두(도움토)

괴사리두 있구 닥지새기두 있구{고사리도 있고 닥지싹(모싯대 싹)
도 있고}11

고내~이 팔년도 부려 봤소{고양이를 8년까지 길러봤소.}11

닐두 못해 먹겠다고 하니…{일도 못 해먹겠다고 하니…}11

-루나

세울루나 많이 댕기구…{서울로나 많이 다니고…}11

- **에다가서**

　　사~에다가서 노쿠{상에다 놓고}12

- **에두**

　　궁심에두 있구{궁심에도 있고}11

- **사**

　　세비 여기사 없지{새우가 여기야 없지.}11

- **에사**

　　옛날에사 여러 가지디{옛날에야 여러 가지지.}11

- **이사**

　　나물 이름이사 여러 가지디{나물 이름이야 여러 가지지.}11

- **듕**(의문－존대)

　　바다~이라 했슴듕?{바다라 했습니까?}14

- **소**(직설－존대)

　　물여개 쇠첸어도 못 잡아 먹었소{하천의 소천어도 못 잡아먹었소}11

- **오**(직설－존대)

　　개이는(개인은) 삼 치디 못하오{개인은 샘을 파지 못하오.}11

- **꾸마**(직설－존대)

　　그렀스꾸마{그렇습니다.}14

- **디**(직설－반말)

　　옛날에사 집집이 다 했디{옛날에야 집집이 다 했지.}12

　　나물 이름이사 여러 가지디{나물 이름이야 여러 가지지.}12

- **매**(직설－대등)

　　폴이 한짝 없음매{팔이 하나 없어요.}11

- **는듕**(추측)

　　거기 결(절)이 있는듕{거기 절(寺刹)이 있는지?}11

가리함지(가리로 잘 다듬어 만든 함지){□□로 잘 다듬어 만든 함박}

가살(아양) *니 가살에 넘어 가겠니?(어린애가 어른을 웃기며 무엇인가 요구할 때 사용){네가 떠는 아양에 내가 속겠니?}

가새(가위)

가즈이를 부리다(꾀를 부리다)

가찹다(가깝다, 쉽다) *병나기도 가찹소{병나기도 쉽소.}

가사하다(꿈뜨다, 엉치가 무겁다) *몸이 가사하여 나안온다(젊은이들은 쓰지 않음){몸이 굼떠(엉덩이가 무거워) 나오지 않는다.}

가위(머리기계)

감농(농사를 잘 짓는 것)

건설에 나가다(국가 사업하는 곳으로 가다)

길루다(배우다) *술을 길구구 담배를 길것수꾸마{술을 배우고 담배를 배웠습니다.}

남쇅이(해가 비치는 곳){양달} *남쇅이 반대는 능달{양달의 반대는 응달}

고쳐보다 (다시보다) *증손잴 고테 못 보고 죽는다 해서{증손자를 다시 못 보고 죽는다고 해서}

구묵(굴뚝)

구양(구멍)

굴(우리, 집)

돝으굴(우리) {돼지우리}

긍게{거기}

영게{여기}

용게{요기}

개찮은(하찮은) *먹어보니 개자튼 고기란 말이오{먹어보니 하찮은 고기
란 말이요.}

괄다(눌다) {눈다} *난로에 괄다{난로에 눈다.}

나다(년령을 먹다, 몇 해가 되다) *군대간지 3년에 나는지 10년에 나는지
{군대에 간지 3년이 되는지 10년이 되는지}

나주이(초저녁, 해가 져서 어둡기까지)

높이(높낮이)

높이(부사−정도) *문두 높이 못 달구{문도 높이 못 달고}

늦잡은 곡식(늦곡식)

당사이(곡식의 꾀꼬리) {곡식의 개꼬리}

더디없이(더디지 않고 쉼 없이)

돝(돼지)

두루매기(겹으로 된 두루마기) {겹두루마기}

차후시(홑겹, 흰 것) {홑두루마기}

등용판(등잔 밑에 받치는 둥근 나무판)

대렌(다리미, 부삽)

마구 없다(전부 없다)

모딜다(모지다) {모질다, 대단히, 몹시} *모딜게 춥다{몹시 춥다}

모딜다{어리다, 적다} *나보구 세 살 모딜다{나보다 세 살 어리다}

모개(조, 수수, 벼) {조, 수수, 벼 등 곡식의 이삭 바로 밑의 대.}

당사미(옥수수 꾀꼬리) {옥수수 개꼬리}

몽사하다(꿈꾸다) *몽사하다 깨나니 꿈이다{꿈을 꾸다 깨어보니 꿈이었
다.}

무세(무섭게) {몹시, 대단히} *전에는 무세 치바서{전에는 몹시 추워서}

무끄(무)

버리다(세상을 바리다) {세상을 버리다}

버새(똑똑치 않은 사람. 노새의 반대 버새에서 옴)

번다히(솔직히) *번다히 말하다{솔직히 말하다.}

　　　　번다히 말해라(털어놓고 말해라)

볕(양지쪽, 고정된 곳)

남쇡이(해가 비치는 곳) {양지, 양달}

능달(해가 비치지 않은 곳) {음지, 응달}

보구서는(보다는) *회령을 보구서는 흔한 셈이요{회령보다는 흔한 셈이

　　　　요.}

부리다(기르다) *고양이 8년 부리니{고양이를 8년 기르니}

부술이(부젖가락) {부젓가락}

부쳐가다(채가다) *여끼가 닭을 부테간다{여우가 닭을 채간다.}

부시깨(아궁) *부시께에 가서 불 넣소{아궁이에 가서 불을 때오.}

사냥하러 가다(짐승사냥, 나무를 선택하다) *소구시 냉기 사냥하러 가자

　　　　{소구유를 만들 재료를 하러 가자.}

사등(척추의 속어)

사디(척추의 속어)

상고 없이(서슴없이) *말은 상고 없이 하지만{말은 서슴없이 하지만}

서방 들다(장가가다) *서방 드자구{장가를 가자고}

속골(골속) *속골이 아프다(기가 차다){걱정 따위로 마음이나 머리가 아

　　　　프다. 골치가 아프다}

슬들다(덜 들다, 잘 안 들다) *작두 슬들다{작두가 잘 안 들다}

세(혀)

쇡기굴다(악하게 굴다, 박하게 굴다) *그 사람에 쇡기굴었으면…{그 사람

에게 악하게(박하게) 굴었으면…}

자지{음경}

자제{음경}

고토리{음경}

댕가지 {음경}

자부랑드리하다(머리칼을 쥐어뜯다)

쟝(항상) *쟝: 장기를 두다{늘 장기를 두다.}

적새(□기새, 고기 굽는 것, 납비틀) {석쇠}

종실(끝내) *종실 건너 못 가고…{끝내 못 건너가고…}

즞다(엮다) {(즑다)엮다} *즐거 놓은 거 가져가고{엮어놓은 걸 가져가고}

진땅(진흙땅)

제배간(동연배) {동년배}

가위(머리가위, 머리기계)

가새(천 베는 가위)

차다(맞다) *활살을 차고 가다{화살을 맞고 가다}

차제(거리대) {걸이대, 즉 두엄, 북데기, 풀단 따위를 찍어 올리거나 걸어
　　　　뜨는 데 쓰는 농기구. 끝이 서너 갈래로 되어 있다.}

처디다(밀리다) *일이 자꾸 처데서(밀려서){일이 자꾸 밀려서}

동애(호박)

태기하다(혼사 날을 정하다. 일정한 날을 정하다) {택일하다}

포리(포수, 파리)

풍수하다(비하다) *옛날에 풍술하면 말이 아니다{옛날에 비하면 말이 아
　　　　니다.}

현수상(환갑 기념상) {환갑상} *환갑날 현수상을 차리고{환갑날 환갑상
　　　　을 차리고}

홍역(혹시)

해뜩 *부덩판에 해뜩 번데졌다이{구렁에 해뜩 넘어졌다.}

햄(찬 일반)

반찬(고기로 된 찬) *도티 모기란 고기를 반찬으로 해서{돼지 목살로 반
　　　찬을 해서}

쏙쇠(값) *쏙쇨 못주구 벨어오다(낫을 벼르다){값을 못 주고 벼리어 오다.
　　　(낫을 벼리다)}

아브라(조차)

암사라(조차) *네 아브라 그라는가?{너조차 그러는가?}
　　　네 암사라 무시그라는가?{너조차 뭐라고 그러는가?}

아심치 않다(고맙다)

아우르다(합하다) *힘을 아울러서 한 육년 하다…{힘을 합하여 한 6년 하
　　　다가…}

앙귀{떼} *앙귀를 쓰구 아니하겠다구{떼를 쓰며 안 하겠다고}

어렵다(미안하다)

어브재기치다(고함치다)

얼레(곁에, 근방에) *그 얼레 가 있겠지{그 근방에 가 있겠지.}

오로(가지런히. 빙자하는 말) *오로 앉아 볕쬐구{가지런히 앉아 볕을 쬐고)

오분 하루(온 하루, 옹근 하루)

오지오지 받다{주는 대로 거저 받다} *주는 곡석을 오지오지 받았다문
　　　사 내맴이펜하겠소.{주는 곡식을 주는 대로 거저 받았다면야 내
　　　마음이 편하겠소.}

윤디(인두)

일귀 놓다 (1) 음석을 일귀 놓다{음식을 마련해놓다}
　　　　　　　술을 많이 일구다{술을 많이 마련하다}

(2) 벌어놓다 *로인들 일궈논 쌀{노인들의 힘으로 마련한 쌀}

애므뿐양하다(어린애들이 말리는 일을 한사코 할 때 하는 말)

-에서(보다) *우리에서 더 오래 산 사람은 없소{우리보다 더 오래 산 사람은 없소.}

예스(여우, 교활하다는 뜻을 나타낸다)

여끼(여우)

예영(영)

원판(원래, 본래, 애당초) *늙은이 몸엔 원판 올라 못 간다{늙은이 몸으로는 애당초 오르지 못한다.}

제7장 **함경북도 부령군**

7.1. 창평리

지대 특성: 회령군 무산리와 접경지대에 있는 무산령 밑 마을이다. 종래에 이곳에 주막이 있었다. 철도 연변에 있다. 중학교와 전기가 있다.

대상자 명단

번호	지대	성명	성별	년령	지식정도	경력
4	창평리	정애금	녀	66	문맹	토배기다. 다른 곳에 려행해본 일이 없다.
5	창평리	최진부	남	78	문맹	토배기다. 정애금의 남편이다. 려행해본 일이 없다.

[어음]

ㄱ 〉 ㅈ

이거 아 하내비 젓쓰{아, 이 깔개는 할아버지께서 결었소.}4

나무르 이만항거 써서 젓지{나무를 이만한 걸 켜서 결었지.}4

그저 저울에드 그래따이{그저 겨울에도 그랬다.}4

짚은 산꼬레 가야 있스{깊은 산골에 가야 있소.}4

지다상기…{기다란 게…}4

기리니 진진해 점심으 못 먹는다이 일으 젤씨:우{그러니 긴긴 해 점심을 못 먹는다고. 일의 강도가 제일 세오.}4

제구(겨우)4

수재: 빠져가그 철질이 나이…{□□: □□□□ 철길이 나니…}5

산으 파서 질으 만드…{산을 파서 길을 만들…}5

질때기 하드ㄴ 사람들이 있으이까…{길닦이 하던 사람들이 있으니까…}5

지왜느 여기서 했슴다{기와는 여기서 했습니다.(만들었습니다.)}5

ㄹ 〉 ㄹ + ㄱ

후소이 차차 늘게서 사이 그러치{후손이 차차 늘려서 사니 그렇지.}5

나들그매(나들면서) 자꾸 짰스{나들면서 자꾸 짰소.}5

ㅸ 〉 ㅂ

오래 밭까리 쇠 그리 예비그 어찌하겠소{소가 그리 여위어서 올해 밭갈이를 어찌하겠소?}4

거긴 기래도 집이 더뷔서…{거기는 그래도 집이 따뜻해서…}4

어찌 지비 더분드이{어찌 집이 그리 따뜻한지}4

오누배(오누이)4

제 오누배 있능기…{제 오누이 있는 게…}4

여름에 따가븐 땅으 몹씨 따겁지요{여름에 따가운 땅은 몹시 따갑지요.}5

친척간에 온대두 반가븐 줄으 모르니…{친척 간에 누가 온다고 해도 반가운 줄을 모르니…}5

ㅿ 〉 ㅇ

아매 우리야 공부드 못하그…{할머니, 우리야 공부도 못하고…}5

ㅿ 〉 ㅅ

열매느 기왕사…{열매는 이전에야…}5

그런데 지금이사 사스미라능그 비이잽대{그런데 지금이야 사슴이라는 게 보이지 않데요.}5

추수느 젤기가 일찌갈때느 가슬으 일찌기 하그…{추수는 절기가 이를 때는 일찍 하고…}5

벨루 벵게이 한기사 업지{별로 변경한 것이야 없지.}5

글쎄, 장참 그러케사 하겠슴:까?{글쎄, 늘 그렇게야 하겠습니까?}5

글쎄 장차래사 조은 때가 있겠찌{글쎄, 장차야 좋은 때가 있겠지.}5

어떠해 머 여기서사…{어떤 해 뭐 여기서야…}5

그냥사 그게 얼마나 쓰겠스{그냥이야 그걸 얼마나 쓰겠소.}5

너머 회령까지사 드러 갔지오{넘어 회령까지야 들어갔지요.}5

피야 이서므사…{평양에 있다면야…}4

일부레사 잘 못기지{일부러 감히 그러지는 못하지.}4

펴야이 쪼기서 여기르사 오므사…{평양 쪽에서 여기로 온다면야…}4

그럼 전기사 다 있지{그럼, 전기야 다 있지.}

천이 흔해사 쓰겠는데…{천이 흔해야 쓰겠는데…)

우리사 나가 있으므사…{우리야 나가 있다면야…}

ㅿ 〉 ㅇ

그게 다 태고쩍 할 일이지 지금이야…{그것이 다 태고 적에 할 일이지 지금이야…}

우리 같응기야 농촌에 묵께 세워르 알구 지냈겠쓰{우리 같은 거야 농촌에 묻혀 세월을 알고 지냈겠소?}4

ㄱ의 탈락

스르(슬기. 삵){삵, 살쾡이}4

어젠 오배 예넨 되는데{이제는 오백 여년이 되는데}4

암노까느{압록강은}4

ㄴ의 제로

그 창으 어데 있었냐이(있었는가 하니)…{그 창은 어디에 있었는가 하니…}5

그럼 온사람으 후소이 많이 있쓰{그럼, 온 사람의 후손이 많이 있소.}5

후소이 차차 늘게서 사이 그러치{후손이 차차 늘려서 사니 그렇지.}5

수재: 빠져가그 철질이 나이…{□□: □□□□ 철길이 나니…}5

차노이 하이 주매기라능기 업서 재이겠스?{찻길을 내니 주막이라는 게 없어지지 않겠소?}5

아매 우리야 공부두 못하그 나가 대이지드 않았으이…{할머니, 우리야 공부도 못하고 나가 다니지도 않았으니…}5

늘그이 둘이…{늙은이 둘이…}5

을모녀이 시작…{을모 년에 시작…}5

질때끼하드ㄴ 사람들이 있으이까…{길닦이하던 사람이 있으니까…}5

마, 한 삼여이 되는 둥{글쎄, 한 3년이 되는지.}4

용사(농사)4

조이 금여이 하나도 심지 안으이…{조를 금년에 하나도 심지 않으니…}4

작녀이 사탕무끄 처 싱거 노이 싱야이 고새이 기차지{작년에 사탕무를 너무 심어서 식량 고생이 막심하지.}4

낭그 흔해이 누개 하겠쓰?{나무가 흔하니 누가 하겠소?}4

노이(논이) 업쓰{논이 없소.}4

할마이 무슨 장가 알타나이 머 꼼짝 모타겠쓰{할머니가 늘 앓다보니 뭐, 꼼짝 못하겠소.}4

가다 여치 애인다그? 가다였스{가두어넣지 않는다고? 가두어 넣었소.}4

구드르 또 고칠래이(고칠라니)…{구들을 또 고치려니…}5

ㄹ 〉 ㄱ

풀기다(풀리다)5

주물거서(주물러서)5

ㄹ 〉 ㄴ

뇌력 공사…{노력(勞力) 공사…}5

ㅇ의 탈락

피야이 어뜸?(평양이 어떤가요?)4

피야이 시바이 구경이 있담 장가 아르면서 그러이{평양이 지금 구경거리
가 있대요. 늘 알면서 그러니.}4

조이 금여이 하나드 심지 아느이…{조를 금년에 하나도 심지 않으니…}4

작여이 사탕무꾸 싱거노이 싱야이 고새이 기차지{{작년에 사탕무를 너무
심어서 식량 고생이 막심하지.}4

우리 노자이 펴야이 어떤두 모르이{우리 노장은(늙은이는) 평양이 어떤지
몰라.}4

즘새이 만쓰{짐승이 많소.}4

ㅇ 〉 ㄲ

사탕무꾸{사탕무}4

지금 감재르 좀 심으그 사탕무꾸를 좀 심는다는데…{지금 감자를 좀 심고
사탕무를 좀 심는다는데…}4

ㅇ 〉 ㄴ

무산레이라능게 너머가므 회렌따이 되으{무산령이라는 걸 넘어가면 회령
땅이요.}5

ㅇ의 탈락

그게 아마 오란 지며이겠쓰끄마{그게 아마 오랜 지명이겠습니다.}5

무산레이라능게 너머가므 회렌따이 되으{무산령이라는 걸 넘어가면 회령
땅이요.}5

목새이라능기 있었쓰{목상이라는 게 있었소.}5

그때느 왜노미 세사이가 삼십메태를 갔으니…{그때는 왜놈의 세상이 삼십
몇 해를 갔으니…}5

ㅈ 〉 ㄷ

바디 장사라그 있었쓰{바지 장사라고 있었소.}5

ㅎ 〉 ㅅ

시방 셍페이 업스{지금 형편이 없소.}4

나무르 이만항거 써서 젓지.{나무를 이만한 걸 켜서 (깔개를) 곁었지.}4

아이그 심 무세이 듬{아이고, 힘이 몹시 듭니다.}4

ㅏ 〉 ㅐ

종재두 내 주구…{종자도 내주고…}4

북그르 했는지 처 오라지 아냈스다{붓글을 한 지 그리 오래지 않았소.}4

ㅏ 〉 ㅓ

일꾼이 할널에…{일꾼이 한날에…}5

ㅏ 〉 ㅐ

차노이 하이 주매기라능게 업서재이겠쓰?{찻길을 내니 주막이라는 게 없어지지 않겠소?}5

목새이라능기 있었스{목상이라는 게 있었소.}5

예기 냉기라능건 참냉기 있그…{여기 나무라는 건 참나무가 있고…}5

아매, 우리야 공부두 못하구 나가 대이지드 않았으니{할머니, 우리야 공부도 못하고 나가 다니지도 않았으니.}5

지금 감재르 좀 심으그…{지금 감자를 좀 심고…}5

샘일 잔치{삼일잔치}5

지깨대비{보통 농민들이 일할 때 신는 신}5

질때끼 하므… 사람들이 있으니까…{길닦이를 하면… 사람들이 있으니까…}5

강개깨이 있는 사람들이 나왔겠지오{강 가까이 있는 사람들이 나왔겠지요.}5

ㅏ 〉 ㅡ

아이그 바르미 셍페이 업스 어찌 심한둥{아이고, 바람이 형편없소. 어찌나

심한지}4

ㅓ(ㅕ) 〉 ㅔ(ㅖ)

무산레이라능게 너머가므 회렌따이 되으{무산령이라는 걸 너머 가면 회령
땅이요.}

후소이 차차 늘게서 사이 그러지{후손이 차차 늘려서 사니 그렇지.}

예기 냉기라능건 참냉기 있그…{여기 나무라는 건 참나무가 있고…}

추수느 젤기가 일찌갈때느 가슬으 일찍이 하그…{추수는 절기가 이를 때
는 일찍 하고…}5

벨루 벵게이 한기사 업지{별로 변경한 것이야 없지.}5

그담에 섹유 나지니…{그 다음에 석유가 나오니…}5

우리 가틍기야 농촌에 묵께 세워르 알구 지냈겠스?{우리 같은 사람이야
농촌에 묻혀 세월을 알고 지냈겠소?}5

ㅓ 〉 ㅡ

무사느 들으가느 어부름하구…{무산을 들어가서는 □□□□□}

ㅓ(ㅕ) 〉 ㅔ(ㅖ)

자뜨기 벵이 있능기…{가뜩이나 병이 있는 게…}5

이제는 바깐노이 넨치 망고{이제는 바깥노인이 연치가 많고}5

시방 셍페이 업스{지금 형편없소.}5

오래 밭까리 쇠 그리 예비그 어찌하겠스?{올해 밭갈이 소가 그리 여어찌
하겠소?}5

어찌 오랜 벰이 사라미 다친다아 마리있스?{어째 올해는 범이 사람을 헤
친다는 말이 있소?}5

펭푸이라능기 커이 이다상기…{평풍이라는 게 크기가 이만한 게…}5

그럼 무세와 못 보내으{그럼, 무서워 못 보내오.}5

메칠 유하겠슴?{며칠 묵겠습니까?}4

예르메 모기 물그…{여름에 모기가 물고…}

세메이다 마사놔서 셍페이 없소{콘크리트에다 망가뜨려놓아서 형편없소}4

베랑 잘 되겠쓰끄마(벼랑 잘 되겠습니다.)4

예기선 쇠게 메워서…{여기서는 소에게 메워서…}

일으느 젤 싸우{일의 품값은 제일 싸오.}

아이그, 심 무세이 듬{아이고, 힘이 몹시 듭니다.}4

제구(겨우)4

ㅕ 〉 ㅑ

얄뚜살{열두 살}4

ㅕ 〉 ㅖ

예름에 모기 물그…{여름에 모기가 물고…}

ㅗ 〉 ㅚ

그런데 지금이사 사시미라능거 뵈이잽대{그런데 지금은 사슴이라는 게 보
이지 않데요.}

그거 지금 자브므 괴기나 먹지…{그걸 지금 잡으면 고기나 먹지…}5

뇌력 공사…{노력(勞力) 공사…}5

ㅚ 〉 ㅐ

그런데 그 풍속으 좀 쇄하느 모양이야{그런데 그 풍속이 좀 쇠하는 모양
이야.}5

왠 옌천하ㄴ 사람이…{맨 연천(年淺)한 사람이…}5

ㅗ 〉 ㅚ

괴사리{고사리}4

ㅛ 〉 ㅗ

근데 비로르 한다능것뜨르…{그런데 비료를 한다는 것들은…}4

을모녀에 시작…{을묘 년에 시작…}4

ㅜ 〉 ㅣ

그때느 포시라그 더러 있었으{그때는 포수라고 더러 있었소.}5

포시들이 이제…{포수들이 이제…}5

그거 머 쉭기가 많으므 오래 못까으{그게 뭐 식구가 많으면 오래 못 가
오.}5

ㅜ 〉 ㅓ

첩끼르? 첩끼르 아마 너덧더리 잘 첩쓰{추위가? 추위가 아마 너덧 달 잘
되오.}4

ㅡ 〉 ㅣ

가심 자끄 치미러서 꼼짝 모태{가슴이 자꾸 치밀어서 꼼짝 못해.}4

ㅣ 〉 ㅓ

그기머 쉭기가 마느므 오래 못까으{그게 뭐 식구가 많으면 오래 못 가
오.}4

쉬애비{시아버지}4

ㅣ 〉 ㅡ

그렁건 안즉 일업스{그런 건 아직 괜찮소}4

ㅔ 〉 ㅣ

그기 비위 됴쿠{그게 비위(脾胃)에 좋고}4

ㅔ 〉 ㅓ

이저느{이제는}5

ㅡ 〉 ㅗ

모두 배고포다는 소리지 춥다는 소리가…(모두 춥다는 소리와 배고프다는
소리지…}5

ㅘ 〉 ㅙ

지왜느 심리가량 내려가므…{기와는 십리 가량 내려가면…}5

ㅙ의 사용

범드 있그 매돼지도 있그…{범도 있고 멧돼지도 있고…}5

ㅟ 〉 ㅣ

그때느 왜노미 세사이가 삼십메태르…{그때는 왜놈의 세상이 서른 몇 해

를…}5

ㅓ〉ㅡ

그람 온 사람으 후소이 많이 있쓰{그럼, 온 사람의 후손이 많이 있소.}5

[형태]

주격

어째 오랜 뱀이 사라미 다친다아 마리있쓰?{어째 올해는 범이 사
람을 해친다는 말이 있소?}4

큰 아들이 사매이 됫다이{큰아들이 사망이 됐다.}4

그저 저우레드 그래따이 부스토리 파따이{그저 겨울에도 그랬다,
부식토를 팠다.}4

아들이 하내 있스{아들이 하나 있소.}4

낭그 흔해이 누개 하겠스?{나무가 흔하니 누가 하겠소.}4

조격

남그르 속까서 해야지 맘대르 못하으{나무를 슒아서 해야지 마음
대로 못하오.}4

우째 아드르 앞을르서 배급으 탄다구{어째 아들의 이름으로 배급
을 탄다고.}4

-서

펴야이 쪼기서 여기로사 오믄사{평양 쪽에서 여기로 온다면야}4

-끄마(직설-존대)

베랑 잘 뇍겠쓰끄마{벼랑 잘 됐겠습니다.}4

아, 나느 아이끄마{아, 저는 아닙니다.}4

따리 주르네드 있끄{딸이 □□□□ 있습니다.}4

－ㅁ/음(직설－존대)

　　피야이 어뜸? 제쉬라 조씀?{평양이 어떻습니까? 제수랑 무사합니까?}4

　　피야이 시바이 구경이 있담{평양에 지금 구경거리가 있답니다}4

　　우린 여기 토배기임{우리는 여기 토박이입니다.}4

　　식사느 어데서 합숙에서 함?{식사는 어디에서, 합숙에서 합니까?}4

　　합숙에서 삼시르 함{합숙에서 삼시를 합니다.}4

　　이부자리랑 합수기 있음?{이부자리랑 합숙에 있습니까.}4

　　메칠 유하겠슴?{며칠 묵겠습니까?}4

　　아이그 심 무세이 큼{아이고, 힘이 대단히 셉니다.}4

－ㅁ?(의문－존대)

　　이부자리랑 합수기 있음?{이부자리랑 합숙에 있습니까?}4

－스(직설－하오)

　　노이 업쓰{논이 없소.}4

　　즘새이 만쓰{짐승이 많소.}4

　　그럼 무세와 못 보내으{그럼, 무서워 못 보내오.}4

　　짚은 산꼬레 가야 있쓰{깊은 산골에 가야 있소.}4

　　그렁건 안즉 일업쓰{그런 건 아직 괜찮소.}4

　　어느 영에 내려갔스?(언제 내려갔소?)

－오(직설－하오)

　　우린 다른데르 모르오{우리는 다른 데를 모르오.}4

　　그런것… 난 돈처 모르오{그런 것…나는 돈을 그리 모르오.}4

　　세메이다 마사놔서 셍페이 없소{콘크리트에다 망가뜨려놓아서 형편없소.}4

－쓰(직설－하오)

　　시방 세페이 업스{지금 형편없소.}4

오래 밭까리 쇠 그리 예비그 어찌하겠쓰?{올해 밭갈이 소가 그렇
게 여위어서 어찌하겠소?}4

이거 아 하내비 젓쓰{아, 이거 할아버지가 걸었소.}4

칩기르? 칩끼르 아마 너덧더리 잘 칩쓰{추위가? 추위가 아마 한
너덧 달이 잘 되게 춥소.}4

칩재이으 칩쓰{춥지 않고 춥소.}4

남그 흔해이 누개 하겠스?{나무가 흔하니 누가 하겠소?}4

- 으(직설-하오)

맘대르 못하으{마음대로 못하오.}4

- ㄴ가(의문-해라)

시방 전기 엄는 산꼬리 있능가?{지금 전기가 없는 산골마을이 있
는가?}4

- 다이(직설-반말)

우리 노자이 펴야이 어떤두 모르이{우리 노장(늙은이)은 평양이
어떤지 몰라.}4

그저 저우레드 그래따이 부스토리 파따이{그저 겨울에도 그랬다
고, 부식토를 팠다고.}4

기리니 진진 해 점심으 못 먹는다이{그러니 긴긴 해 점심을 못 먹
는다고.}4

- 아(직설-반말)

가심 자끄 치미러서 꼼짝 모태{가슴이 자꾸 치밀어서 꼼짝 못해.}4

- 지(직설-반말)

그럼, 전기사 다 있지{그럼, 전기야 다 있지.}4

고장(방금) *고장 놨스(방금 놓아주었소.)4

장창(항상) *이제 한가때 장창 이래…{이제 한가한 때어서 항상 이래…}4

남정(남자) *남정드리랑 수탕기 앙까이들드 가지{남자들이랑 숱한 게 가지, 아낙네들도 가지.}4

노대기(노파) *옛날 야비드하는 노대기 있지{옛날 □□□하는 노파가 있지.}4

둥기(물독)4

드레(드레박) {두레박}4

마(글쎄) *마, 한삼여이 되는둥{글쎄, 한 3년이 되는지.}4

마우리깐(소외양'간) {외양간}4

바깐노이{바깥노인} *이제는 바깐노이 센치 앙크…{이제는 바깥노인이 많지 않고}4

손새(손자사위) *항하드 우리 손새이 같읍데{황해도 우리 손자사위 같데요.}4

자래우다(기르다) *오린 아이 자래우{오리는 안 기르오.}4

　　　　　토낀 자래우{토끼는 기르오.}4

자쁘기{가뜩이나} *자뜨기 벵이 있능기…{가뜩이나 병이 있는 게…}4

장가(늘) *장가 아르면서 그러이{늘 앓으면서 그러니.}4

절쇠(석쇠)

처(너무) *작녀이 사탕무끄 처 싱거노이 싱야이 고새이 기차지{작년에 사탕무를 너무 심어서 식량 고생이 막심하지.}4

열대(화로위에 남비를 놓을 때 사용하는 것) {석쇠}4

앙까이(부인들) {아낙네, 부녀자}4

7.2. 구읍

지대 특성: 이전의 부령군 군 소재지였다. 현재 노동자들이 많이 거
주하고 있다.

철도변에 있는 곳이다. 기술학교, 초급중학교가 있고 전
기 스카가 들어 온 곳이다.

대상자 명단

번호	지대	성명	성별	년령	지식정도	경력
1	구읍	강석주 외 2명	남	60세 이상	한문을 좀 앎	모두 토배기들이다. 종래에 농업에 종사하였다. 마을 온 사람들의 담화를 리용하였다.
2	구읍	강석주	남	78	한문을 좀 앎	토배기. 서울과 평양 구경을 한 일이 있다. 다른 곳에서 산 일은 없다.
3	구읍	리용재	남	87	한문을 좀 앎	토배기. 최근에 산에서 내려온 사람이다. 려행해 본 일이 없다. 종래에 화전 농사를 했다.

[어 음]

ㄱ의 탈락

압로깡{압록강}2

배두산{백두산}2

수려뿌트 잘해야{수력부터 잘해야}2

너우리(너구리)2

ㄱ 〉 ㅈ

너이지리{너희끼리} *너이지리 머그라{너희끼리 먹어라.}1

짐씨{김 씨} *짐씨가 짐해 짐씨가 토서이으{김 씨는 김해 김 씨가 토성이요}1

지둥(기둥)1

지다상기(길다란 것이){기다란 것이}1

지자으(기장이) {길이} *지장으 이만하그{길이가 이만하고}1

질두? (길던가?)1

그 두 가지 다 진장에 좋은기지.{그 두 가지 다 김장에 좋은 것이지.}2

진치에 너므{김치에 넣으면}2

쇠지르 질거서…{송아지를 길러서…}2

우수 정첩{우수 경칩}2

져테 똥이 가뜩 제 있지{곁에 똥이 가득 쌓여있지.}2

짐중세씨 예기 와서…{김종서 씨가 여기 와서…}3

짐장구이…{김장군이…}3

지와집드르 한 배겨녀이 되는 집드리 있스{기와집들은 한 백여 년이 되는 집들이 있소}3

말짱 지와지비유{죄다 기와집이요.}3

져우내(겨우내) *져우내 치우면…{겨우내 추우면…}3

ᄫ 〉 ㅂ

치비{추위}1

워이(원이) 부리느 기새이 있었는데 아주 고봤지, 목소리가…{(고을의) 원이 양육하는 기생이 있었는데 아주 고왔지, 목소리가…}1

가차븐데 가믄…{가까운데 가면…}2

자다상기 있능거 거 새비지{자잘한 게 있는데 그것이 새우지.}2

ㅅ 〉 ㅈ

달구이라는 것드 있구…재빨간기 있스{딸기라는 것도 있고…새빨간 게 있소.}

ᅀ 〉 ㅅ

가슬에 시머요{가을에 심어요}2

ㅇ 〉 ~

벨루 다서~이 업씀니다{별로 복성(複姓)이 없습니다.}1

그리 마난(多) 지바~이 업씀니다{그렇게 많은 지방이 없습니다.}1

그래 세부~이 드러 와서…{그래 세 분이 들어와서…}1

석씨가 토서~이그{석씨가 토성(土姓)이고}1

아~이껨니다{아닐 겁니다.}1

비채~이고{비창이고}1

위워자~이 지비라그 뿌르다 다라노코{위원장의 집이라고 불을 다 질러놓고}3

생가~이 너므 마시 썩 조아{생강 맛이 너무 썩 좋아}3

싱켜 보이 아~이되{시켜보니 안 돼.}3

누~이가(눈이) 발는다그 했꺼드{눈이 밝는다고 했거든.}3

아~이, 누느 덜 날기지마느{아니, 눈이 덜 날리지만}1

저네는 좋은 마리 이써 쾌이채틍기{전에는 좋은 말이 있어 괜찮던 게}1

ㅋ 〉 ㅆ

게기다 초롱에다 부르써서 매다라 노크서리…{초롱에 불을 켜서 거기에다 매달아 놓고서…}1

ㅏ 〉 ㅐ

저기 감재만 시머두…{저기에 감자만 심어도…}2

채매르 시머 머그라{참외를 심어 먹어라}2

호백(호박)3

도래(돌이) 마내(많아) 그런지{돌이 많아 그런지.}2

퇴(토 吐)3

우린 내깨저…{우리는 나까지…}2

내개 여기와 사는지 육때으{우리가 여기와 산 지 6대(代)요.}2

행냉기{향나무}

비스채이크{비슷하지 않고}2

저네는 조은마리 이써 괘이채틍기…{전에는 좋은 말이 있어 괜찮던 것
이…}2

맹근(망건)3

ㅏ 〉 ㅣ

새애기지브르 채리그 갈때느 사무각때르 입구서리…{신부 집으로 차리고
갈 때는 사모를 쓰고 각대를 하고}

여기드 하느 보름날 지약에{여기도 대보름날 저녁에}2

ㅓ 〉 ㅔ

무네(문어) * 무네 가튼 거뜨 여너므 조아{문어 같은 것도 넣어두면 좋
아.}2

ㅓ 〉 ㅝ

워째 그뿌니으 가원도가 만치으{어째 그뿐이요, 강원도가 많지요.}1

ㅓ 〉 ㅖ

예기 청진으로다 원사느르다 이처런야 했겠스마느…{여기 청진과 원산에
서도 이처럼이야 했겠지마는…}3

옘사느 못 쓰우{여느 사람은 못 입소.}3

ㅓ 〉 ㅔ

벨루 다서(多姓)이 업씀니다{별로 복성(複姓)이 없습니다.}1

학질뻬{무릎뼈}1

박섹이 만크 가부가 만크…{박색이 많고 과부가 많고…}1

고체 수선했지{다시 수선했지.}

ㅓ 〉 ㅑ

알□드해르 와서 평정했스{열□□ 해를 와서 평정했소.}1

알때쌀(열댓 살)1

얄닷새르 못지냈스{열닷새를 못 지냈소.}1

ㅕ 〉 ㅣ

쇠지르 가지 가라구{송아지를 가져가라고.}2

ㅕ 〉 ㅖ

예기는 이제 무시기 있언능게 하니까…{여기는 이제 무엇이 있었는가 하
니까…}2

함경남도로부터 예기르 차지했소{함경남도로부터 여기까지를 차지했
소.}2

예기 부령입이라능기…{여기가 부령읍이라는 것이…}2

짐종세씨 예기 와서…{김종서 씨가 여기 와서…}2

게기다 초롱에다 부르써서 매다라 노크서리{초롱에다 불을 켜서 거기에다
매달아놓고서}2

보름이요 취셕이요 한식이요…{보름이요, 추석이요, 한식이요…}2

예기 더울 때사 삼복지경이지{여기 더울 때야 삼복지경이지.}2

궤기다서리 화르 쏘는데…{거기에다 대고 활을 쏘는데…}2

예기서 파십리가드(팔십리니까)…{여기서 80 리니까…}2

ㅗ 〉 ㅡ

구냥으 뚜크서(뚫고서){구멍을 뚫고서}2

끄스그(끌고) 다라나서{끌고 달아나서}2

여기드 하ㄴ 보름날 지약에…{여기도 대보름날 저녁에…}2

보름날 술이가 먹어야 구이(귀)가 발끄 누이가(눈이) 밝는다고 했꺼드…
{보름날에 술을 먹어야 귀가 밝고 눈이 밝는다고 했거든…}2

ㅗ 〉 ㅚ

죄선이 건국이 될 때…{조선이 건국될 때…}3

ㅜ 〉 ㅟ

감투이 우에 가스 쓰그{감투 위에 갓을 쓰고}3

우리드 경산드 쥔주서 와따오{우리도 경상도 진주에서 왔다오.}1

그때 그래 구이양으 들어오(ㄴ) 이들여{그때 귀양을 온 이들이어.}1

ㅣ 〉 ㅡ

시즙갈때느 그거르 몇씹짝식 드려서 머리에 이그 다녔스{시집갈 때는 그

것을 몇 십 쪽씩 드려서 머리에 이고 다녔소.}3

주격 탈락

글째 업서 무르니까…{글자가 없어 물으니까…}

수탄 일본 사람드리 그냥글르서 부재됐지{숱한 일본 사람들이 그
냥 그것으로써 부자가 됐지.}

대개 여기와 사는지 육때으{대체로 여기 와서 살은 지가 6대요.}

황철나무가 갑시가 제일 마나그…{황철나무가 값이 제일 비싸
고…}

구레이라능게 흰 저미가 만크 누런저미라 만크 그렁게 구레이으
{구렁이라는 게 흰점이 많고 누런 점이랑 많고 그런 게 구렁이요.}

아가새나무 띠거 가게 되므 피나무 꼬개 있그…{아카시아나무 찍
으러 가게 되면 피나무 □□ 있고…}

도래(돌이) 마내(많아) 그런지{돌이 많아 그런지.}

– 이가(주격)

여기서 큰 무리가 다 플렀다으{여기서 큰물이 다 지나갔다오.}

– 이가(대격으로 쓰임)

보름날 술이가 먹어야 구이가 발끄 누이가 발는다고 했꺼드{보름
날 술을 먹어야 귀가 밝고 눈이 밝는다고 했거든.}

대격토

오소리 그리(굴을) 보므 젙에 똥이 자뜩 제있지{오소리 굴을 보면
곁에 똥이 잔뜩 쌓여있지.}

이거르 마니 등요한다든지 벼르 시키므(ㄴ) 마르 가튼거 주므(

ㄴ)…{이거 (里居)를 많이 등용한다든지 벼슬을 시켜 말 같은 것을 주면…}

어마이르 어마이라그 아나구 제미라그 하그 오노이 이럭케 났단 말이요{어머니를 어마이라고 안 하고 제미라고 하다 보니 이러게 됐단 말이요.}

불으저 배뚜산 무르내려다…{□□□ 백두산 물을 내려다…}

어디 츰츰한 땅으 차자서 하다가서…{어디 습한 땅을 찾아서 하다가…}

우리 나라서 승세르 해서 이 땅으 잡으구서…{우리나라에서 승세를 해서 이 땅을 잡고서…}

계기다 초롱에다 부르 써서…{초롱에다 불을 켜서 거기에다…}

장기까브 받는다그 그저 그랬쓰끄마{□□값을 받는다고 그저 그랬습니다.}

감투이우나 갓으 쓰그…{감투(탕건) 위에다 갓을 쓰고…}

헝거츠 가지그 썼스{헝겊(천)을 가지고 썼소.}

우리드 음식으 잘 먹었음애{우리도 음식을 잘 먹었어요.}

집으 짓느데도 그 흘기 아니므 안되지{집을 짓는 데도 그 흙이 아니면 안 되지.}

구냥으 뚜크서{구멍을 뚫고서}

그래야 소낙비르 마찌 안느다그{그래야 소나기를 맞지 않는다고}

- 과

거기가 여기가 좀 다르지요{거기와 여기가 좀 다르지요.}

거럼 소가 되지가 그릉기지{그럼, 소와 돼지 그런 짐승이지.}

음식으느 야, 지금기나 가태지비{음식은 예, 지금 것과 같았지.}

- 서

이 안으라서(안에다) 화약으 너크서리…{이 안에다 화약을 넣고서…}

수탄일본 사람드리 그냥글르서 부재됐지{숱한 일본 사람들이 그

냥 그것으로써 부자가 됐지.}

저길르서 예기 이 앞을르서 청진 앞을르서 흐르지{저기로 해서, 여기 이 앞으로 해서 청진 앞으로 흐르지.}

이북으르서 원파ㄴ 큼물이 내려 오오{이 북쪽에서 워낙 큰물이 내려오오.}

소가죽일루서…{소가죽으로써…}

- 을서(- 에서)

아플서 마니 드러와(유){앞(남)에서 많이 들어와요.}

- 서

도착하는 날이서 죽었거드(ㄴ){도착하는 날에 죽었거든.}

- 사(- 야)

여기사 간내라느 마리 드므지으{여기야 (딸애나 여자애를) 간내라고 하는 말이 드물지요.}

여기사 자블스 있는데{여기야 잡을 수 있는데}

이게 학생들이 쓰믄 능사…{이것을 학생들이 쓰면 □□…}

후초사 입에 여므 매웅거{후추야 입에 넣으면 매운 거}

고 사라마(만) 뜩 세워 노으믄사 잘 되지{그 사람만 척 내세워놓는다면야 잘되지.}

여기사 그러케 자라지 모타으{여기야 그렇게 자라지 못하오.}

- 꼬마/ - 끄마(직설 - 존대)

아베, 밥먹게 이럭게 말하드그마{아버지, 밥 먹게 이렇게 말합디다.}

그럼 피야(ㅇ)서 떠난지 오래겠쓰끄마{그럼, 평양에서 떠난 지 오래겠습니다.}

장가 까브 받는다그 그리 그래쓰끄마{늘 값을 받는다고 그랬습니다.}

- 까?(의문 - 존대)

오느리 나흘날이 아닙니꺄?{오늘이 초나흘 날이 아닙니까?}

있습니껴?{있습니까?}

제십니껴?{계십니까?}

제시오니껴?{계시옵니까?}

제시으?{계시오?}

둥?(의문-존대)

질둥?{깁니까?}

집에 두었는데 모르겠슴드야?{집에 두었는데 모르겠습니까?}

-슴메(직설-존대)

갔슴메{갔어요.}

□마기라는 지며이 있씀{□마기라는 지명이 있어요.}

보냈슴메다{보냈습니다.}

단기루 임진 나이 우리 죄선 날 때 왜장 청자이 예기까지 왔다 갔슴메다{우리 조선에 임진왜란이 일어났을 때 왜장 청장이 단기간 여기까지 왔다 갔습니다.}

두앙으로 갔슴메다{중앙으로 갔습니다.}

우리 집에 익기 쉽슴 야{우리 집에 있기 쉽습니다 예.}

-ㅁ매(직설-존대)

그 꼬지가 싹 자라나서 하나드 업슴메{그 꽃이 싹 져서 하나도 없어요.}

하니 바람이 만나서리 하나도 없슴매다{하늬바람을 맞아서 하나도 없습니다.}

소이 여기 아니 되:ㅁ매{소가 여기 안 됩니다.}

-ㅂ데(직설-존대)

예날에 그런 이리 혹 있었답데{옛날에 그런 일이 혹간 있었데요.}

그때느 성양 성양 그립데{그때는 성양 성양 그러데요.}

-스(직설-하오)

그때느 야, 버미 야, 저브느야 안 드렀스{그때는 예, 범이 예, 달

려들지는 않았소.}

- 으(직설-하오)

여기서 큰 물이가 다 풀렸다으{여기서는 큰물이 다 지나갔다오.}

여기사 그러케 자라지 모타으{여기야 그렇게 자라지 못하오.}

어떤 한 보름날이므 쉐시르 안하그 다녀씨으{어떤 대보름날이면
세수를 안 하고 다녔소.}

바지저고리 말고 그 우에 창오스 입으{바지저고리 말고 그 위에
홑두루마기를 입소.}

우리드 쥔주서 와따으{우리도 진주에서 왔다오.}

짐씨가 짐해 짐씨가 토서이으{김 씨는 김해 김 씨가 토성이요.}

워째 그뿌니으, 가원도가 만치으{어째 그뿐이요, 강원도가 많지
요.}

내개 여기와 사는지 육때으{우리가 여기 와서 살은 지 6대요.}

이런 치비 더 가지 안켔스{이런 추위 더 오래가지 않겠소.}

우스 지났씁지으{우수가 지났지요.}

- 소?(의문-하오)

무슨 정역이 있을리 있소? {무슨 정역이 있을 리 있소?}

- 스?(의문-하오)

뷤이 저거겠스?(범이 적었겠소?)

- 자(권유-해라)

이거 쓸자{이것을 쓸자.}

- 다이(직설-반말)

거긴 바씨 해 먹게 되따이{거기는 벌써 해먹게 됐다고.}

- 두(-지)

달비라능거 구경했는두…{다리(月乃)라는 걸 구경했는지…}

무슨 일인두? 아무 볼일이 없는데{무슨 일인지? 아무 볼 일이 없

는데.}

봤는드(보았는지). 바지, 저고리 말그 그 우에 창오스 입으{바지저 고리 말고 그 위에 홑두루마기를 입은 걸 보았는지?}

-면 〉 (-므)

어떤 한 보름나리므 쉐시를 안하그 다녀씨으{어떤 대보름날이면 세수를 안하고 다녔소.}

오스리 구리 보므 젙에 똥이 자뜩 제 있지{오소리 굴을 보면 곁에 똥이 잔뜩 쌓여있지.}

중드르 가치 다니다나이…(중들과 같이 다니다나니…) {중들과 같 이 다니다보니}

-까디

그러니 저러케 마가 노니까디 시므지 모타구 마라딴 마리지{그러 니 저렇게 막아놓으니까 심지 못하고 말았단 말이지.}

말짱 산골이니가디…{모두 산골이니까…}

그 노미 댕기자므사…{그 놈이 다니려면야…}

연어르다 숭어르다 방어르다 참 맛이 조쏘.{연어로, 숭어로, 방어 로 참 맛이 좋소.}

승나이르다 예끼르다…{승냥이로 여우로…}

[어휘]

가슬{가을}2

가마프베(가마뚜껑)

강야때(강냉이때, 옥수수대) {옥수숫대}2

간무이(間門) {간문, 샛문}1

어간무이(間門) {간문, 샛문}1

감뿍{많이, 잔뜩} *낙엽송, 솔, 잣나무, 범기나무, 재래지, 오리냉기 거저
　　　감뿍 있었지…{낙엽송, 소나무, 잣나무, □□나무, 참나무, 오리나
　　　무가 그저 아주 많이 있었지…}3

거미(돼지 어금'니) {돼지 어금니}2

고장{방금, 곧} *고장 드른 말드 이저지디{방금 들은 말도 잊어지지.}2

고지(곡상, 고두) *고지르 떠서 파능기{고두(高斗)로 떠서 파는 게}2

고체(다시) *고체 수선했지{다시 수선했지.}2

곧(곳) *여기야 농사 고디 아니지{여기야 농사지을 곳이 아니지.}2

구멍(구냥) {구멍} *구냥으 뚜크서{구멍을 뚫고서}2

구레이(구렁이)1

흑굴(흑구렁이)1

먹굴(먹구렁이)1

굉이{고양이}3

놀가지{노루}3

메뙈지{멧돼지}3

사시미{사슴}3

날기다{날리다} *아이 누느 덜 날기지마느…{아니, 눈은 덜 날리지마
　　　는…}1

낭그(木){나무}

놀기(노루)2

눈뜨뻬(눈두덩)2

느지여름(한해 농사가 잘 되기를 바라는 마음으로 집 울타리의 기둥에다
　　　조 이삭 등속을 매 거는 일)2

당쉬(옥수수)2

다두배차{양배추}2

달구이 *달구이라는 겄드 있구…{딸기라는 것도 있고…}3

달초(신랑을 달아 묶는 것)3

도로기(月玉) {다로기}3

도투고기{돼지고기}3

도톨배기(도토리나무)3

도투다{다투다} *도투다나니까느르 굉장했지{다투다나니까 굉장했지.}3

도튀{돼지}

두태(豆太) {콩과 팥}

데저라(던져라) *내 이거 다마 주르께 제 데저라{내가 이걸 담아 줄게 저
　　　기 던져라.}

데지그(던지고) *거럼, 이노미 제다 데지그 데지그 하지{그럼, 이놈이 저
　　　기에다 던지고 던지고 하지.}

마다매(부모보다 웃'사람인 고모와 이모)

아재(부모보다 손아래 사람인 고모와 이모)

마나다(많다) *황철나무가 갑시가 마나그…{황철나무가 값이 비싸고…}

마다바이(백부)

말짱때(말뚝)2

무스거(무슨) *무스거 이거 이거…{무슨 이것 이것…}2

문고리(문틀)2

미꿍(밑구멍)2

매돌질하다(망질하다)2

매똘(망) {맷돌, 석마}2

매뙤지(메'돼지) {멧돼지}1

산또치(메'돼지) {멧돼지}1

메빡뙤지(메'돼지) {멧돼지}1

번지다{전하다, 옮기다} *그 마르 잘못 번졌지{그 말을 잘못 전했지.}1

바씨(벌써) *거긴 바씨 해먹게 되따이{거기는 벌써 해먹게 됐다고}1

벌을 대다{내기에서 지는 쪽에 벌을 주다} *지느 짜기 버르댄다 하고서
　　　리 지픈사 소드 대그…{지는 쪽에 벌을 준다고 하고 진다면야 소
　　　도 대고…}1

버버리(벙어리)1

별(벼슬) *이거(ㄹ) 마니 등요하다든지 벼르 시키므(ㄴ)…{이거(里居)를 많
　　　이 등용한다든지 벼슬을 시키면…}1

살기(살구)1

살비지께(딱성냥)1

삽개(Ⅲanka) {모자}

서방가다(장가가다) *서방갈 때? 거런 홀레라능거 굉장했지{장가갈 때?
　　　그럼, 혼례라는 게 굉장했지.}1
　　　그때느 서방재가 귀찬뎄스{그때는 (신랑이) 귀찮아하지 않았소.}1

소속(서숙) {잡곡} *소속이라는기 조이가튼거 잘 되오{잡곡으로 말하면
　　　조 같은 것이 잘되오.)1

소캐{솜, 면화} *소캐 공자이라그…{면화(솜)공장이라고…}1

술기(달구지)1

슬기(삵)

시금(지금) *여기 시금 원토배기…{여기 지금 본토박이…}1

신다리{넓적다리}1

싱궈(심어) *우리드 한해 싱궈보이 아이되{우리도 한 해 심어보니 안
　　　돼.}1

쇠지(송아지) *쇠지르 질거서{송아지를 길러서}1

자다상기(작다랗다) {자잘하다, 잗다랗다} *자다상기 있능거 거 새비지 {작다란 게 있는데 그게 새우지.}1

자뜩해여{잔뜩 하여, 아주 많아} *조이, 콩, 감자 이거느 여기 자뜩해여. {조, 콩, 감자 이런 건 여기 아주 많아.}1

정강마디{무릎아래 뼈마디}1

조이(조)1

지다사다{기다랗다}1

지다상기…{기다란 게…}1

지때미(길이) *옐기라는기 지때미 이다산기…{곤들매기라는 게 길이가 이만한 게…}1

재래지(참나무)1

제(저기) *내 이거 다마 주(ㄹ)께 제 데저라{내 이것을 담아 줄께 저기 던 져라.}1

쥐구여(영)(쥐구멍)1

찬소(반찬)1

처{너무, 그렇게} *낭그 처 베서 그런지 기우(기후)가 좀 낮습니다{나무 를 너무 베서 그런지 기온이 좀 낮습니다.}1

영채(채소 이름)1

가새(채소 이름)1

츰츰하다{습하다} *어디 츰츰한 땅으 차자서 하디{어디 습한 땅을 찾아 서하지.}1

크나바이(할아버지)1

클아배(할아버지)1

타개다(타다)1

팍기(팥)1

팍그(팥)1

풀씨(김) *풀씨 가뜩하고…{김이 가득하고…}

하나바이(hnabʔai) {할아버지} *칠때조 하나바이 모셕꺼드(ㄴ){7대조 할
　　　아버지를 모셨거든.}

하니바람{하늬바람} *이게 하니바라미 만나므…{이것이 하늬바람을 만
　　　나면…}

하(ㄴ)보름날(대보름날) *여기드 하(ㄴ) 보름날{여기도 대보름날}

학실뻬(무릎뼈)

허턴깐(허청’간) {헛간}

허티(종아리)

허튀(종아리)

헝겊(헝겁) {헝겊}

흔부처(홍원, 북청)

흔부처(ㅇ)(홍원, 북청)

이다ː천(이원, 단천)

후초(후추) *후촌 따지{후추는 다르지.}
　　　후초사 입에 너므 매웅거…{후추야 입어 넣으면 매운 거…}

햄(반찬)

햄새(반찬 일반을 가리킴)

황가리{족제비}

깔개(삳자리) {삿자리}

목재미(삳자리) {삿자리}

꼬리미{꼬리} *대가리에서 꼬리미까지 함발이 된다이{머리에서 꼬리까
　　　지 한 발이 된다고.}

깨ㅁ이(감) {개암}

따르지(따지) {다르지} *후촌 따지{후추는 다르지.}

또들려가다{쫓겨 가다} *왜병들 또들려가그…{왜병들이 쫓겨 가고…}

똥진 오소리(너구리의 굴에 살면서 너구리의 똥을 지어 나른다고 하여 나온 말, 즉 게으른 것을 의미.)

쌍(싹) *쌍 비여노크 가서찌(ㅂ).{싹 비어놓고 갔었지.}

쓰다(입다) *옘사는 못 쓰으{여느 사람은 못 입소.}

짜뜩(가득, 잔뜩) *오소리 그리(굴을) 보므 젙에 똥이 짜뜩 제 있지{오소리 굴을 보면 곁에 똥이 잔뜩 쌓여있지.}

잘기다(짤리다) {잘리다} *수탕개 모기 잘기웠지{숱한 사람이 목이 잘렸지.}

아재이(젊은 남자에게 부르는 존칭)

아즈바이(나이든 남자에게 부르는 존칭)

안까이(부인) {처, 아내, 아낙네, 부녀자}

어습지(傳하다)

이다사다(이만하다) *옐기라는기 지때미 이다산기…{곤들매기라고 하는 물고기는 길이가 이만한 게…}

인치(인차) {이내} *여기서야 두드려서 인치 기계에…{여기서야 두드려서 이내 기계에…}

입새이(먹을 것) *그래 제 입새이도 모탠능기…{그래 제 먹을 것도 못 한 게…}

에미나(처녀)

예끼(여우)

옐기(물고기 이름) {곤들매기}

7.3. 형제리

　군 소재지(수성역)와 구읍(이전 군소재지)의 중간 지대. 철도 연변에 있는 부락. 종래의 형제리, 다갈리, 허통 등이 합하여 형제리로 됨.

　그중 다갈리는 리 소재지에서 다시 15리 쯤 산속에 들어가 있으며 22호에 인민학교가 있음.

　리 소재지에는 인민 학교가 없이 학생들은 구읍중학교에 통학함. 유선 방송망이 없음.

대상자 명단

번호	지대	성명	성별	년령	지식정도	경력
3	다갈리	김경길	남	76	문맹	3대 토배기.
4	다갈리	김병습	남	68	문맹	회령에서 온지 30년.
5	다갈리	강상응	남	61	문맹	토배기, 3대 농업.
6	다갈리	강증곤	녀	37	국문해득	재가승집 며느리, 연산리 출생.
7	허통동	강모	남	61	문맹	8세에 50리 상거한 석막에서 이주, 농업.
8	허통동	김옥분	녀	56	문맹	16세 때 10리 웃부락에서 본동으로 옮김.

[어음]

ㄱ 〉 ㅈ

난 지매 짐씨오{나는 김해 김 씨요.}

그날 생활 제:구 되지{그날 생활이 겨우 되지.}

돼:지 내래서 통 절따이 나쓰{멧돼지가 내려와서 모조리 결딴났소.}

전에나 기차찔 뇌이기 전에{전에 기찻길이 놓이기 전에}

한 육백이나 제사: 타끼오{저야 한 600이나 탈 게요.}

아븐니미 제시믄{아버님이 계시면}

ㄱ의 탈락

네 대:섬씨 지내구 시:ㅁ 쓰드 구:임{너덧 섬씩 져내고 힘을 쓰더구먼.}3

사시미 메짝씨 자래와{사슴을 몇 마리씩 길러}

ㄴ 〉 ~

아~이 오르구 모뽀:ㅁ네.{안 오르고 못 보아요.}

언뒤한재두 모일거 따~:이{서두(글머리) 한 자도 못 읽었다고.}

감재르 마~:이 타 잡수오이까{감자를 많이 타 잡수십니까}

감자 패기나 싱거사 하~ 여름 지내껭기{감자 포기나 심어야 한여름을 지내겠는 게}

허토:르두 마~:이 나가구{허통으로도 많이 나가고}4

낭그 버에 거~이{나무를 벱니다.}

ㄹ 〉 ㄹ+ㄱ

놀가지 돼지 그렁거 배끼{노루, 멧돼지 그런 것밖에}3

낭그 버에거이{나무를 벱니다.}4

콩갈그 아매 잡수아: 쓰끼오{아마 콩가루를 잡수었을 거요.}

어두의 ㄹ 〉 ㄴ

왠쳐:다 노인덜 두구서{외처에 노인들을 두고서}3

어두의 ㄹ 〉 ㅇ

항여리 유컹제 이쓰{형제가 육형제가 있소.}

삽시에 아매 탄 육빼기나 제사:하끼오{□□□ □□ □ □□□□ □□:□□□.}4

ㄹ의 탈락

꽉지지: 해:서{괭이질을 해서}3

ㅸ 〉 ㅂ

세 오뉘비 사라 있습네다{세 오누이가 살아 있습니다.}7

반가바 하겠스꼬{반가워하겠습니다.}8

고생스러바서{고생스러워서}3

아이 에레붕기 애이{안 어려운 게 아니요.}

구들 자꾸 따가바서{방바닥이 자꾸 따가워서}

쉬뀌:두 구버찌{숯도 구웠지.}4

내 소바께 무시기 이서:께쓰{내가 소밖에 무엇이 있었겠소.}

ㅂ의 첨가

디리바다 보이까{들여다보니까}3

네레바다볼사:하구 사자이까{내려다보고 살자니까}

ㅿ 〉 ㅅ

양역 시월 자바사 들오:ㄴ데{양력 시월을 잡아야 들어오는데}

저: 어쉬네다: 상새나서{저 부모네 다 돌아가셔서}

나슨 호 이께다{(보다) 나은 호(戶)가 있겠다.}4

가스레 바시:ㅁ 머그리마:이{가을에 바심해 먹을 만큼}

초가스레느{초가을에는}5

나 알구사 그리치{나를 알고야 그렇지.}7

안즉사 언데 되었소{아직이야 □□ 되었소}

ㅿ 〉 ㄲ

여끼 흔하:디{여우가 흔하지.}3

사탕무뀌 잘되우{사탕무가 잘되오.}5

ㅇ의 탈락

시장두 허투(허퉁)이라 하구{지금도 허퉁을 허퉁이라 하고}8

ㅇ 〉 ~

항쾌랑기 얄랴~이 애요{한 쾌라는 게 10량이 아니오?}3

꿰:제:ㄹ 방애하:ㅁ{□:□□:□ □□□:□.}3

허토~:르두마:이 나가구{허퉁으로도 많이 나가고}4

ㅅ 〉 ㄲ

쉬뀌두 구베찌{숯도 구웠지.}

ㅎ 〉 ㅅ

셩제린데 하파지 애이쏘?{형제리인데 합하지 않았소?}

셩제바우 어딩가:구서리{형제바위가 어디인가고}

아드리 셩제구{아들이 형제고}7

ㅎ의 보존

항여리 유컁제 이쏘{형제가 육형제 있소.}3

협도:이 조킨 조쓰{협동조합이 좋기는 좋소.}5

혐물세르 시베 쉴귀 실리구{현물세를 십여 수레에 실리고}

· 〉 ㅏ

파리 나라 다니지{파리가 날아다니지.}

· 〉 ㅗ

사네가 볼바 댕기디{남성들이 밟고 다니지.}

ㅏ 〉 ㅐ

언뒤 한재두 모일거 따:이{서두(글머리)를 한 자도 못 읽었다고.}

ㅓ 〉 ㅔ

춘셉이네 그렇소{춘섭이네가 그렇소.}8

ㅓ 〉 ㅔ, ㅕ 〉 ㅖ ㅔ

어렙지 아이 에레붕기 애이{어렵지, 안 어려운 게 아니오.}3

ㅕ 〉 ㅑ 〉ㅐ

앨릴굽싸레 도마~:해 갸:ㄴ데{열일곱 살에 도망을 갔는데}

항쾌랑기 알랴:이애요{한 쾌라는 게 열 냥이 아니요?}

어제 지약으사 와따우{어제 저녁에야 왔다오.}

알세해르 살라:능가?{열세 해를 살았는가?}

ㅗ 〉 ㅜ

제 목수루 있어야 탑지{제 몫이 있어야 타지요.}

ㅗ 〉 ㅢ

ㅅ, 쉬기나 이서쓰므 조켕기{마소수레(달구지)나 있었으면 좋겠군 게}

ㅗ 〉 ㅚ

뒈 쇠 뉘 쉰거?{저 소가 누구네 소인가?}

내 뫼미 피복하구{내 몸의 피복하고}

ㅜ 〉 ㅣ

칩다구{춥다고}

ㅣ 〉 ㅡ

다 승구야지{다 심어야지.}

ㅘ

부려:을르서 와:찌{부령에서 왔지.}

쥐게 뻬데 놔:서{쥐가 짓밟아놓아서}

황갑 재사:르 지내:므니{환갑 제사를 지냅니다.}

황애도:셔 이사:(르) 해와{황해도에서 이사를 와}

ㅚ

뒈 들어갓따:ㅂ데{되들어갔데요.}

송아르 되우 바다:쏘{송어를 많이 받았소.}

ㅙ

놀가지 돼:지 그렁거{노루, 돼지 그런 것}

왜손자: 지블루 간다:ㅇ기(외손자 집으로 간다는 게}

왠쳐:다 노인덜 두구서{외처에 노인들을 두고서}

ㅟ

귀 머긍거 귀드께 한다{귀 먹은 걸 듣게 한다.}

ㅝ

양역 시월 자바사 드로:ㄴ데{양력 시월 잡아야 들어오는데}

ㅝ 〉 ㅓ

제:르 조아사 팔어: 바째이오?{제일 좋아야 8원을 받잖아요?}

-이(주격)

 항여리 유컹제 이쏘{형제가 6형제 있소.}

 이근자: 베미 업쓰{이 근래에는 범이 없소.}

-으(속격)

 그 사라므 브친두{그 사람의 부친도}

-j(속격)

 갈회 쫑뉘 다 그러치{칡범의 종류가 다 그렇지.}

-르(대격)

 족부:(르) 이서 디레오재이쏘?{족보를 이어 □□□□□?}

 황애도:셔 이사:(르) 해와{황해도에서 이사를 와}

-으(대격)

 저즈 감추아느 버비 업써쓰이까{젖을 감추는 법이 없었으니까.}3

 쉬쥐그 내 쓰지 모타우{소죽을 내가 끓이지 못하오.}

 놀그 아오?{노루를 아오?}

 지스므 여러벙 잘 매야{김을 여러 번 잘 매야}

-르(대격)

 아래:르 거두구서 흐튀:를 마쓰:ㅁ네{아랫도리를 걷고서 하퇴(종아리)를 맞습니다.}

 감재르 마:이 타 잡수오이까{감자를 많이 타 잡수시니까}

 용새질 한뉘:르 해:쓰어쑤{농사일을 평생을 했어요.}3

 얄세해르 사라:능가?{열세 해를 살았는가?}

 옥쉬:르 싱거:찌{옥수수를 심었지.}

 차:르 서:르 쇠라구서{차를 서로 □□□□}

- ：(대격)

　　거기셔느 코˜: 아이 시믄단데{거기서는 콩을 안 심는다는데}

　　쟈˜: 마라 먹지(ㄴ){국에 말아먹지는}

- ㄹ(대격)

　　황갑 제사:ㄹ 지내:ㅁ니{환갑 제사를 지냅니다.}

　　아래:ㄹ 거두구서 흐튀:ㄹ 마쓰:ㅁ네{아랫도리를 걷고서 하퇴(종아리)를 맞습니다.}

- ㄹ루서(조격)

　　뭉추리:ㄹ루서 아래:ㄹ 거두구서{아랫도리를 걷고서 회초리로써}

- ㄹ(조격)

　　아플 나가므 부재 만씁데{앞(남)으로 나가면 부자가 많데요.}

- ㄹ루(위격)

　　왜손자: 지블루 간다:ㅇ기{외손자의 집으로 간다는 게}

- 에(위격)

　　사내가 볼바 댕기디{남성들이 밟고 다니지.}

　　앨릴굽 싸레 도마˜: 해가:ㄴ데{열일곱 살에 도망을 갔는데}

　　벼:네 가셔 이붜나구{병원에 가서 입원하고}

- 으(위격)

　　어제 지약으사 와따우{어제 저녁에야 왔다오.}

- 이(위격)

　　우리 서방갈 쩌기마 해두{우리가 장가갈 적에만 해도}

　　메니리 즈끄므느 상저미 댕기는데{며느리가 지금은 상점에 다니는데}

- ：(여위격)

　　그런데 서바˜: 드러가주구{그런데 장가를 들어가지고}

- 어

　　삼시어 아매 탄 육배기나 제사:타끼오{□□□ □□ □ □□□□ □

□: □□□}

-셔

황애도:셔 이사:(르) 해와{황해도에서 이사를 와}

거기셔느 코~: 아이 시믄단데{거기에서는 콩을 안 심는다는데}

-가(과)

남서~: 지방 따: 가 그러:매{남선(이남) 지역의 땅이 그래요.}

-꾸(직설-존대)

이 꼬르 시키구 와:쓰꾸{이 꼴을 보이고 왔습니다.}

이러:ㅂ쓰꾸{이렇습니다.}

이십오리:ㄴ데 그러:꾸{25리인데 그렇습니다.}

가지 마라 그러:꾸{가지 말라고 그럽니다.}

아파서 일 모타:구{아파서 일을 못합니다.}

연천 짜게이:꾸 한 이십쌀 돼:꾸{연천 쪽에 있습니다. 한 스무 살 됩니다.}

-꾸마(직설-존대)

학생두 오름마:르 하:우꾸마{학생도 옳은 말을 합니다.}

-ㅂ지(명령-존대)

고무사니라두 가보:ㅂ지{그 무산이라도 가보지요.}

네라치:ㅁ 물어 보:ㅂ지{내일 아침에 물어보지요.}

-ㅁ네(직설-존대)

아이 오르구 모뽀:ㅁ네{안 오르고 못 봅니다.}

흐튀:르 마쓰:ㅁ네{종아리를 (매) 맞습니다.}

-ㅁ니(직설-존대)

어쩔쉬 업쓰:매{어쩔 수 없습니다.}

황갑 제사:르 지내:ㅁ니{환갑 제사를 지냅니다.}

모시구 이쓰:ㅁ니{모시고 있습니다.}

남서~: 지방 따:가 그러:ㅁ니{남선(이남) 지방의 땅이 그래요.}

- ㅁ(직설-존대)

    꿰: 제:ㄹ 방애하:ㅁ{□: □:□ 방해해요.}

    여끼 흔하:ㅁ{여우가 흔해요.}

    내대:썸씨 지짜구 시:ㅁ쓰드구:임{네댓 섬씩 찧자고 힘을 씁디다.}

- ㅂ데(직설-존대)

    아플 나가므 부재 만씁데{남쪽으로 나가면 부자가 많더라고요.}

    작년에 고구마 슬 됐답데{작년에 고구마가 잘 안됐데요.}

- 소(직설-하오)

    항여리 유켱제 이쏘{형제가 6형제 있소.}

    포시 정자그 이쏘{포수가 □□□ 있소.}

    송아:르 되우 바다:쏘{송어를 많이 받았소.}

- 스(직설-하오)

    이근자 베미 업쓰{이 근래에 범이 없소.}

    협또:이 조:킨 조쓰{협동조합이 좋기는 좋소.}

- 오(직설-하오)

    아드리 삼 형제오{아들이 3형제요.}

    나:ㄴ 지매 찜씨오{나는 김해 김 씨요.}

    등갈그 아매 잡수아:쓰끼오{아마 등겨가루를 잡수었을 거요.}

    샘 형제오{3형제요.}

- 우(직설-하오)

    이른닐구패 나우{일흔일곱이 되오.}

    즈끄므 감지 옥쉬: 세우 갸:우{지금은 감자, 옥수수를 많이 심소.}

    어제 지약으사 와따우{어제 저녁에야 왔다오.}

    사탕무꿰 잘 되우{사탕무가 잘되오.}

- 소?(의문-하오)

    셩재란데 하파지 애이쏘?{형제라는데 합하지 않소?}

- 오?(의문-하오)

　　놀그 아오?{노루를 아오?}

- 요?(의문-하오)

　　항쾌랑기 얄랴이 애요?{한 쾌라는 게 열 냥이 아니요?}

- :(ㅇ)?(의문-하오)

　　누네 시장꺼지두 이이오?{누나, 지금까지도 아니오?}

- ㅇ(직설-반말)

　　아이 에레붕기 애이{안 어려운 게 아니다.}

- 라이(직설-반말)

　　마:이 떠 번제떠라:이{많이 갈아엎었더라고.}

- 지(직설-반말)

　　부려:을루서 와:찌{부령에서 왔지.}

　　볼래 다카리지{본래 □□□□}

　　다갈동에 엉지가라기라구 해:찌{□□□□ □□□□□□□□ □□}

　　쉬뀌두 구버:찌{숯도 구웠지.}

　　옥쉬:르 싱거:찌{옥수수를 심었지.}

- 꼬(직설-반말)

　　아, 그제야 누니 히뜩 해:ㅅ꼬{아, 그제야 눈이 휘둥그레졌나}

- 구마(직설-존대)

　　그런 말씨미 있습뜨구마{그런 말이 있습데다.}

- ㅂ지(직설-존대)

　　싹 탔는가 말입지{(제 몫을) 죄다 탔는가 말이지요.}

　　제 옥수수 있어야 탑지{제 (몫으로) 옥수수가 있어야 타지요.}

- ㅂ디다(직설-존대)

　　서른 여슷 다리구사 된답디다{서른여섯 달이고야 된답디다.}

-습는가?(의문-존대)

이자 두 세네 개 부리웠습는가?{이제 뒤 서너 개 부리었습니까}?

-ㄴ가?(의문-존대)

준빌 합던가?{준비를 하던가요?}

-궁(직설-존대)

여길 올라오믄 모자리 업능궁{여기로 올라오면 못자리가 없어요.}

아이 나갔다두궁{안 나갔다고 합디다.}

-ㅁ니(직설-존대)

그래 묻지 애 임니{그래 묻지 않아요.}

-ㅁ(직설-존대)

강냉이가 쌀 항가짐{옥수수가 쌀 한가집니다.}

-ㅂ데(직설-존대)

작년에 고구마 슬 됬답데{작년에 고구마가 잘 안됬데요.}

-와(직설-하오)

매미 조치 애이와{마음이 좋지 않소.}

-소(직설-하오)

안주사 언제 되겠소{아직은 언제야 되겠소.}

-요(직설-하오)

고장 드른 말도 이지요{방금 들은 말도 잊어요.}

-지(직설-반말)

같이 나가 합세해버려야지{같이 나가 합세해버려야지.}

마, 어느거 나슨지{글쎄 어느 것이 나은지?}

-구(접속토)

쪽지개 낭그 뻐찌 모타구{나무 지게를 벗지 못하고}

모시구 이쓰:매{모시고 있어요.}

왠쳐:라 노인덜 두구서{외처에 노인들을 두고서}

큰 손자랴:ㅇ 상기 오재이구{큰 손자랑 아직 오지 않고}

　　　　허토~:르두 마이 나가구{허통으로도 많이 나가고}

– 게(접속토)

　　　　오래 앙깨 돼:사 오래 안찌{오래 살게 돼야 오래 살지.}

– 서(도움토)

　　　　저: 어뉘비 다 상새나서{저 오누이 다 죽어서.}

　　　　꽉지질 해:서{괭이질을 해서}

– 구

　　　　쇼~아 나서 모 앙꾸 이쓰{□□ □□ 못 앉고 있소.}

– 셔

　　　　쉬정가서 내:웅기{□□□□ □:□□}

　　　　군대갓따가셔{군대에 갔다가서}

– 레야느(– 려니와)

　　　　종자두 종자레야:느{종자도 종자려니와}

– 무(– 며) { – 면서}

　　　　사여~: 댕기무 보무{사냥을 다니면서 보면}

– 이까(– 니까)

　　　　감재:르 마:이 타 잡수오이까{감자를 많이 타서 잡수시니까}3

　　　　디리바다 보자이까{들여다보자니까}

– 므(– 면)

　　　　ㅅ,수기나 이서 쓰므 조켕기{소수레나 있었으면 좋겠는 게}4

– 등(– 지 모르겠다)

　　　　이런 오십쩌이 있떤등{일원 오십 전이 있던지 (모르겠다).}

– 는지(접속토)

　　　　사여:ㅇ 해:는지{사냥을 하는지}3

– 았(과거 시칭)

　　　　부려:을루서 와:찌{부령에서 왔지.}

앨릴굽싸레 도마~: 해 가:ㄴ데{열일곱 살에 도망을 갔는데}

- 는

돌인능기 좀 흐:ㅁ입지{돌이 있는 게 좀 흠이지요.}

- ㄹ(규정형-미래)

어쩔 쉬 업쓰:ㅁ니{어쩔 수 없습니다.}

우리 서방갈 쩍기마 해:두{우리가 장가갈 적에만 해도.}

- 느('-는' 규정형-현재)

저즈 감추이:느 버비 업써쓰이까{젖을 감추는 법이 없었으니까}

- 드(-던)

네대: 섬씨 지짜구 시:ㅁ 쓰드 구:임{네댓 섬씩 찧자고 힘을 쓰더
구먼요.}

- ㄲ

거께 가지구 가자구서(걸려가지고 가려고)4

- 리(피동) {사동}

햄물셀 시베 쉴궐 실리구{현물세를 십여 수레에 실리고 (싣고)}5

- j(피동)

전에사 기차찔 뇌이기 전에{전에야 기찻길이 놓이기 전에}4

쥐게 뻐데 놔:서{쥐에게 짓밟혀서(쥐가 짓밟아서)}3

- 우(피동) {사동}

사시미 메짝씨 자래와{사슴을 몇 마리씩 키워(길러)}3

- 기우(피동)

들기와: 쓰므 갓찌…{들리었으면 갔지…}

- 구(피동) {사동}

살과서 놔: 서므 조:ㄴ데{살려놓았으면 좋은데}

알귀라 나왔따구{알리러 나왔다고}4

고장(금시) *고장 들은 말두 이찌요{금시 들은 말도 잊지요.}

구들(구들) *구들 자꾸 따가바서{구들이 자꾸 따가워서}

나다(된다) {되다} *이른닐구패 나무{이른 일곱이 되면}

나죄{저녁, 밤} *어:ㄴ나죄 그저께나리 점밤 장드~:해쏘{어제 밤과 그저
께는 온밤을 장등했소.}

낭그(나무) *쪽찌개 낭그 뻐찌 모타구{나무 지게를 벗지 못하고}

놀가지(노루) *놀가지 돼:지 그렁거 배끼{노루, 돼지 그런 것밖에}

누네(누이) *누네 시방꺼지두 아이오:?{누나, 지금까지도 아니오?}

넌치(년치) {연치, 연세} *넌치 많다{연치가 많다.}

댕기다(다니다) *사네가 볼바 댕기디{남자가 밟고 다니지.}

　　　　사여~: 댕기무 보무:{사냥을 다니면서 보면}

　　　　닷쇄 댕끼:쏘?{닷새를 다녔소?}

되-(접두사) *되들어 갓땁데{되들어갔데요.}

마(아마) {글쎄} *마, 어느거 나슨지{글쎄, 어느 것이 나은지?)

젓메기 동생(망내 동생) {막내 동생} *젓메기 동생 동부기가 지우구{막
내 동생이 동북에 가 지내고}

모지리(몹시) *모지리 기다렸소{몹시 기다렸소.}

미내(전혀) *미내 없어서{전혀 없어서.}

사여: ㅇ(사냥) *사여:ㅇ 해:는지{사냥을 하는지}

서방가다(장가가다) *우리 서방 갈쩌기마 해:두{우리가 장가갈 적에만 해
도}

슬(덜) *자라이 슬 먹드래두{어른이 덜 먹더라도}

지렁(간장) *똑 지렁 가타:ㅇ기{꼭 간장 같은 게}

지슴(김) *지스므 여러벙 자:르 매야{김을 여러 번 잘 매야}

　　지슴두 헐하구{김매기도 쉽고}

지우다(지내다) *젓메기 동생 동부기가 지우구{막내 동생이 동북에 가 지
　　내고}

탐탐하다(가난하다) *탐탐한 고사: 아이 해:쏘{가난한 고생은 아니 했소.}

꽉지(곽지) {괭이} *꽉지지:해:서{괭이질을 해서}

뻘다(벋다) {벗다} *쪽찌개 낭그 뻐찌 모타구{나무 지게를 벗지 못하고}

싹(전부) {싹, 전부} *싹 탔는가 말입지{싹 탔는가 말이지요.}

쪽찌개{지게} *쪽찌개 낭그 뻐찌 모타구{나무 지게를 벗지 못하고}

아븐님(아버지) {아버님} *아븐니미 제시믄{아버님이 계시면}

어쉬(부모) *저 어쉬네 다 상새나서{제 부모네가 다 돌아가시고}

단콩(열콩) {강낭콩}

(머리를) 에우다(틀어 올리다) *머리를 에우그스리{머리를 틀어 올리
고}

와느루(전체로) *와느루 마레 방우리 주마{전체로 □□ □□□ □□□.}

원간(원래) *난 원간 본토이 여김{나의 본고장은 원래 여깁니다.}

누내(누나) *누내네 지비가 이쓰믄서{누나네 집에 가 있으면서}

7.4. 최현리

　최현리는 과거 부령군 백사면에 속해 있었음. 라진군(부거리)와 경계
함. 철도로부터 10리 떨어짐. 부령구읍 쪽으로 틔여 있음. 도로는 부령
구읍에서부터 부거리로 통하는 차도가 있으며 일본놈들이 닦던 길이
완성되지 못한채 남아 있음. 인민학교가 있음. 유선 방송망이 없음. 리

내 주민은 보통 토작민임. 주민은 부령구읍 시장을 많이 리용했고 한 편 부거리와도 통례가 많았다. 리 중심에서 비교적 멀리 산재함.

대상자 명단

번호	지대	성명	성별	년령	지식정도	경력
1	최현리 내동	박분단	녀자	58	문맹	농업
2	최현리 내동	리봉이	녀자	71	문맹	농업
3	최현리 내동	리용준	남자	73	문맹	농업
4	최현리 내동	오귀인	녀자	54	문맹	농업회령군 사을리
5	최현리 내동	남귀인	녀자	58	문맹	농업
6	최현리 내동	김형남	남자	72	서당	농업
7	최현리 내동	김기남	남자	61	서당	농업
8	최현리 내동	김학동	남자	70	서당	농업
9	최현리 내동	손응암	남자	67	서당	농업종성군 닥산리
10	최현리 내동	박순남	남자	70	서당	농업
11	최현리 내동	김희용	남자	70	국해	농업

[어음]

ㄱ 〉 ㅈ

두 벌 지슴으 매는데{두 벌 김을 매는데}1

지슴 맬 져를이 없어요{김맬 겨를이 없어요.}1

집에서 지르는 돼지{집에서 기르는 돼지}1

짐해 짐씨 짐참령{김해 김씨 김참령}1

까스통 안 주갔다는 거 제우 달랬다{가스통을 안 주겠다는 걸 겨우 달라고 했다.}1

짐치라는게 김장철에{김치라는 게 김장철에}2

이 몸빼보다 곱이 더 집었지{이 몸뻬(일바지)보다 곱을 더 기웠지.}2

페양 감사 절박해 들여가{평양 감사를 결박하여 끌고 들어가}2

ㄹ 〉 ㄱ

팔겨가다{팔려가다}

만날 때는 반가바서 갈가질 때는{만날 때는 반가워서, 갈라질 때는}1

ㄹ 〉 ㄴ

니복이 남누하구{의복이 남루하고}6

ㄹ의 탈락

버써 알았다 말이{벌써 알았다 말이야.}6

바써 잘 시서 다듬언지요?{벌써 잘 씻어 다듬었는지요?}1

ㅸ 〉 ㅂ

거기 따에서 더분물 나는데 있소{그곳 땅에서 더운물(온수)이 나오는 데가 있소.}1

쇠 곡을 못 먹어니 여비지{소가 곡물을 못 먹으니 여위지.}1

만날 때는 반가바서 기나{만날 때는 반가워서 그러나}1

누비는 산성을 빙 둘러 싸고{유비(劉備)는 산성을 빙 둘러싸고}5

ㅂ의 첨가

호박이라 합찌{확을 호박이라 하지요.}

소박에 등거 이시야지{속에 든 것이 있어야지.}3

ㅅ 〉 ㅆ

쇄르 큰거 싸서{큰 소를 사서}1

ㅿ 〉 ㅅ

사탕무수 밭에서{사탕무밭에서}10

가슬에 갔더니{가을에 갔더니}1

ㅿ 〉 ㅇ

벌어사 나미 가을에 곡식 타 가는거 보니{벌어서 남이 가을에 곡식을 타 가는 걸 보니}3

ㅿ 〉 ㄲ

사탕무꾸 심었는데{사탕무를 심었는데}1

사탕무꾸 심으다 나니{사탕무를 심다보니}3

사탕무꾸 다리는 집으 짓는데{사탕무를 달이는 집을 짓는데}3

여끼{여우}1

ㅇ 〉 ㄴ

녯말 무슨 녯말이 있겠소{옛말 무슨 옛말이 있겠소.}3

버즈기 니구{버치를 이고}3

네기합시는 거{얘기를 하시는 거}3

니복이 남루하구{의복이 남루하고}6

네, 그렇슴둥?{예, 그렇습니까?}8

난 녀름에 밭갈이할 가대기 만듭네다{나는 여름에 밭갈이할 쟁기를 만듭
니다.}8

ㅇ 〉 탈락

화하드 올라갔소{황해도로 올라갔소.}3

겨원서 갔는가 하구{경원에서 갔는가 하고}8

녯날 베워이 죽든 사람두 푸스르했지{옛날에는 병원에서 죽은 사람도 많
았지.}10

ㅈ 〉 ㄱ

겸심 먹었슴둥?{점심을 자시었습니까?}8

ㅈ 〉 ㄷ(구개음화된 ㄷ)

뎌 아래{저 아래}3

어떠미 됴흔디 알아샤{어떤 것이 좋은지 알아야}3

데슈{제수}3

텐댱{천장}3

운뎡슐 하다나니{운전수로 일하다 보니}3

듕국에 가서{중국에 가서}4

ㅊ 〉 ㅌ(구개음화된 ㅌ)

우리네 자랄 때 보고 벼리 텐디라구 하디{우리가 어릴 때 하늘을 보고 별

천지라고 하지.}3

넘테 없다구{염치가 없다고}3

산에 텐디 꼬디가{산에 천지꽃이(진달래가)}3

가완드 털은 그 쯔음{강원도 철원 그 쯤}3

ㅋ 〉 ㅊ

치루 까보느라구{키로 까부르느라고}1

ㅋ 〉 ㅆ

박 쎄나서{박을 켜놓아서}1

ㅌ 〉 ㅊ

묵은 바치 없이 갈라구{묵은 밭이 없게 갈려고}1

ㅌ 〉 ㄲ

앞서사 파끼 많이 심었지{전에야 팥을 많이 심었지.}4

ㅎ 〉 ㅅ

슈양소에 나오더라{휴양소에 나오더라.}1

뚝심으로 했는데{뚝심으로 했는데}10

ㄲ 〉 ㅉ

수수쩨끼 하자구 구니{수수께끼를 하자고 그러니}1

· 〉 ㅏ

할기{흙}9

닥수리 뜬 다오{독수리가 뜬다오.}1

□□□ 마사진거{□□□ 망가진 거)1

그전에사 □리라구 했지{그전에야 □□라고 했지.}2

ㅏ 〉 ㅓ

4월덜에 가셔{4월 달에 가서}

ㅏ 〉 ㅗ

뿔리 가겠다{빨리 가겠다.}5

모다바지{맏아버지(백부, 큰아버지)}3

몰메누리{맏며느리}3

외모더미{외몰어미(큰 이모)}3

보리 좁아서 {발이 좁아서}

포리 쫘:서{팔이 쏘아서}6

그리 볼바서 어띠게슴{그렇게 밟아서 어찌하겠어요.}9

보름이 불어서{바람이 불어서}9

보른다라고 합지{바른다고 하지요.}9

즈금이사 역툭이 몰을 말이라구 합지{지금이야 역축인 몰(馬)을 말이라고
하지요.}9

ㅏ 〉 ㅜ

배우리 문다{병아리가 문다}1

ㅏ 〉 ㅡ

사름인데{사람인데}

동지 서뜰인데{동지섣달인데}

ㅏ 〉 ㅑ

연분이구샤 잘 사이{연분이고야 잘 사니}3

쟈동차 구경 못하던 거{자동차 구경을 못하던 걸}3

우빵 챵문앞{윗방 창문 앞}3

ㅏ 〉 ㅣ

사림 살라능거 어떠겠소{사람이 살려고 하는 것을 어찌하겠소.}6

ㅏ 〉 ㅒ

외손재 더브리구{외손자를 데리고}1

한난 핵교에 가 있고{하나는 학교에 가 있고}1

톱 뱁이라 하라{톱밥이라 해라}1

성이 뭔가? 이개?{성이 뭔가? 이가?}1

뱀 다 자구{밤에 다 자고}2

배미면 털이가 털이{밤이면 털과 털이}3

욜그 배미 텐디 꼬디 다르다{여기 봄의 천지꽃(진달래)이 다르군.}3

욜콩이 여라 개디{열콩(강낭콩)이 여러 가지}3

ㅏ 〉 ㅏ~

공일날이라 구경 아~이 시킵네{공일날이랑 구경을 안 시켜요.}1

서당집 아주바~이{서당 집 아주버니}1

수즈븐 아주마~이요{수줍어하는 아주머니요.}1

따~이 질어서{땅이 질어서}1

광차~이{삽}5

아~이 그러겠소{안 그러겠소.}6

ㅕ 〉 ㅐ, ㅏ 〉 ㅐ, ㅓ 〉 ㅐ

혼새 했는데{혼사를 했는데}3

졔 이름 재나{제 이름 자나}3

채새르 하지 안아두{처사를 하지 않아도}3

무슨 내기 없쏘{무슨 이야기가 없소.}3

정샐 하느라구{정성을 하느라고}3

얘기를 하옵시온데{이야기를 하시는데}3

ㅐ~

고내~이 이스끄{고양이가 있어요.}1

구내~이 잘못테저서{구멍이 잘못 터져서}1

동새~ 오지 아느니까{동생이 오지 않으니까}4

강내~두 미숙이 갔다{옥수수도 미숙이 갔다.}9

ㅓ 〉 ㅏ

물배~에 여라개 있던거{물방아가 여러 개 있던 것이}3

여라분덜이 차자 오신거{여러 분들이 찾아오신 것}9

ㅓ 〉 ㅕ

뎌 아래 우리 큰 집이 터{저 아래가 우리 큰집의 터.}

반에서 손이 적어셔{작업반에서 일손이 적어서}3

여기두 던기 오면 됴쏘{여기도 전기가 들어오면 좋소.}3

되션이나 듕국이나{조선이나 중국이나}6

산성 쌓는데{산성을 쌓는데}

져울에사 몹씨 칩지(겨울에야 몹시 춥지.}1

형제리에 만치{형제리에 많지}1

수수져끼르 좀알켜주{수수께끼를 좀 알려주오.}6

녀진줄 알구셔{□□□ 알고서}3

그래서 양산배기 심해 병에{그래서 양산박의 병이 심해}3

글르셩 이무르 하다마니{그래서 임무를 하다마니}3

셈 이라는게 정셩을 너타나니{□□□□ 정성을 들이다보니}3

나라 뎡씨{나라 정씨}3

ㅓ > ㅔ

뱀이 먹은 건 □□사 하다{범이 먹은 것은 □□사 하다}

□□ 자꾸 메기는거{□□ 자꾸 먹이는 것}1

ㅕ > ㅑ

얄때 오리라우{열댓이 올 거요.}2

야들비 □□□{여덟 □□□}3

ㅕ > ㅛ

욜그 뱀이 텐디 꼬디 다르디{여기 봄의 천지꽃(진달래)이 다르지.}3

욜콩 여라 개디{열콩이(강낭콩) 여러 가지}3

ㅕ > ㅔ

헹이 그랫다 끄마{형이 그랬답니다.}4

벵이 좀 나사서{병이 좀 나아서}1

질주, 멩천{길주, 명천}1

벵호 왔냐?{병호가 왔느냐?}1

메누리 온다{며느리가 온다.}1

베릿돌{벼룻돌}1

펭군점수{평균 점수}1

한 눅십녠 전에는{한 육십 년 전에는}3

명인들은 삼녠이나{명인들은 3년이나}

ㅗ 〉 ㅛ

남진이랑 효자 보믄{남진이라는 효자를 보면}1

북됴션은 다 돌아{북조선은 다 돌아}3

여기두 던기 오면 됴소{여기도 전기가 들어오면 좋소.}

쇼를 메워서 싱꾸서{소를 메워 싣고서}3

밭이 됴흔 사람은{밭이 좋은 사람은}3

정말인둥 됴세빈둥{정말인지 거짓말인지}3

ㅗ 〉 ㅚ

쇠르 어찌 배지 안쿠{소를 어찌 보지 않고}1

세월이 되티 무슨{세월이 좋지 무슨}3

왼세~이 간다{온성에 간다.}3

ㅗ 〉 ㅟ

협동에 ㅅ, 필요하지{협동조합에 소가 필요하지.}3

ㄷ,션이나 듕국이나{조선이나 중국이나}6

ㅜ 〉 ㅠ

말 할슈 없쏘{말할 수 없소}3

ㄷ,션이나 듕국이나{조선이나 중국이나}6

ㅜ 〉 ㅣ

식기 요기 서이요.{식구가 여기 셋이요.}1

기밀 씸찌{귀밀(귀리)을 심지.}1

윤디(인두)3

술이 부이여 노코{술을 부어놓고}6

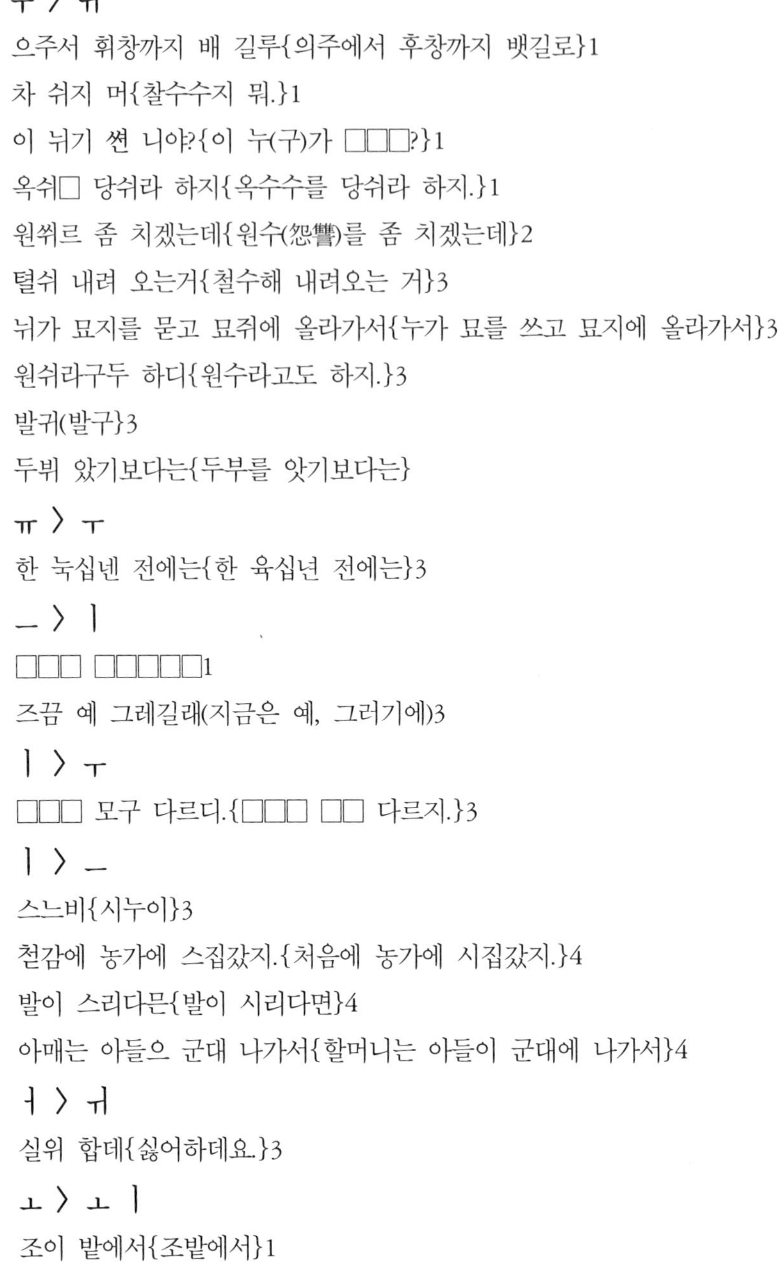

ㅜ 〉 ㅟ

으주서 휘창까지 배 길루{의주에서 후창까지 뱃길로}1

차 쉬지 머{찰수수지 뭐.}1

이 뉘기 쎤 니야?{이 누(구)가 □□□?}1

옥쉬□ 당쉬라 하지{옥수수를 당쉬라 하지.}1

원쒸르 좀 치겠는데{원수(怨讐)를 좀 치겠는데}2

털쉬 내려 오는거{철수해 내려오는 거}3

뉘가 묘지를 묻고 묘쥐에 올라가서{누가 묘를 쓰고 묘지에 올라가서}3

원쉬라구두 하디{원수라고도 하지.}3

발귀(발구}3

두뷔 앗기보다는{두부를 앗기보다는}

ㅠ 〉 ㅜ

한 눅십넌 전에는{한 육십년 전에는}3

ㅡ 〉 ㅣ

□□□ □□□□□1

즈끔 예 그레길래(지금은 예, 그러기에)3

ㅣ 〉 ㅜ

□□□ 모구 다르디.{□□□ □□ 다르지.}3

ㅣ 〉 ㅡ

스느비{시누이}3

철감에 농가에 스집갔지.{처음에 농가에 시집갔지.}4

발이 스리다믄{발이 시리다면}4

아매는 아들으 군대 나가서{할머니는 아들이 군대에 나가서}4

ㅓ 〉 ㅟ

실위 합데{싫어하데요.}3

ㅗ 〉 ㅗㅣ

조이 밭에서{조밭에서}1

ㅏ ㅣ 〉 ㅐ~

썩 잘 대지 애~이요{썩 잘되지 않아요.}

그 □□ 노재~이{그 □□ □□□}1

물배~ 애 다 찟지{물방아에다 찧지.}2

□□□ □ □□□□2

있능거 갇지 애~이요{있는 것 같지 않아요.}3

애~이게씀{아니겠습니다.}6

□□□□ □□□□4

ㅐ

싹베 쓰구{모조리 베어 쓰고}1

형제리 에만치{형제리에 많지.}1

ㅏ 〉 ㅐ

제 이름 재나{제 이름자나}

ㅐ~

□□□ 하나 데리구 가서{□□□ 하나 데리고 가서}1

기떼~이{귀}1

윈셍이 간다{온성에 간다}9

ㅖ 〉 ㅔ

어떤 넷말이{어떤 옛말이}3

ㅘ 〉 ㅏ

영갸:ㄴ 이네 집에{영관이네 집에}1

아매 강 지매가서{□□ □ □□□□}1

깍지{꽉지(괭이)}11

군가이 된거(군관이 된 거)1

배미면 털이가 털에{밤이면 털과 털에}3

ㅚ

외아재미 샤 이모와 한가지다{외숙모야 이모와 한가지다.}3

외모더미{큰외숙모}3

쇠필 나가 하는데 벤소피 무슨{소피를 나가 하는데 변소가 무슨}3

ㅚ 〉 ㅗ

토비 반출 해야지{퇴비를 실어내야지}1

오양깐{외양간}1

오양에 들어가서{외양간에 들어가서}3

ㅚ 〉 ㅔ

썩 잘 대지 애~이요{썩 잘 되지 않아요.}1

이언해 모켕이서{위원회 모퉁이에서}1

매미르는 조았소{메밀은 좋았소.}3

매도트(멧돼지)5

차매 개인농 때는{자작농일 때는 참외}3

그럽습디 해령 옹기 사고{그렇지요, 회령 옹기를 사고}7

ㅚ 〉 ㅐ

왠 두메산골에{맨 두메산골에}2

돼놈들{되놈들}6

ㅙ 〉 ㅔ

대지 자븐거{돼지 잡은 걸}1

개:ㄴ치 애~이요{괜찮아요.}2

ㅟ의 보존

뒤 우란에 있능 거{뒤울안에 있는 것}3

귀:통으 트레{귀퉁이를 틀어}4

ㅟ 〉 ㅜ

사우 있스그.{사위가 있어요.}1

ㅟ 〉 ㅣ

술기 바키{수레바퀴}1

이언해 모켕이서{위원회 모퉁이에서}1

기떼~이{귀}1

가마기:처럼 슬슬{까마귀처럼 슬슬}2

ㅕ

원판 정신이 오락가락{워낙 정신이 오락가락}3

세월이 ㄷ,티 무슨{세월이 좋지 무슨}3

칠년 디워세{7년 지내고서}3

가원도는 털원 그쯤으루{강원도 철원 그쯤으로}4

ㅕ 〉ㅓ

이언해 모켕에서{이원회 모퉁이에서}1

유치언 가겠다구{유치원에 가겠다고}1

석캉이 청진 도당에{석광이 청진 도당에}1

과수언{과수원}

ㅓ

애비 누비 샤끄 오디{아비, 누이, 시동생이 오지.}3

스느븨{시누이}3

□□ □□ 배우지 아능게{□□ □□ 배우지 않는 게

ㅓ 〉ㅡ

아들으 병?{아들의 병?}

으주서 휘창까지 배길루{의주에서 후창까지 뱃길로}1

신으주 있소{신의주에 있소.}1

ㅓ 〉ㅣ

친책이 집에 가 있수{친척의 집에 가 있소.}1

이병 사군{의병 사군}1

고놈이 쇠 과연 못 견딘다{고놈의 소가 과연 못 견딘다.}1

이복두 생개 가졌지{의복도 □□ 가졌지.}1

여기사 무서운 산꼴이 되나서 이사 업슴{여기야 무서운 산골이어서 의사
가 없어요.}2

□□□ □□□□ □□□□□

뎌 아래 우리 큰 지비터{저 아래 우리 큰집의 터}

대상자 명단

번호	지대	성명	성별	년령	지식정도	경력
1	최현리	박분단	녀자	58	문맹	본토배기.
2	최현리	리봉이	녀자	71	문맹	본토배기.
3	최현리	지구암	남자	73	문맹	7대 타지방 간 곳 없음.
4	최현리	지상권	남자	80	국문해득	타지방에 간 곳 없음

[형태]

- 가(주격)

체네가 나오는데 아주 임잔한 것 같거던{처녀가 나오는데 아주 얌
전한 것 같거든.}

네가 가지고 드러가 맞춰 보라고 해라{네가 가지고 들어가 맞춰보
라고 해라.}

내가 더부려 오오{내가 데려오오.}

- 이(주격)

지비 여기두 삼십포(戶) 있었소{집이 여기도 30호 있었소.}

드른 말이 있겠는가?{들은 말이 있겠는가?}

거저는 마시 없습데{거저는 맛이 없더라고요.}

아들이 구대(九代) 독신인데{아들이 9대 외자식인데}

베~이 나리라구{병이 나리라고}

그 사람이 호서~이 있드라구{그 사람이 효성이 있더라고}

우리 노댁이 있다이{우리 노친이 있다고.}

뒤'바~이 소다사 한 대{뒷방이 좁다란데}

맴(뭠)이 불펜해 왔다이{몸이 불편해서 왔다고.}1

-르(대격)

멘제르 시키구{면제를 시키고}1

벤소르 갔다{변소를 갔다.}

어드메르 착구 댕기구사{어디를 자꾸 다니고야}1

- 르(대격)

아들네 있는거르 청해 노쿠{아들이 있는 것을 청해놓고}

가슬하는 걸 보니{가을하는 것을 보니}1

박근이 예길 잘 했다니{박근이 얘기를 잘 했다고.}1

- 으(대격)

사적으 유람으 댕기구{사방을 유람 다니고}

그 집으 들어 가니{그 집을 들어가니}

아래 방으 들어가니{아랫방을 들어가니}

소련 사람으 근방(금방) 띠와 보내고…{소련 사람을 금방 띄워 보내고}

여스스 파가던가{여섯을 파 가던가}

짐으 지구서{짐을 지고서}

그전에사 보름에 오곡밥으 다 해먹고{그전에야 보름에 다 오곡밥을 해먹고}1

-루(조격)

우리 조형님은 글루 호력을 봤는데{우리 저 형님은 그것으로써 효력을 봤는데}

한 가지루 주드라 합데{한 가지를 주더라고 하데요.}

외갈루 못 부르겠습니까?{□□□ 못 부르겠습니까?}

－루(해)(조격)

　　왜질루해 곡식 바루 목 먹는다이{□□□□ 곡식을 바로 못 먹는다
　　고}2

－으루(조격)

　　속으루 잘못 된 거{속으로 잘못된 것}1
　　겐으루 좀좀 심은 적으는 썩 좋소{개인으로 조금씩 심었을 때는
　　썩 좋소.}1

－ㄹ루(조격)

　　재빌루 □으 노쿠서{제 혼자 □을 놓고서}1

－으루셔(조격)

　　아들이 저 이원으루셔{아들이 저 의원으로서}1

－으루서(조격)

　　부자 노력으로서 버드랍데{부자(父子)의 노력(勞力)으로 벌더라고
　　하데요.}1

－으루(위격)

　　화초밭으루 당기누나{화초밭으로 다니누나.}1

－에(위격)

　　둘째 손자 또 공업대학에 가 있소{둘째손자가 또 공업대학에 가
　　있소.}
　　넷째 중학에 당기구{넷째는 중학교에 다니고}1
　　산 졑에 우차 뎅…{산 곁에 소차가 다니…}
　　제 누비 있는 방에 가서{자기 누나가 있는 방에 가서}
　　제 누이 방에다 훌 처넣구서{자기 누이 방에다 훌 처넣고서}
　　읍에 갔다 왔으면 조쿠만{읍에 갔다 왔으면 좋겠구먼.}
　　강판에 꼬리 떡 붙은 거…{얼음에 꼬리가 떡 얼어붙은 것…}
　　바르 질 역에 {바로 길가에}
　　불 화로에 떠 놔라{불을 화로에 담아놓아라.}1

헌물세르 금년에는 아니 했소{현물세를 금년에는 내지 않았소.}

기젠에 아드르 놔서…{그전에 아들을 낳아서…}

기젠에사 한 삼사십호이 살았소{그전에야 한 삼사십 호가 살았소.}

밤에 쉬지르 못해서 차꾸 극느라구{밤에 자꾸 긁느라고 쉬지를 못 해서}1

최 첨사 계실 적에 최 첨사 걱정해서{최 첨사가 계실 적에 최 첨사가 걱정해서}1

금 비물에 씨처 봅소{그럼, 빗물에 씻어 보십시오.}

청천에 뜬 지러기는{청천에 뜬(떠서 나는) 기러기는}1

– 서(위격)

거기서 사다…{거기에서 살다…}

펭양서 왔다{평양에서 왔다.}1

– 을서(위격)

앞을서 들어온 사람이오{남쪽에서 들어온 사람이요.}1

– 으루서(위격)

사적으루서 나온 게 금방…{사방에서 나온 것이 금방…}1

– 을루(위격)

바다 짝을루 동푸~이 불어 오오{바다 쪽에서 동풍이 불어오오.}1

– 으루(위격)

남으는 정성으루밖에 못 가 봤소{남으로는 경성밖에 못 가봤소.}

– 에서(위격)

정지에서 도기(도끼)르 썩썩 갈아…{정주간에서 도끼를 썩썩 갈아…}

부령 따~에서 다 바쁘겠습지{부령 땅에서 다 어렵겠지요.}

앞에서 들어온 말이오{남에서 들어온 말이요.}1

– 과(구격)

내과 동갭인데 페양서 왔다…{나와 동갑인데 평양에서 왔다…}

노친네과 조욘한 예기 못하겠소{노친과 조용히 애기를 못하겠
소.}1

좋은 말과 비제르 몇 백 량 주니{좋은 말과 노비를 몇 백 량을 주
니}1

- 와(구격)

제 누비와 좋은 입성 한 벌 주⋯{제 누나에게 좋은 입성을 한 벌
주⋯}1

- 는(도움토-절대격)

최 첨지네는 그 후진이 어디 다가 있소{최첨지네는 그 후진이 어
디에 있소.}1

'개구리'는 가제 난 말이요{'개구리'라는 말은 갓 나 온 말이요.}1

- 에사(조격+도움토)

전에사 여름에사 배를 입었지{전에야 여름에 베를 입었지.}1

- 은(절대격)

여기 사람 굶어 죽겠으니{여기 사람은 굶어죽겠으니.}1

- 까지(도움토)

나이 이른 야듥 살까지 사는 게{나이 이른 여덟까지 사 는 게}1

- 두(도움토, 절대격-주격)

세간두 부자여{살림살이도 부자여.}

그 분두 아직은 팔십으는⋯{그 분도 아직은 팔십은⋯}

박달두 과연 조으니까{박달나무도 과연 좋으니까}

조을 때두 있구 굳을 때두 있구{좋을 때도 있고 궂을 때도 있고)1

- ㄴ(도움토, 절대격-주격)

그건 차구{그것은 차고}1

- 이사(주격)

회령이사 북이지{회령이야 북쪽이지}1

-이나(도움토, 절대격-주격)

떡이나 해 먹구{떡이나 해먹고}1

-루는(조격)

옛날말루는 강판에 꼬리 떡 붙은 거{옛말로는 얼음에 꼬리가 떡 얼어붙은 것}1

-에는(위격+도움토)

옛날에는 아바니라구 하구{옛날에는 (아버지를) 아바니라고 하고}

-드러(더러)

학생드러는 석대질 들었을가요{학생더러는 □□□ □□□□□}1

-이랑(도움토, 절대격-대격)

사탕이랑 가지구 얼렸소{사탕이랑 가지고 얼리었소.}1

절대격(주격)

둘째 손자 또 공업대학에 가 있소{둘째손자가 또 공업대학에 가 있소.}

나 자식 둘이요{내가 자식이 둘이요.}2

-으로는(절대격-주격)

야, 실속으로는 내 신랑재다{야, 속마음으로는 내 신랑이다.}1

절대격(주격)

헌 거지 너이 와서 가슬하는 걸 보니{□ 거지 넷이 와서 가을(추수)하는 걸 보니}1

더러 조은 예기 있겠는두{더러 좋은 얘기가 있겠는지.}

부모네 무시기 하오{부모가 무엇을 하오.}

이 다 빠지구{이가 다 빠지고}

한 이십 년 되오{한 20년이 되오.}

바깥 늙은이 있는데{바깥노인이 있는데.}

절대격(주격)

무서운 거지 너이 논밭 머리에 와서{무서운 거지 넷이 논밭머리에

와서}

택일 거인되여 새기 죽었다고 부고 떡 왔소{혼인날이 거의 되어
신부가 죽었다고 떡 부고가 왔소.}1

절대격(속격)

부자 노력으루서 버드랍데{부자의 노력(勞力)으로써 벌더라 하데요}1

제 누비 있는 방에 가서{제 누나가 있는 방에 가서}1

산 젙에 우차 뎅…{산 옆으로 소차 다니…}1

아부지 생각이{아버지의 생각이}1

핵교 염소 와 빼 먹고{학교의 염소가 와서 빼먹고}1

절대격(여격)

누내 누내, 무스거 그 양반 준 거 없소?{누나, 누나가 무엇을 그
양반에게 준 게 없소?}1

절대격(대격)

머리 다체 왔다{머리를 다쳐서 왔다.}

손 다쳤다구{손을 다쳤다고}

해 이전 비쳤다{□ □□ □□□.)1

선생질하오{교사직을 하오.}

세째 손잰 사공질 한다오{셋째 손자는 □□□ 일한다오.}

곡식 바루 못 먹는다~이{곡식을 바로 못 먹는다고.}

고담 난 행세르 못하다나니{그다음 나는 행세를 못하다보니}1

뼈데이 와서 파 가는 거 보디{와서 뼈를 파 가는 걸 보지.}1

부모네 무시기 하오{부모들은 무엇을 하오.}

저 앙깐 내 적은 집 하겠다{저 여자를 내 첩으로 하겠다.}

혼사말 내니…{혼사 말을 내니…}1

- 요(직설-존대)

산첸이 떠는데 백셍이 무스기요{산천이 떠는데 백성이 무엇이요}

－**요**(직설－존대)

'개구리'는 가재 난 말이요{'개구리'라는 말은 좀 전에 갓 나온 말
이요.}1

－**꾸머**(직설－존대)

가만이 허마~이 안는 거 보니 괜차이꾸머{가만히 □□□ 앉는 걸
보니 괜찮습니다.}1

－**꼼마**(직설－존대)

이 동네는 어딜 나갈 수 없소꼼마{이 동네는 어디를 나갈 수 없습
니다.}1

－**소꼬마**(직설－존대)

따~이 조은 땐 잘 되겠스꼬마{땅이 좋은 데는 잘 되겠습니다.}1

－**ㅂ지**(직설－대등)

골패를 배웁지.{골패를 배우지.}
다 바쁘겠습지{다 바쁘겠지.}1

－**ㅂ데**(직설－존대, 동년배)

부자 노력으루서 버드랍데.{부자(父子)의 노력(勞力)으로 벌더라고
하데요.}1
비네르 쒀 보였다고 합데{비녀를 줘서 보였다고 하데요.}1
거저는 마시 없습데{그저는 맛이 없더라고요.}1

－**매**(직설－동년배)

신부는 새기라구 그럼매{신부는 새기라고 그러오.}1
택일까지 정하구서 옴매{혼인날까지 정하고서 오오.}1

－**오**(직설－존대)

부모네 무시기 하오{부모들은 무엇을 해요.}
한 이십 년 되오{한 이십 년 돼요.}
아이 글쎄 내 시기는 데로만 하오{아니 글쎄, 내가 시키는 대로만

해요.}1

-우(직설−동년배)

내 동새~이라구 하우{내 동생이라고 하오.}1

-여(직설−동년배)

세간두 부자여{살림도 부자요.}1

-다(직설−손아래)

저 앙깐 내 적은집 하겠다{저 여자를 내 첩으로 하겠다.}

야, 실속으로는 내 신랑재다{야, 마음속으로는 내 신랑이다.}1

야, 다사하다{야, 말수가 많다.}

머리 다처 왔다{머리를 다쳐서 왔다.}

어께에 젰다{어깨에 졌다.}1

돼지 꿀꿀거린다{돼지가 꿀꿀거린다.}

마을이 죄욘하다{마을이 조용하다.}1

-만(직설−동년배)

그 사라믄 나이 있수구만{그 사람은 나이가 꽤 많구면.}1

-가(직설−손아래)

드른 말이 있겠는가{들은 말이 있겠는가}1

-니(직설−손아래, 동년배)

박근이 예길 잘 했다니{박근이 이야기를 잘했다고}1

-다이(직설−손아래, 동년배)

아이, 모른다이{아니, 몰라.}1

-지(직설−손아래)

이모는 아즈마이지 무슨{이모는 아즈마이지 무슨}

아들이라구 하지{아들이라고 하지.}1

아라사 하지{알아야 하지.}1

그 수단으 했지{그 수단을 썼지.}1

-든(직설-손아래, 동년배)

제 애비 시켜서 나오는 걸 보니 아홉 살짜리 선서나거든{자기 아버지가 시켜서 나오는 걸 보니 아홉 살짜리 남자애거든.}1

-던(직설-손아래, 동년배)

체네가 나오는데 아주 임잔한 것 같거던{처녀가 나오는데 아주 얌전한 것 같거든.}1

-구(의문-손아래)

손 다챘다구?{손을 다쳤다고?}

귀이 어째 멧다구{어째 귀가 어둡다고}

조끄만건 개지라구 하구 큰 건 개라구 하구{작은 개는 개지라고 하고 큰 개는 개라고 하고.}1

-ㅂ니까?(의문-존칭)

예기 없습니까?{여기 없습니까?}1

-냐(의문-손아래)

무슨 또 욕으 뵈우자고 그러느냐?{또 무슨 욕을 보이자고 그러느냐?}1

쇠시물 아이 떠 오느냐?{세숫물을 안 떠오느냐?}1

-가?(의문-손아래, 동년배)

무릎이 아이 시리운가?{무릎이 안 시린가?}

나선 사라미 없었는가?{나서는 사람이 없었는가?}

-다(현재)

이 물이 맑다{이 물이 맑다.}

마을이 죄욘하다{마을이 조용하다.}

발귀 잘 간다{발구가 잘 나간다.}

돼지 꿀꿀거린다{돼지가 꿀꿀거린다.}1

-ㅂ소(명령-존대)

금 비물에 씨처 봅소{그러면 빗물에 씻어보십시오.}1

-라(명령-손아래)

　　네가 가지고 드러가 마춰 보라고 해라{네가 가지고 들어가 맞춰

　　보라고 해라.}

　　꽉지르 가저 오너라{괭이를 가져오너라.}

　　삽으 가저 오라{삽을 가져오너라.}

-우(명령-존대)

　　아무게네는 우리 사춘 누비를 주우{아무개에게는 우 리 사춘누이

　　를 줘요.}1

-등:(종결토)

　　더러 조은 예기 있겠는둥:?{좋은 이야기가 더러 있겠는지?}

[어휘]

가댁이(밭가는 연장) {쟁기}

가리함지(둥근 함지)

가래모래(둥근 함지)

함지(둥근 함지의 기능)

가냉이(가둑나무) {참나무}

가댁이(연장) {쟁기} *반평전 가댁이(평지) {평지용 쟁기}

　　여부락 가댁이(경사진 옆에 사용. 반평전 가댁이보다 좋다.)

강판(얼음판) *사발에 강판이 졌다{사발에 얼음이 얼었다.}

거리대(나무로 만든 것. 세 개의 살이 있다. 네 개의 살이 있다. 즉 지금

　　의 거리대) {걸이대, 즉 두엄, 북데기, 풀단 따위를 찍어 올리거나

　　걸어 뜨는 데 쓰는 나무로 된 농기구. 포크와 비슷하게 뾰족한 끝

이 서너 갈래로 되어있다. 걸잇대}

거부재이(검불) *거부재이 속에 큰 벰이 있어서…{검불 속에 큰 범이 있
　　　　어서…}

고고리(심보 못)

고안치 않다(괜찮다)

골패놀이(뼈로 만든 표적으로 하는 놀음놀이다)

구주(구두, 고무신)

궁기(미궁기) {밑구멍}

궁강(구멍)

궁기(구멍)

구르미(노전을 만드는 자료. 갈의 대용){귀퉁나무}

구시(궁이) {구유} *소구시 할 냉기{소구유를 만들 나무}

구름틀(구름을 박기 위해 만든 장치. 제래지 나무를 올려놓고 고정시키는
　　　　장치) {귀퉁나무나 참나무를 올려놓고 고정시키는 장치}

구렁물(우물)

구름칼(그르미를 깎는 칼) {귀퉁나무 오리를 깎는 칼}

궁강(구멍) *궁강을 뚫으고…{구멍을 뚫고…}

궁노(지금의 월급. 감사가 관리들에게 주는 쌀) *궁노가 량반 팔백석이오
　　　　{양반의 녹봉이 8백 석이요.}

궁주리(광주리)

길금(콩나물)

길금실기(실기) {콩나물시루}

개구락지(개구리)

개명하다(새로 구하다, 바꾸다) *수건 개명했소{수건을 바꾸었소}

광창이(삽)

전문어(물방아)

괴우개(방아가 놀지 않게 하기 위하여 오숭이 아래 가로 괴인 나무)

나래(날개) *비행기 나래{비행기 날개}

나무밭(땔나무가 있는 곳) *나무밭이 멀다{땔나무를 할 자리가 멀다.}

낙괵을 못하다(일어나 나가지 못하다) *몸이 고달파 낙괵 못하겠소{몸이 고달파 운신을 못하겠소.}

나질 공부(떠돌아다니며 공부하는 것. 어려서 당(堂)으로 다니면서 공부하는 것)

난질피우다(난봉피우다)

납채일(혼인 맺는 날) *납채일을 정하고 납체물을 써가지고…{혼인날을 정하고 채단을 마련해가지고…}

너북지(넓이)

너털다(부들부들 떨다) *춥다고 너털면서…{춥다고 부들부들 떨면서…}

노독 풀다(다리를 풀다, 다리를 쉬다) {다리쉼하다}

누베(누에)

눕은 둥이(누운 병신)

내굴(연기)

냉기(나무)

다박질(머리칼) *다박질 줴서 추켜 올리다{머리카락을 쥐고 추켜올리다.}

단발하다(단발하다, 머리를 전부 깎다) *처녀 단발하다 머리를 중으로 단발하고…{머리를 중과 같이 다 깎고…}

당화장사(등에 지고 다니면서 주로 헝겊{천}을 파는 장사)

황아장사(등에 지고 다니면서 주로 헝겊{천}을 파는 장사)

더부리고(다리고) {데리고} *이원을 더부리고 오겠다니…{의원을 데리고 오겠다니…}

전문어(물방아)

덤물이(곡식을 내려 찧는 절구 공이처럼 생긴 대. 방아 앞에 달렸다)

덮개(뚜껑)

덩대(그릇을 올려놓게 널로 만든 선반)

덤불(줄기) {넝쿨} *하늘에서 호박이 덤불채로 떨어졌다{하늘에서 호박이 넝쿨째로 떨어졌다.}

도당(양철) *도당을 팔았다{양철을 팔았다.}

도삽(거짓말)

도통(공부하여 출세하는 것)

두루매기(홑겹. 흰색. 여름에 입는 것) {홑두루마기}

두테비(두꺼비)

둥기(항아리. 모양은 독 같으나 둥근 것)

등짐'군(옛날 나무를 지고 팔러 다니는 사람)

대렁이(부삽)

뒤골(머리) *뒤골을 떼 오라 해서…{머리를 떼 오라고 해서…}

– ㄹ래서(때문에) *널래서{너 때문에}

　　　선빌래서{선비 때문에}

　　　가길래서{가기 때문에}

로덱이(늙은 로파 혹은 자기 부인을 부르는 말){노파 혹은 자기 노친}

로저미(로전) {깔개} 구름으로 만든 것{귀룽나무 오리로 만든 깔개}

로점(갈로, 까래점) {갈대로 엮어 만든 깔개} *구름삵(로전) {귀퉁나무 오리로 만든 깔개}

마구끝, 지당목(부엌에서 정지로 올라가 □□□□)

마선(자봉침) {재봉틀}

말이 되다(시비되다)

말하부리(말하는 것조차) {말조차} *기가 차서 말하부리 잊어 먹고…{기가 차서 하던 말조차 잊어버리고…}

도토리(가댁이의 부분망)

모새(모래)

돌기(쇠를 달구어서 치는 판) {모루}

몽사나다(꿈꾸다)

무드러지다(축나다, 감소되다) *1000량이 무드러지니 국적으로 밀리우게 되었다{1000량이 축나 국적(國賊)으로 나떨어지게 되었다.}

무시깨(무식쟁이) *무시깨가 와서 하는 말이…{무식쟁이가 와서 하는 말이…}

무수배례하다(사방 절하다)

무죄기(무더기) *술을 무죄기로 한다.{술을 아주 많이 한다.}

무죄 방송시킨다(무죄 석방시킨다)

묻어가다(따라가다) *부인이 나귀 뒤를 묻어가서…{부인이 나귀 뒤를 따라가서…}

물함박(버치의 일종, 쌀 이르는데 사용) {이남박}

미깡진야한다(밉쌀스럽게 논다) {밉게 굴다}

매무시하고 나가다(-을 할 차비를 하고 나가다)

매실하다(일하다-주로 김매는 일) *매실을 해서 품살이 하니…{김매는 것으로 품팔이를 하니…}

매판(함지)

바부재(시루 밀) {김이 새지 않게 하기 위해 솥과 시루 사이에 붙이는 쌀가루나 밀가루 반죽}

반주술(식사 전에 조금씩 먹는 술)

발귀(발구)

발명하다(일러바치다) *군수 좌지가 죄다 발명을 하니…{군수 좌지가 죄다 일러바치니…}

밥쉬(수수)

수수(수수) *찰밥쉬(이삭이 흩어진 수수) {찰수수}
　매밥쉬(보통 수수) {메수수}
　몽동밥쉬(키가 작고 이삭이 탐탐하다)
　매끼밥쉬(키 큰 종류, 매끼로 사용)

버덕(벌판) *태평 버덕{태평 벌판}

번데지다(넘어지다) *부령판에 해뜩 번데졌다이{구렁에 해뜩 넘어졌다고.}

번설하다(루설하다, 소문내다) {누설하다, 소문내다}

번치(버치의 일종인 큰 버치)

병사리(병) {瓶}

뱅올이(병아리)

보우댁이(수염이 없는 남자)

부술(불을 돋우는 도구) {부삽}

북거리(가마 한 쌍의 단위) *한 북거리(가마 2개)

분살(가댁이의 부분, 보섭을 꽂기 위한 것) {쟁기의 한 부분, 즉 보습을 꽂기 위한 장치}

비라리하다(빌어먹다) *목탁을 두드리면서 비라리하지.

비숙기(비수수—수수의 일종. 먹지 못하고 다만 비를 만드는 재료로 쓰임) {비목수수}

빚받이 가다(빚을 받으러 가다)

산더거지(산언덕) *산더거지가 무너져서 묻기게 되구{산언덕이 무너져서 묻히게 되고}

산재하다(탕을 치다) *도끼 산잴하다{도끼로 탕을 치다.}

소송스레하다(정성스럽게 하다)

소안(병) 옛날에는 병을 상스러운 말로 생각하고 소안이라 함.
　　　*상새날 소안에 들어서…{죽게 될 병이 들어서…}

소탕(풀무간 중심에 있는 바람 구멍) {대장간의 중심에 있는 바람구멍}

솔버섯(소나무버섯) {송이버섯}

송이(松栮) *송이 철이 오면 송이 따 팔고…{송이버섯 철이 오면 송이버
　　　섯을 따서 팔고…}

수접쟁이(지금의 학급 반장) {반장, 급장}

숙기(옥수수)

옥숙기(옥수수)

당쉬(옥수수)

강냉이(옥수수)

찰당쉬(풀기 있는 강냉이) {찰옥수수}

노란 당쉬(노란 옥수수)

흰 당쉬(마찌종) {마치종(馬齒種)옥수수, 즉 알이 크고 말의 이빨 모양으
　　　로 생긴 옥수수}

술귀(수레, 달구지)

술귀뒤(바퀴들을 련결하는 가운데 큰 심봇대) {굴대}

술귀어리(심보가 들어가는 구멍이 있는 쇠통) {굴대통}

술귀이매(테가 씌워진 원으로 된 나무)

술귀테(바퀴 표면의 쇠판 테두리)

술귀타리(살이 모인 곳) {살통}

술잽이(술추넘) {술추럼} *동무들과 술잽이를 하다가…{동무들과 술추럼
　　　을 하다가…}

시걱(끼니) *시걱이나 자시오.(끼니나 지시오.)

시걱 챙개 놓고{밥상을 차려놓고}

한 시걱에⋯(한 끼니에)

시발해주다(세력해주다, 뒤를 대해 주다) {뒷시중해주다}

시시버리다(지껄이다) *두되니 세되니 시시버려서⋯{두 되니 세 되니 지껄이어서⋯}

식장(가시장){찬장}

신기대(고수대)

신성곱돌(신성에서 얻어온 고깔모자)

실겅덩대(통나무로 만든 물건을 올려놓게 된 선반) {시렁}

새채하다(갈 곳을 정하다) *새채할 때 없어서 왔소다{갈 곳을 정할 때 없어서 왔소.}

자래우다(키우다)

작뒤(석뒤) {작두}

잡드리(작란) {장난} *그 놈이 잡드리 한 모양이다{그 놈이 장난을 한 모양이다.}

저대하다(기다리다)

저맥이(겹옷으로 된 겨울에 입는 것) {겹두루마기}

절구방아(절구)

절복하다(묶어놓다) *바람을 커우대에 몰아넣고 절복하다{바람을 자루에 몰아넣고 잡아매다.}

절튀(젓다랭이)

절대갈(젓가락)

정신챙기다(정신 차리다)

죽담(돌담) *후원 죽담{후원 돌담}

집새'간(외양간 옆 혹은 우에 달린 여물간)

집핌(높은 벼슬을 가진 것)

재거하다(운반하다)

재단(변통, 소식) *무슨 재단이 있겠지{무슨 변통(소식)이 있겠지.}

재래지 냉기(로전 만드는 나무 즉 참나무) {깔개를 만드는데 쓰이는 참
　　나무}

제승(신하, 충신)

젱이(일부러) *방학은 아닌데 젱이 나온 모양이오{방학은 아닌데 일부러
　　나온 모양이요.}

청아지(거리대, 쇠로 만든 것) {쇠로 만든 걸이대(걸잇대)}

처당(처가)

척감엔(근근해서) (처음에는)

츠다(닦다)

치세하다(칭찬하다)

책실하다(급제하기 위하여 공부하다)

채칼이(양철에 구명을 뚫은 것. 감자를 문질러서 가루를 내는 기구) {채
　　칼}

카판(칼판디) {칼판}

커래(한마디) *옛말 한 커래하다{옛말을 한마디 하다}

커우대(마대, 포대)

코망애이(코가 멘 사람) {코맹맹이}

코때백이(큰 코를 가진 사람)

콩의 종류

청태(닦아 먹기 좋은 콩) {볶아 먹기 좋은 콩, 즉 청대콩(青太)}

개량태(두부의 재료. 알이 크다){두부콩 泡太}

유태(기름짜는 콩. 알이 작다){기름콩}

좀태(길금내는 콩. 유태보다 좀 큼){콩나물 콩}

길금콩{콩나물 콩, 즉 콩나물을 기르는 잘고 흰 콩)

검정콩{검정콩}

토리(낟알을 제 키로 수대로 채워 넣은 것. 50kg: 한 토리, 벼는 60키로가
　　　한 토리)

토슬다(사리다) *다리갱일 토슬구 앉아서…{다리를 사리고 앉아서…}

통인아(심부름꾼 아이)

투구막(초막, 초가, 초당)

태(허리) *넘어져 태가 부러졌다{넘어져 허리가 부러졌다.}

택일(혼인 날) *태기를 받아서{혼인날을 받아서}

태비(가댁이의 부속 손잡이) {쟁기의 손잡이}

포착해오다(잡아오다) *어서 가서 포착해오라.{어서 가서 잡아오너라.}

푸막(품안) *푸막에 칼을 감추고…{품안에 칼을 감추고…}

푸무'간(야장간에서 불 놓는 통)

품살이(품삯일) {품팔이, 삯일} *매실을 해서 품살이 하니…{김매는 것으
　　　로 품팔이를 하니…}

패끼{팥}

조이{조}

페 놓다(풀어놓다) *쇠를 페놓고 먹이다{소를 풀어놓고 먹이다=방목하다}

항가지 아프다(항상 아프다, 더 낫지도 못하고 그대로 아프다)

허무지게 되다(랑패를 보다, 허사가 되다)
　　　*숫한 음식 일쾄던기 허무하게 되니…{숱 한 음식을 마련해놓은
　　　것이 허사가 되니…}

허파되다(패하다, 망하다) *집안이 허파되다{집안이 망하다.}

호매(호미)

호백이(찧으려는 곡식을 넣은 웅덩이) {방아확}

후걸이(수레에 소를 메우고 소가 뒤로 밀리우는 것을 방지하기 위하여 소 궁둥이를 둘러맨 끈 혹은 띠) {수레에 메운 소가 내리막길에서 앞으로 쏠리거나 밀리는 것을 방지하기 위해 소 궁둥이에 둘러맨 끈 혹은 가죽 띠.}

해뜩(해뜩) *부렁판에 해뜩 번데졌다이{구렁에 해뜩 넘어졌다.}

해르하다(풀다)

햄(찬, 찔개, 반찬. 부식물)

희안하다(훌륭하다, 드물다)

활병하다(부어오르다)

아부라(조차, 마저) *백성들 아부라 다 좋아하다{백성들마저 다 좋아하다.}

아사 놓다(만들어 놓다) *루빌 아사 놓다{두부를 앗아놓다.}

아직에(아침에)

안죽(아직)

안간(안해) {아내}

알쐐기(가운데 끼워서{끼어들어서} 남을 고해바치는 간사스러운 행동)

야실야실하게 곱다{토실토실하게 곱다}

야소간(대장'간){대장간}

양치물(식사 후 입 가시는 물) {양칫물}

어부재기치다(고함치다)

어불다(나누다) *어부러 먹어라{나누어 먹어라.}

어슬막(어두울 무렵)

열락(기쁜 날, 기쁜 때) *이 좋은 열락에…{이 좋은 기쁜 날에…}

오금 풀다(물 건너기 위한 준비를 하다) *오금을 풀고 물에 들어서니{건

널 준비를 하고 물에 들어서니.}

오숭이(물에 담기는 것, 방아 뒤'부분)

오좀 소피(오줌) *오좀 소피 누고 간다{오줌을 누고 간다. 소피를 보고 간다.}

오지둥귀(오지로 만든 둥귀, 주로 물독으로 사용) {오지로 만든 두멍} *이 안에 있는 물을 오지물.{오지두멍에 있는 물을 오지 물}

욕기있다(욕심이 있다) *그 쇄기 욕기 있다{그 처녀가 욕심이 있다.}

용포(옷섶) *용포를 찢어서 헬서를 하다{옷섶을 찢어서 혈서를 하다.}

우재(롱담) {농담} *우재일 써두 그런 우재일 쓰우{농담을 해도 그런 농담을 하오.}

윤두를 주다{이전에 부자가 소를 주고 새끼를 가져가는 일.}

윤디(인두)

이체(지혜, 궁량) *이체만 있으면 된다{지혜만 있으면 된다.}

일쿠다(만들다, 차리다) *숫한 음식 일컸넌기…{숱한 음식을 차렸던 게…}

잉기 없다(얼굴이 못 생기다) *잉기 없이 서방 못 가다{얼굴이 못생겨서 장가 못가다.}

애모쁘다(심술궂다)

애 떨어지다(애쓰다) *얼마나 애떨어졌겠니? {얼나나 애를 썼겠니?}

앱다(잡다) *쇠이질 앱아서…{송아지를 잡아서…}

옌심하다(분명 비슷하다)

의량{생각} *의량이 있거던 말해 보라{意量이 있거든 말해봐라.}

워쩐(어떤) *길 역에 워쩌한 로인이…{길가에 어떤 노인이…}

꺼먹질(부정행위)

동침(동품) {동침 同寢}

끄서내다(끌어내다)

땅쇠(   ) *땅쇠로 잘 안 되구…{□□□ 잘 안되고}

빼때리(버치의 일종, 작은 버치)

싸스개(미친 사람)

썰매(구루마) {수레, 달구지}

쪽지(달구지 채가 머지에서 빠지지 않게 박은 못)

쪽치(재래지나무{참나무}를 올려놓고 고정시키는 장치)

쪽지게(지게)

사깨(모자)

굿루(사바기)

 *지방과 관련된 것

 형제리에 중국 룬씨가 이주해 와서 룬촌이 생겼다. 후에 여기로 이주하여 룬골이 생김. 룬씨가 없어진 후에 허통동으로 됨. 현재 여기에는 룬가가 없으나 룬골이라고 한다.

 *지방 이름과 관련된 것

 상촌 우에 "지강태골: 개척 후 회령서 지씨, 강씨가 왔다하여 "지강태골", "태"는 알지 못함.

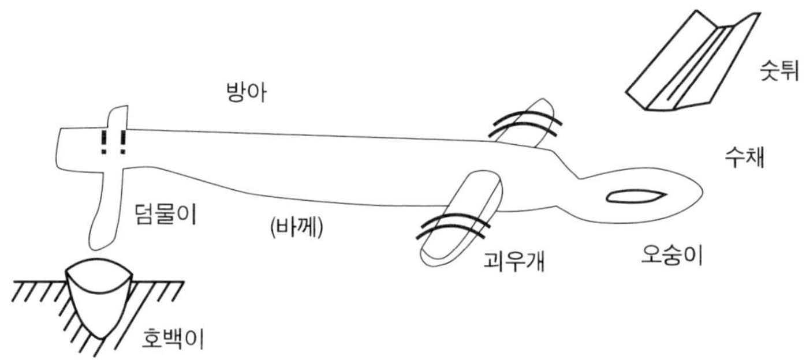

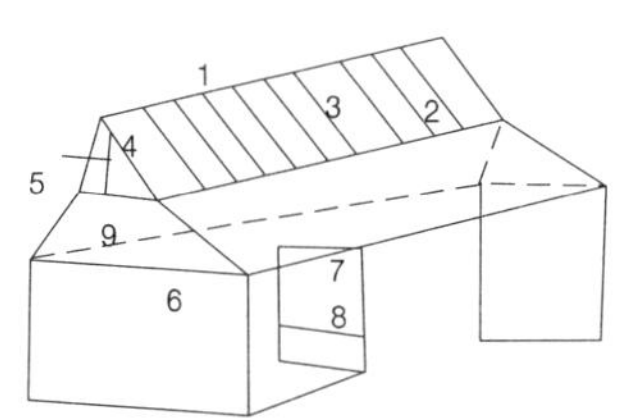

석제(지적. 잔치나 제를 지낼 때 까는 것. 꼴{왕골}로 만든다.)

서지(서슬. 두부 만드는 재료의 일종){간수}

서방 가다(장가들다) {장가가다} *잉기 없어 서방도 못 가고{얼굴이 못
　　생겨서 장가도 못 가고)

서답(빨래)

상년(작년)

삼치물(박우물)

7.5. 교원리

　교원리는 연진리와 직접 린접하고 있음. 부령과 청진까지 각각 60
리 사이를 두고 있다. 철도는 떨어져 있으나 국도가 통과하고 있다.
라진과 청진에서 출발하는 버스를 리용. 한편 련진 부두를 통하여 선
박도 리용. 인민학교와 중학교가 있음. 유선 방송망이 설치됨. 주민은
토착민이 대부분이다. 탐사대와 리주민도 적지 않게 있다. 토착민중
김가와 신가는 "재가승"임.(재가승 부락으로 유명) 주민은 청진 시장을 리
용. 리 중심지에서부터 극히 멀리 산재됨.

대상자 명단

번호	지대	성명	성별	년령	지식정도	경력
6	교원리	김씨	녀	80	문맹	본토배기, 재가승.
7	교원리	김승환	남	70	문맹	본토배기, 재가승.
8	교원리	김유영	남	78	문맹	본토배기, 재가승.
9	교원리	김명신	남	75	문맹	본토배기, 재가승.
30	교원리	김홍식	남	82	문맹	본토배기, 재가승.
31	교원리	김신천	남	69	문맹	본토배기, 재가승.
32	교원리	리봉준	남	70	문맹	본토배기
33	교ꬃ리	김원택	남	68	문맹	본토배기

[어음]

ㄱ 〉 ㅈ

제구 살아 가는데{겨우 살아가는데}

정매 낳지?{경매(硬煤)가 낳지?}8

절에 낭그 싹해 놓구{겨울에 나무를 다 해놓고}8

이른 가슬 부터 절동안{이른 가을부터 겨울 동안}9

짐해 짐간데{김해 김가인데}9

ㄱ의 보존

나는 오래 기슴 매구{나는 올해 김을 매고}8

즈끔 기슴을 못하구{지금 김을 못 매고}8

길 다 깐지 오랐소{길을 닦은 지 오래 됐소.}8

기슴 매구{김을 매고}33

ㄱ 〉 ㄲ

코이 조꼼 퀜치 않소다{콩이 좀 괜찮소.}33

ㄴ의 보존

여기 농사 되지 아이요{여기 농사가 잘 되지 않소.}6

ㄴ 〉 ㄱ

그리 댕기지 애이유{그리 다니지 않소.}7

ㅎ 〉 ~

여기서두 거 마^이 맨들어 내레갔소{여기서도 그것을 많이 만들어 내려갔소.}6

ㄴ 〉 ㅇ

용사두 벤벤히…{농사도 변변히…}6

사양하는 사람 없소{사냥을 하는 사람이 없소.}6

용사질만 하다나니…{농사일만 하다보니…}7

걷어 옇구서 입때…{걷어 넣고서 입때…}7

용사르 저서 당 살았소{용사를 지으면서 그냥 살았소.}8

용업에 들어 붙어서{농업에 들러붙어서}9

용새질 배웠구{농사일을 배웠고}30

ㄴ의 탈락

어저느 시오녀이 지나 재이오?{이제는 15년이 지나잖소?}32

ㄴ 〉 ㄹ

그전에 □□□□□?(그전에 □□□□?}31

ㄷ 〉 ㄱ

뱀이 라는 게 고토리 달레 아이 열립디다{밤이라는 게 꼬투리가 생겼다가 안 열립디다.}30

ㅈ의 보존

장개나 갔슴넨가?{장가나 갔습니까?}8

세월이 좋은 해는 □□보다{일기가 좋은 해는 □□보다}3

원전 슥전으루 베는데{□□ □□□□ □□□}9

협동이 된지{협동조합이 된지}9

직장으루 탄광가서 일하구{직장으로는 탄광에 가서 일하고}9

저기 저 산 밑에{저기 저 산 밑에}31

그리구 살아 가셨지{그러고 살아가셨지.}32

이 조흔 세월에 잘{이 좋은 세월에 잘}32

지금 장가를 못 가서{지금 장가를 못 가서}32

토지가 이거 따~이 글러서 농사 잘…{토지가, 이놈의 땅이 나빠서 농사가 잘…}6

그전 제정 세월 같음건…{그전 일제강점기 세월 같은 건…}6

정기{전기(電氣)}6

정기 불 없어 죽겠어{전깃불이 없어 죽겠어.}7

정기(전기) {電氣}7

내기는 오형제 나서 하나 죽구{낳기는 5형제를 낳아서 하나 죽고}8

쟁가 안 가구{장가를 안 가고}8

남정이 상새나구{남편이 죽고}8

중연에 딱 그럽다나니{중년에 딱 그러다보니}8

조흔 밭에다 베르 넣어서{좋은 밭에다 벼를 심어서}8

어두 ㄹ 〉 ㅇ

영넘어가 닐궈두{영(嶺)너머에 일구어도}

내 역사 이야기 할줄 아오{내가 (무슨) 역사 이야기를 할 줄 아오?}31

여기서 청진이가 이수가 오십리오{여기서 청진이 이수로 50 리요.}31

구읍에두 양식이 없애 □□□{구읍에도 양식이 없어 □□□.}30

육갑 잘 모르오{육갑을 잘 모르오.}30

ㄹ 〉 ㅇ

소금은 엽전 대:양 하는데{소금은 엽전으로 댓 냥 하는데}30

ㄹ의 탈락

산골에 사면서 □□□□ 있겠는가{산골에 살면서 □□□□ 있겠는가}30

뒤두러서 조이 맨드가 노면{두드려서 좋게 만들어 놓으면}30

따~이 거지 못해서 거지 못하오{땅이 걸지 못해서, 걸지 못하오.}6

버지 못하는 거 어떻게 살겠소{벌지 못하는데 어떻게 살겠소.}6

베르 □□ 역에 나와서{□□ □□ □□ 나와서}8

두째 손재는 간지…{둘째손자는 간 지…}9

어두 ㄹ 〉ㄴ

청진서 나진꺼지 양백여리 될끼요{청진에서 라진까지 한 2백여 리 될 거
요.}6

노력이 드는{노력(勞力)이 드는}8

노레기라는 게 메느리 셋이{노력(勞力)이라는 게 며느리 셋이}9

능막염에 걸려서{늑막염에 걸려서} 31

사람 뇌력으르두 할 수 없고{사람 노력(인력)으로도 할 수 없고}31

여기 셥동 조합 호이가 한 눅십 호 되겠는가?{여기 협동조합의 호 수가
한 육십 호 되겠는가?}31

노소 없이 지금은{노소(老少)가 없이 지금은}32

백리 가량 못 갔지{(거리상) 한 백리가 안 되지.}33

내일 ~~죽겠는동~~ 아푸…{내일 죽겠는지 아파…}30

ㄱ 〉ㅈ

지슴 매며 본적에는{김을 매보면}31

조원리{교원리}31

질거서 많이 축산시켜 가지고{길러서 축산을 많이 늘려서31

첫 지왜집에서{첫 기와집에서}

우리 지슴으 매면서부터{우리는 김을 매면서부터}32

짚이 큰 산에 들어가지{깊숙이 큰 산에 들어가지.}32

지름 짜는 것처럼 짜서{기름을 짜는 것처럼 짜서}30

산골에 사는 사람은 그거 없이 절단이였소.{산골에 사는 사람은 그것 없
이는 큰일 나요.}30

낮에는 지슴 매구 밤에는 □□ 치구{낮에는 김을 매고 밤에는 □□ 치
고}30

져혼군(경흥군) 시조 산이 있소.{경흥군에 시조 묘가 있소.}30

이거 저른거요{이거(이 깔개는) 결은 거요.}30

져울에는 바우 밑에 구냐:으 뚧고{겨울에는 바위 밑에 구멍을 뚫고}30

재해년에 맨든거{계해 년에 만든 거}30

정상두 쯤{경상도 쯤}30

젼디지 아ⁿ이하오, 참나무…{견디지 못하오, 참나무…}6

지슴 밭에 풀이 난다…{김, 밭에 풀이 난다…}6

질이 못하거덩…{길이 못하거든…}6

물이나 많으문 한 졀에 서너…{물이나 많으면 한 결에 서너…}6

저 바당물 역으루 차찔이 들어갔지{저 바닷가로 찻길이 들어갔지.}6

맥이 없어 제부 해 오우{힘이 없어 겨우 해오오.}6

저 죠원대학 졸업해 나오문…{저 교원대학을 졸업해 나오면…}6

이거 어제부터 졑능게요{이건 어제부터 겯는 거요.}7

는 적은 아이 젼딥니다{…는 경우 안 견딥니다.}

난 짐 씨요{나는 김씨요.}7

짐치{김치}7

질{길}7

제우 댕기우{겨우 다니오.}7

기차질{기찻길}7

ㄹ 〉 ㄹ+ㄱ

갈그…{가루…}6

집이 다 헐겠습니다{집이 다 헐렸습니다.} 7

뿌리 블기 먹어서{뿌리를 벌레가 먹어서}7

최현리…몰개따이유{최현리…모래땅이요.}7

술기 못 댕기우{수레가 못 다니오.}7

놀가지{노루}30

ㄱ의 첨가

콩갈구처럼{콩가루처럼}31

놀가지{노루}31

다래 멀귀도 무재 있지{다래, 머루도 수없이 많지.}31

ㅁ 〉ㄱ

궁그 빼구 공거루 못헌데두 있구{구멍을 내고 콘크리트로 못한 데도 있고}6

낭글루 한 가대기⋯{나무로 만든 쟁기⋯}6

것두 써는(쓰는) 냉기 있구 못 써는 냉기 있소{그것도 쓰는 나무가 있고 못 쓰는 나무가 있소.}7

ㅁ 〉ㄱ

감재, 당쉬, 귀밀 싱궈서{감자, 옥수수, 귀리를 심어서}33

ㅁ 〉ㄱ

냉기 금산이 아니 되니까{나무는 금산이 안 되니까}30

전에두 냉기 많았소{전에도 나무가 많았소.}31

ㅁ 〉ㅇ

구양드 뚫고{구멍도 뚫고}30

미영{무명}30

ㅸ 〉ㅂ

불버 아니 하구{부러워 안 하고}9

치비 또 칩지{추위, 또 춥지.}6

맥이 없어 제부 해오우{맥이 없어 겨우 해오오.}6

어떤 집은 치분 집이 있소{어떤 집은 추운 집이 있소.}7

큰 쇠 여비구{황소가 여위고}7

노바서 실타구{노여워서 싫다고}8

누베를 멕여서{누에를 쳐서}8

고븐 거 가지구 댕겠소{고운 걸 가지고 다녔소.}8

그리븐 거 없이 잘 되오{그리운 것 없이 잘 되오.}8

노여버서 어찌 지내는둥{노여워서 어찌 지내는지}9

두두러 세바 보냈지{두드려 장가를 보냈지.}

어떤 낭그□ 쓰버 못 먹구{어떤 나무는 써서 못 먹고}31

일기 더분데서 노이 다 나니까{기후가 더운 곳에는 다 논을 푸니까}32

맴이나 고분거면{마음이나 고운 거면}32

ㅂ 〉 ㅍ

두포(두부) 잘 됐소{두부가 잘됐소.}30

ㅅ 〉 ㅆ

내가 이 자방침을 싸서{내가 이 재봉틀을 사서}30

ㅅ의 탈락

소곰은 엽전 대:양 하는데{소금은 엽전 댓 냥 하는데.}

ㅿ 〉 ㅅ

그전에사 방아가 있었지{그전에야 방아가 있었지.}6

맛이사 훌륭하지 뭐{맛이야 훌륭하지 뭐.}7

상년 가슬에 알구서{작년 가을에 알고서}8

그때사 알게 댔지{그때야 알게 됐지.}8

이른 가슬부터 절동안{이른 가을부터 겨울 동안}9

내사 무슨 일이 있어서{내야 무슨 일이 있어서}30

낮에는 기슴 매구{낮에는 김을 매고}30

일이사 약간 했지{일이야 약간 했지.}30

조금 나사 가능거{조금 나아가는 거}31

기슴 매며 본 적에는{김을 매보면}31

여수두 있소{여우도 있소.}31

가슬에 사름이 가서{가을에 사람이 가서}32

기슴 매구{김을 매고}33

ㅇ 〉 ㄲ

무끼나 배채{무나 배추}6

짐치랑게 여기서 무꾸, 배채…{김치라는 게 여기서 무, 배추…}7

무끼 벌거지 먹어서 그러타{무는 벌레 먹어서 그렇다.}8

여끼 오래는 오지 애~이오.{여우가 올해는 오지 않소.}8

아끼라는 게 동생…{아우라는 게 동생…}8

감재, 강내 이걸 심구나 기슴을 잘 못메서{감자, 옥수수 이런 걸 심으나
김을 잘못 매서.}6

ㅇ 〉 ㄴ

니부자리{이부자리}30

어두 ㅇ 〉 ㄴ

좀 닐할가 하고 나섰는데{일을 좀 할까하고 나섰는데}31

흘그르 니겨서{흙으로 이겨서}31

가매에 녀서 굽소{가마에 넣어서 굽소.}31

밭 니랑이라는거 가지고{밭이랑이라는 걸 가지고}32

ㅇ의 첨가

바당물(바다)이 한 십니요{바다까지 한 십리요.}30

바당물 졸가 가지구 무산가서{바닷물을 졸여서 무산에 가서}30

영긔로 가다가서{여기로 가다가}31

ㅈ 〉 ㄷ

□□□□□□□□□□□□□

□□□□□□□□□□□□

□□□ 보니 천대디{□□□ 보니 천재지.}30

곡식 낟가리 □□이디{곡식 낟가리 □□이지.}30

젊었을 때두 이렛디{젊었을 때도 이랬지.}30

메커리 신었디{미투리를 신었지.}30

영기 베딮신은 없었소{여기 볏짚신은 없었소.}30

영을 (이영) 잡아 매야 젠지디{이영을 잡아매야 견디지.}30

ㅊ의 보존

□□□ □□ 축산 시켜가지고{축산을 시켜가지고}31

괜치 아이요{괜찮소.}31

ㅊ 〉 ㅌ

고티랑 잘 되던거{고추랑 잘 되던 것이}8

ㅊ 〉 ㅈ

꽂이 피구사{꽃이 피고야}7

꽂이 피우{꽃이 피오.}7

ㅋ 〉 ㅆ

불 써문 한 보름 써요{불을 켜면 한 보름은 켜요.}6

불 써는 큰 집이{불을 켜는 큰집이}8

ㅋ 〉 ㅊ

치{키}30

치랑(키) {키랑}6

ㅌ 〉 ㅊ

여기두 그럼메 여기도 묵인 밫이 만타오{여기도 그래요. 여기도 묵은 밭이 많다오.}

참시대 일군들 있소{탐사대 대원들이 있소.}30

바치 여게 있으면{밭이 여기에 있으면}31

ㅊ 〉 ㅌ

그런 호이 만티 머{그런 집이(戶가) 많지 뭐}31

ㅎ의 보존

협동쇄 가지구선 거 심굴 곡석이 아이요{그건 협동조합의 소로 심을 곡식이 아니오.}8

형제 뿐이였소{형제뿐이었소.}6

협도: □□ □□□□□□□{협동□□ □□□□□□}6

형님이랑…{형님이랑…}7

협동조합{협동조합}7

내기는 오형제 나서 하나 죽구{낳기는 5형제를 낳아서 하나 죽고}8

군대 갔다 두 번 휴개 왔다 갔어{군대 갔다 휴가를 두 번 왔다 갔어.}8

차에 오르내리기 힘 들구{차에 오르내리기가 힘들고}7

협도에 호원하여 들어가서{협동조합에 호응하여 들어가서}32

□□□ 협동으 해가지구서{□□□ 협동조합을 무어가지고서}32

여라 형젠데{여러 형제인데}33

ㅎ 〉 ㅅ

아이, 그것두 사램이 심이 들어 그러는둥?{아니, 그것도 사람의 힘이 들어 그러는지?}

섭도: {협동조합}7

섭동 싹 들어가구{협동조합에 모두 가입하고}8

네 성제 메친가{네 형제 몇인가}8

셉동 농사 얘기요{협동조합 농사에 대한 이야기요.}9

슝년이 들문{흉년이 들면}9

선물세를 한다{현물세를 한다.}9

섭동이 된지 눅년이 잡겠는둥{협동조합이 된지 한 육년이 되겠는지.}9

성님 있구 아매 있구{형님이 있고 할머니가 있고}30

여기 슝년이 많이 들어서{여기 흉년이 많이 들어서}30

그때 슝년이 컸소{그때 큰 흉년이었소.}30

열 네호이 섭동이 하구{열네 호가 협동조합을 꾸리고}30

아들네 성제는{아들네 형제는}30

섭동조합에 나가 보살피신{협동조합에 나가 보살피신}31

작년에 슝년이 들었소{작년에 흉년이 들었소.}31

그러니까 소꽈 있는거라구{그러니까 효과가 있는 것이라고.}31

심드 뚜 세거니와 재주 만쿠사{힘도 세거니와 또 재주가 많아야}31

곡석드 심드 많이 여서두{곡식농사에도 힘을 많이 넣었어도}32

슝년에두 된다{흉년에도 된다.}32

소자 많았지{효자가 많았지.}32

ㅎ 〉 ㅊ

우리 양반이 육천제요{우리 집 양반이 육형제요.}7

ㄲ 〉 ㅊ

부려~이 좀 가찹다 하지만…{부령이 좀 가깝다고 하지만…}7

ㄸ 〉 ㄷ

뒤두러서 조이 맨드가 노면{뚜드려서 좋게 만들어놓으면}30

ㅆ 〉 ㅅ

소련으르 지금{소련으로 지금}32

ㅉ의 보존

어째 못 잡겠소?{어째 못 잡겠소?}31

그렇지 아이믄 어찌겠소?(그렇지 않으면 어찌하겠소?}32

· 〉 ㅏ

우리 집에서 더 바빠하오{우리 집에서 더 힘들어하오.)}8

· 〉 ㅡ

슬기라는게 자주…{삶이라는 게 자주…}

사름이 사적에 만타나니{사람이 어디나 많다보니}

ㅏ 〉 ㅡ

황가리나 슬기…{족제비나 삶이…}6

ㅏ 〉 ㅏ~

자재가 없는게 고사~:이하자구{자재가 없는데 고생을 하자고}8

어째 아~이 공란 치겠소?{어째 공란을 안 두겠소?}8

물레바~두 여라 곳이요{물레방아도 여러 곳이요.}8

ㅏ > ㅑ:

질 맥히기 길에는 따: 집이 만이{길이 막히는 길에는 □: 집이 많이}8

ㅏ > ㅒ

쟁가 안가구{장가를 안 가고}8

강내 아이 됬지 감재 아이 됬지{옥수수가 안 됬지, 감자가 안 됬지.}8

남정이 상새나구{남편이 죽고}8

식새 골란하우{식사가 곤란하오.}8

두째 손재는 간지 한 삼년{둘째손자는 간 지 한 삼년}9

멘재~이 돈으루 받구{면장이 돈으로 받고}9

갱벤에{강변에}9

내미 가는데{남이 가는데}30

여기 부재라구 없었소{여기 부자라고 없었소.}30

뱀이라두 자다 보면{밤이라도 자다보면}30

서너 동이들 가매 놓구{서너 동이를 가마솥에 넣고}30

물방애 쩌서{물방아를 찧어서}30

장개가는 얘기{장가가던 이야기}30

뱀이라는게 고토리 달레 아이 열립디다{밤이라는 게 꼬투리가 생겨서 안
열립디다.}30

여기서두 거 마~이 맨들어 내레갔소{여기에서도 그걸 많이 만들어 내려갔
소.}6

조합에서는 퐊이{협동조합에서는 팥}2

그래두 핵교 선생{그래도 학교 선생}6

아이 그것두 사램이 심이들어 그러는둥{아니, 그것도 사람의 힘이 들어서
그러는지.}7

여길 이샐해 올가 왔소{여기로 이사를 해 올라왔소.}7

페양 핵고{평양 학교}7

뱀(밤 栗)7

감재가 덩쉬요{감자와 옥수수요.}7

그리 댕기지 애이유{그리 다니지 않아요.}7

부재집 사람이사{부잣집 사람이야}7

ㅏ 〉 ㅐ

□□ 농새두 잘 졌소{□□ 농사도 잘 지었소.}8

ㅏ 〉 ㅓ

질이 못 허거덩{질이 못하거든.}6

청진서 나진꺼지 양백여리 될게요{청진에서 나진까지 한 이백여 리 될 거
요.}6

ㅓ 〉 ㅔ

섹유{석유}6

벱(법)이 없어사{법이 없어야}7

누베르 멕에서{누에를 먹여서}8

절에 부체님을 위할 떼는{절의 부처님을 위할 때는}9

종셍이나 가본대 업소{종성이나 어디 가본 데 없소.}9

세울을 구경하구{서울을 구경하고}30

무슨 젱거장을 알겠소{무슨 정거장을 알겠소.}30

ㅕ 〉 ㅑ

우리 얄세 살부터 용사질했소{우리 열세 살부터 농사일을 했소.}7

얄대 일굽살 때 장가르{열댓 일곱 살 때 장가를} 8

얄 아홉 살에{열아홉 살에}30

한 야라므 술기{한 여남은 수레}30

구양을 뚫고{구멍을 뚫고}30

왜장으르 얄아믄 장{기와로 여남은 장}30

ㅕ 〉 ㅜ

물이나 많으문 한 결에 서너{물이나 많으면 한 결에 서너}

ㅕ 〉 ㅣ

피야ː두 나 먹은 노데기들 있습데{평양에도 나이 많은 노친들이 있데요.}8

ㅕ 〉 ㅖ

한 집에서 백 예기로씩 탔으니까{한 집에서 백 여 킬로씩 탔으니까}6
폐양대학{평양대학}6
핸 십예마리 이상{한 십여 마리 이상}30

ㅕ 〉 ㅔ

멫살이던둥{몇 살이던지.}30
화하두나 폐양은 이런 점제{황해도나 평양은 이런 깔개}30
여기서두 거 마ˇ이 맨들어 내레갔소{여기서도 그것을 많이 만들어 내려갔소.}
용사두 베벤히…{농사도 변변히…}6
베 여기 제일 없다나니까{벼가 여기 제일 없다나니까}6
멕이 없어 제부 해오우{힘이 없어 겨우 해오오.}6
증손네{증손녀}6
무스게나 기슴꾸이 멫이 없소{뭔가 하니 김을 매는 사람이 몇이 없소.}7
폐양 핵고{평양 학교}7
지케두 자꾸 도덕 마치우{지켜도 자꾸 도적맞소.}7
제우 댕기우{겨우 다니오.}7

ㅗ 〉 ㅚ

쇠애지 더불러 먹기두라구{송아지도 같이 먹게 두라고.}
쇠또ː{소똥}7
큰 쇠 여비구{큰 소가 여위고}7
쇠르 팔아 돼지르 팔아{소를 팔고 돼지를 팔아}8
장내 고사ˇ이요{장래 고생이요.}8
소 멕일게 업어서{소 먹일 게 없어서}8

쇠생이 모르겠소{소생을 모르겠소.}9

쇡인 이라{속인이라.}9

쇠죽 이라{소죽이라}9

쬑끼 모양으루{조끼 모양으로}9

ㅗ 〉 ㅏ

배우리때는 닥수리 물어가우{병아리일 적에는 독수리가 물어가오.}

ㅗ 〉 ㅛ

쇼 구시처럼{소구유처럼}30

용사질 배웠구{농사일을 배웠고}30

ㅗ 〉 ㅜ

여기서두 거 마이 맨들어 내레갔소{여기서도 그것을 많이 만들어 내려갔
소.}6

지케두 자꾸 도덕 마치우{지켜도 자꾸 도적맞소}7

을사년 일분이 와서{을사년에 일본이 와서}30

ㅗ 〉 ㅣ

화리{화로}30

ㅗ 〉 ㅚ

ᄉ를 일궈두는 구경 못 했는데…(소를 일으키는 구경을 못 했는데…}6

(대다수 ᄉ){대다수 소}6

ㅜ 〉 ㅗ

두포 잘 됐소{두부가 잘 됐소.}30

ㅜ 〉 ㅜ̃

손재데레 귀̃인 이가서{□□□□ □□ □□□}8

ㅜ 〉 ㅣ

석달 공비를 가서{공부하러 석 달을 가서}30

광지리{광주리}30

미영{무명}

무끼나 배채{무나 배추}6

칩소{춥소}6

어떤 집은 치븐 집이 있소{어떤 집은 추운 집이 있소}7

식기 만이 아이 살다나니{식구가 많이 안 살다보니=식구가 많지 않다보니}8

치비 또 칩지{추위, 또 춥지}6

열콩, 염지나 심구지{강낭콩, 부추나 심지.}6

무끼나 배채{무나 배추}6

여슷달 공비르 하구서{공부를 여섯 달 하고서}8

ㅜ〉ㅟ

쥑여디라구{죽어지라고}30

두뷔를 거르는 것처럼{두부를 거르는 것처럼}30

뒤두러서 조이 맨드가 노면{뚜드려서 좋게 만들어 놓으면)30

식귀 다섯으는{식구 다섯은}30

잡는 쉬두 있구{잡는 수도 있고}30

멀귀{머루}30

목쉬질두 해보구{목수일도 해보고}30

모귀 산골에 더 있수{산골에 모기가 더 있소.}8

ㅠ〉ㅟ

세귀르 써다가 가스를{석유를 켜다가 가스를}8

ㅡ의 삽입

너르게 □□□{너르게 □□□}6

지슴 밭에 풀이 난다…{김, 밭에 풀이 난다…}6

무스게나 기슴꾸~이 몇이 없소{뭔가 하니 김을 매는 사람이 몇이 없소}7

ㅡ〉ㅗ

한 보롬 있다 올려는지{한 보름 있다가 오려는지}30

ㅣ〉ㅓ

곡석 열아믄 말 들게{곡식 여남은 말 들게}

돼지 어떤 땐 수탄 곡석 손해 내지{어떤 때는 돼지가 숱한 곡식에 손해를 끼치지.}6

곡석이 아이 자라오{곡식이 안 자라오.}7

내 배급 타 먹다나니 곡석으{내가 배급을 타서 먹다보니 곡식을}8

ㅣ〉ㅡ

너구리는 즘수: 닥치는 법이 없소{너구리는 집짐승을 다치는 법이 없소.}6

ㅓ〉ㅣ

한이{한의}6

한이사 들렜소?{한의가 들렀소?}6

기차질 연진까지{기찻길이 연진까지}8

이사들이 약간 있었지{의사들이 약간 있었지.}9

이원 있었지{의원이 있었지.}9

기차 안자서{기차에 앉아서}9

이원이 이서서{의원이 있어서}8

이복으 닙소{의복을 입소.}

ㅓ의 보존

한의르 고상한 일이 있소{한뉘를 고생한 일이 있소.}8

스느븨 서이{시누이 셋}8

좋은 긔계르 만들 수 있겠지{좋은 기계를 만들 수 있겠지.}30

흰색, 검정색, 붉은 색두 있구{흰색, 검정색, 붉은색도 있고}30

ㅐ〉ㅏ

내가 이 자방침을 싸서{내가 이 재봉틀을 사서}

화하두나 페양은 이런 점제…{황해도나 평양은 이런 깔개…}30

ㅔ > ㅐ

맷 짐승 여기 많소{산짐승이 여기 많소.}7

맷돼지{멧돼지}7

ㅚ > ㅗ

호령 고풍산 쪽에{회령 그 풍산 쪽에}9

호령 나드라 몇 해 전에 나가니{회령을 드나들 몇 해 전에 나가니}30

ㅚ > ㅐ

왜 장으르 얄야든 장{기왓장으로 열 여든 장}30

왠 큰 집 거라우{맨 큰집 거라오.}8

ㅘ > ㅐ

목해{목화}30

저자 황대화(黃大華)

중앙민족대학 조선어학과 졸업
김일성종합대학 준박사, 박사 학위 취득
중앙민족대학 조선언어문학학부 교수
(현)중국해양대학 한국어학과 교수

주요 저서 및 논문
『동해안방언연구』(1986)
『조선어 동서방언 비교연구』(1998)
『조선어방언연구』(1999)
『황해도방언연구』(2007)
『서북방언의 친족어 연구』(2009) 외 방언학 관계 논문 다수

1960년대 육진방언 연구(자료편)

인　쇄　2011년 8월 22일
발　행　2011년 9월　1일
지은이　황대화
펴낸이　이대현
편　집　박선주
디자인　이홍주
펴낸곳　도서출판 역락
　　　　서울 서초구 반포4동 577-25 문창빌딩 2층
　　　　전화 02-3409-2058(영업부), 2060(편집부) | FAX 3409-2059
　　　　이메일 youkrack@hanmail.net
　　　　등록 1999년 4월 19일 제303-2002-000014호
ISBN　978-89-5556-887-5　93710

정　가 30,000원

* 잘못된 책은 교환해 드립니다.